湛庐CHEERS

与最聪明的人共同进化

HERE COMES EVERYBODY

在我成为改变世界的科学家之前

Curious Minds

[美] John Brockman
约翰·布罗克曼 编
宫静萍 陈德用
余涛 译

浙江教育出版社·杭州

中国科学家给孩子们的话

陈学雷

中国科学院国家天文台宇宙暗物质和暗能量研究团组研究员

对于很多人来说，科学家这个职业是颇为神秘的。究竟什么样的人能够成为科学家？他们是否都从小成绩优异或者绝顶聪明？又是什么样的机遇，使他们对科学产生了强烈兴趣，能够持续努力最终成为科学家？

长久以来，一流人才一直很稀缺，那么问题究竟出在哪里？这本汇集了26位顶尖科学家少年时期的故事的散文集，可以让我们了解这些科学家的早年经历，也可以以此为镜，反观自己。

这些科学家各自的家庭背景和成长经历各有不同。有的人是书香门第，有的人来自打工阶层，有的人从小被视为天才，也有的人成绩平平甚至是问题少年。他们的成长经历精彩而多样。虽然成长经历对成才到底有多大影响，一直是有争议的事。但翻阅此书，我感到，家长的熏陶，某位具有同理心的老师的鼓励，甚至一位小伙伴的影响，都有可能激发孩子心中的火种。让我们用善意和理性对待每位少年，努力拓展他们的视野吧。

仇子龙

上海交通大学医学院松江研究院资深研究员

怎样培养一个科学家？是靠天生的聪慧、好奇心，还是靠后天辛勤的汗水？这本书采访了26位著名科学家，让我们可以对科学家的养成有很有趣的体验。虽然科学家在孩提时代大概率都具备强烈的好奇心，但是成功养成一个科学家还需要诸多其他重要因素，比如和平富庶的社会，丰富宽容的教育，以及我认为最关键的因素——前辈大师的引领。科学的历史就是科学家的历史，看着这些科学家的成长历程，也许会对我们如何在下一代中培养科学大师产生有价值的思路。

陈睿

中国科学院动物研究所动物学博士

小时候，我没有什么玩伴。我童年最好的朋友就是大自然中的小动物。我可以和蚂蚁家族一起搭城堡，和蚂蚱朋友一起过家家，我从小就下定决心和这些自然小精灵做一辈子的朋友，这也成了我的科学启蒙。我的经历正如这本书向我们展示的，成为科学家不止一种方式。

那么，如何养成科学思维呢？我认为，科学思维最重要的训练方式是多思考、多发散。人类科学的进步往往在于那些奇思妙想，有科学逻辑思维并且保持对科学的好奇，是造就科学巨匠的基石。

青少年不用过早确定自己一定要从事科学研究还是其他职业，让自己有无限的可能更重要。具备基本的基础知识和处理问题的能力，并时刻保持对科学的好奇，我相信未来的世界一定属于你们。

我们的童年时代

约翰·布罗克曼

2003年春天，塔夫茨大学认知研究中心主任丹尼尔·丹尼特（Daniel Dennett）邀请著名数学家侯世达（Douglas Hofstadter）举办了一场演讲，我有幸参与其中。之后，我在坎布里奇设宴，邀请了一批知名科学家，包括侯世达、丹尼特。那晚大家聊得兴致勃勃，聊天内容可谓是包罗万象，从直觉、进化生物学、人工智能到认知神经科学、音乐感知等。这是我一生经历过的最美好的餐桌对话。

宴会中途某一刻，一位宾客问丹尼特："你还记得你是何时开始思考这些问题的吗？当时你多大？为什么你对这些概念情有独钟呢？"丹尼特说他在6岁时，一位长辈告诉他，他提的问题非常有趣，以后可以成为一名哲学家。侯世达表示自己从记事起就对数字很感兴趣，从小就想当一名数学家。他们俩都有一个共同之处：从孩提时代起，就对事物充满好奇，对学习无比热爱。只是有人偏爱某一领域，有人则爱好广泛。一位宾客若有所思地说："看来，一切都源于我们的孩提时代啊。”

本书共有 26 篇文章，出自全球 26 位首屈一指的科学家。这 26 位第三种文化[①]的科学家都是大众耳熟能详的知识分子，他们在作品中弥合了科学与人文之间巨大的鸿沟。这些故事基于科学家们的个人经历，字字句句都是他们自己的心声，简单易懂，因此不需要读者拥有相关的科学知识背景。

为了让他们更好地开始，我向这 26 位科学家提出了以下问题：

- 什么样的童年经历为你日后的科学生涯播下了种子？
- 是什么让你对现在的研究领域产生了兴趣，让你成了现在的自己？
- 你的父母、同龄人、导师对你产生了怎样的影响？
- 你可以介绍一下你的转折时期、过渡时期、顿悟时刻或者意外事件吗？
- 你可以谈一谈你产生的影响力、遭受的压力和冲突，以及犯过的错误吗？

这 26 位科学家可是地球上最有趣的思想家！我希望读者可以进入他们早期的生活一探究竟，并且希望本书可以带给读者动力和启迪。

在阅读这 26 位科学家的故事时，我想你一定会备受鼓舞，那样的话我就

① 第三种文化是打破纯粹人文和科学分野的文化，是用新的方式沟通两种文化 。倡导和实践“第三种文化”的科学家涉猎广泛，跨学科跨领域，具有特别的思维风格，研究和写作更贴近真实世界和大众。——译者注

达到了出版本书的目的了。但我也必须向你指出，这些科学家可能也是一群桀骜不驯的人物，他们不会盲目按照我的要求动笔。有些人只是简单讲述了自己的童年经历，他们真正想写的是大学和研究生阶段。尽管如此，这些经历都值得一读。因此，本书没有一个固定的主题，准备好接受惊喜吧！如果你想了解这些大人物的经历，本书是个非常好的开始。

理查德·道金斯（Richard Dawkins）写了《怪医杜立德》（*The Story of Doctor Dolittle*）系列小说对自己的影响。戴维·巴斯（David Buss）写了自己在新泽西汽车服务站打工时感悟到的生活真相。珍娜·莱文（Janna Levin）对宇宙情有独钟，幻想有朝一日能飞向浩瀚的宇宙。尼古拉斯·汉弗莱（Nicholas Humphrey）思考了出生在科学家世家给自己带来的特权。罗伯特·萨波斯基（Robert Sapolsky）在布朗克斯动物园流连忘返，希望成为一只山地大猩猩。然而，史蒂芬·平克（Steven Pinker）在文章中颠覆了本书的论点。他在文中写道，“不是童年经历造就了我们，而是我们影响着童年。”朱迪丝·里奇·哈里斯（Judith Rich Harris）回忆了自己离群索居的生活，描写了自己与同龄人的格格不入。

有些科学家与自然万物相伴成长。例如，蒂姆·怀特（Tim White）描写了自己在南加利福尼亚州农村的生活经历。在幼年的默里·盖尔曼（Murray Gell-Mann）眼中，纽约市是一片遭到了过度砍伐的铁杉林。

丹尼尔·丹尼特、史蒂夫·斯托加茨（Steven Strogatz）和多因·法默（Doyne Farmer）都谈到了改变了自己一生的授业恩师和人生导师。

保罗·戴维斯（Paul Davies）和李·斯莫林（Lee Smolin）则回忆了年少

时与异性邂逅的经历。

艾莉森·高普尼克（Alison Gopnik）、米哈里·希斯赞特米哈伊（Mihaly Csikszentmihalyi）、霍华德·加德纳（Howard Gardner）和雪莉·特克尔（Sherry Turkle）4位科学家的文章主题都与书有关。他们提到了书籍的力量与影响，以及承载的思想。

玛丽·凯瑟琳·贝特森（Mary Catherine Bateson）、弗里曼·戴森（Freeman Dyson）和V.S. 拉马钱德兰（V.S. Ramachandran）写了父母对自己的重要影响。

林恩·马古利斯（Lynn Margulis）、约瑟夫·勒杜（Joseph LeDoux）、杰伦·拉尼尔（Jaron Lanier）和雷·库兹韦尔（Ray Kurzweil）都提到自己年少时总是想法不断，喜爱动手实验。

最近，我在圣塔菲（Santa Fe）和粒子物理学家默里·盖尔曼聊了一个下午。盖尔曼是诺贝尔奖得主，学识渊博，才华横溢。其实在过去10年里，我曾与他有过数次长谈。我们谈论的大多是科学话题，从夸克到复杂自适应系统。但这一次，我想了解他的童年，想知道他当初为何对物理学产生兴趣，想了解他是如何造就了自己漫长、光辉的科学生涯，而他给我讲了一个故事。

1951年，21岁的盖尔曼在普林斯顿高等研究院（Institute of Advanced Study in Princeton）进行博士后研究。那时，他经常在去研究院的路上遇到爱因斯坦。盖尔曼说："爱因斯坦是我父亲心目中的英雄。我本来可以和他说说话的。但那时，我特别看不惯那些跑到大人物面前自我介绍，刻意制造聊天机会的人。"凑巧的是，爱因斯坦在建立统一场论时，试图排除量子力学中的强核力与弱核力，这正是盖尔曼所无法苟同的。“其实我当时完全有正当的理由和他聊天，但我居然没聊……”而今，盖尔曼告诉我他非常遗憾没有问问爱因斯坦在 20 世纪早期的想法，因为那时他正从事自牛顿以来最伟大的物理研究。如果能开口，那该有多好啊！

和当今文化语境中的其他人一样，我似乎也拥有“特权”，能够与世界首屈一指的科学家交流对话，请他们写下自己的早期经历，以及各自世界观、职业观的发展历程。能与世界上最伟大的头脑对话真是三生有幸，但我可不是盖尔曼，我不会让这个天赐良机白白溜走。

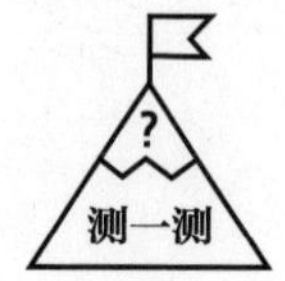

你了解伟大的科学家是如何一步步成长的吗？

扫码鉴别正版图书
获取您的专属福利

- 以下哪位科学家因为痴迷情景喜剧而萌生了科学研究的理想？

  A.爱因斯坦

  B.罗伯特·萨波斯基

  C.霍华德·加德纳

  D.理查德·道金斯

扫码获取全部测试题及答案，
一起走进科学家们的
童年时代

- 科学家能成为科学家，是因为他们大都具备：

  A.极致的好奇心

  B.非凡的勇气

  C.挑战权威的精神

  D.助人为乐的品质

- 理查德·道金斯是著名的进化生物学家，最早是什么促使他对生物学产生兴趣？

  A.小时候在东非生活的经历

  B.堪称博物学家的父母

  C.中学时参加的“工作坊”

  D.《怪医杜立德》系列小说的影响

扫描左侧二维码查看本书更多测试题

目 录

CURIOUS MINDS

物理学家

CURIOUS MINDS

社会学家

CURIOUS MINDS

哲学家

CURIOUS MINDS

计算机科学家

CURIOUS MINDS

神经科学家

CURIOUS MINDS

数学家

CURIOUS MINDS

心理学家

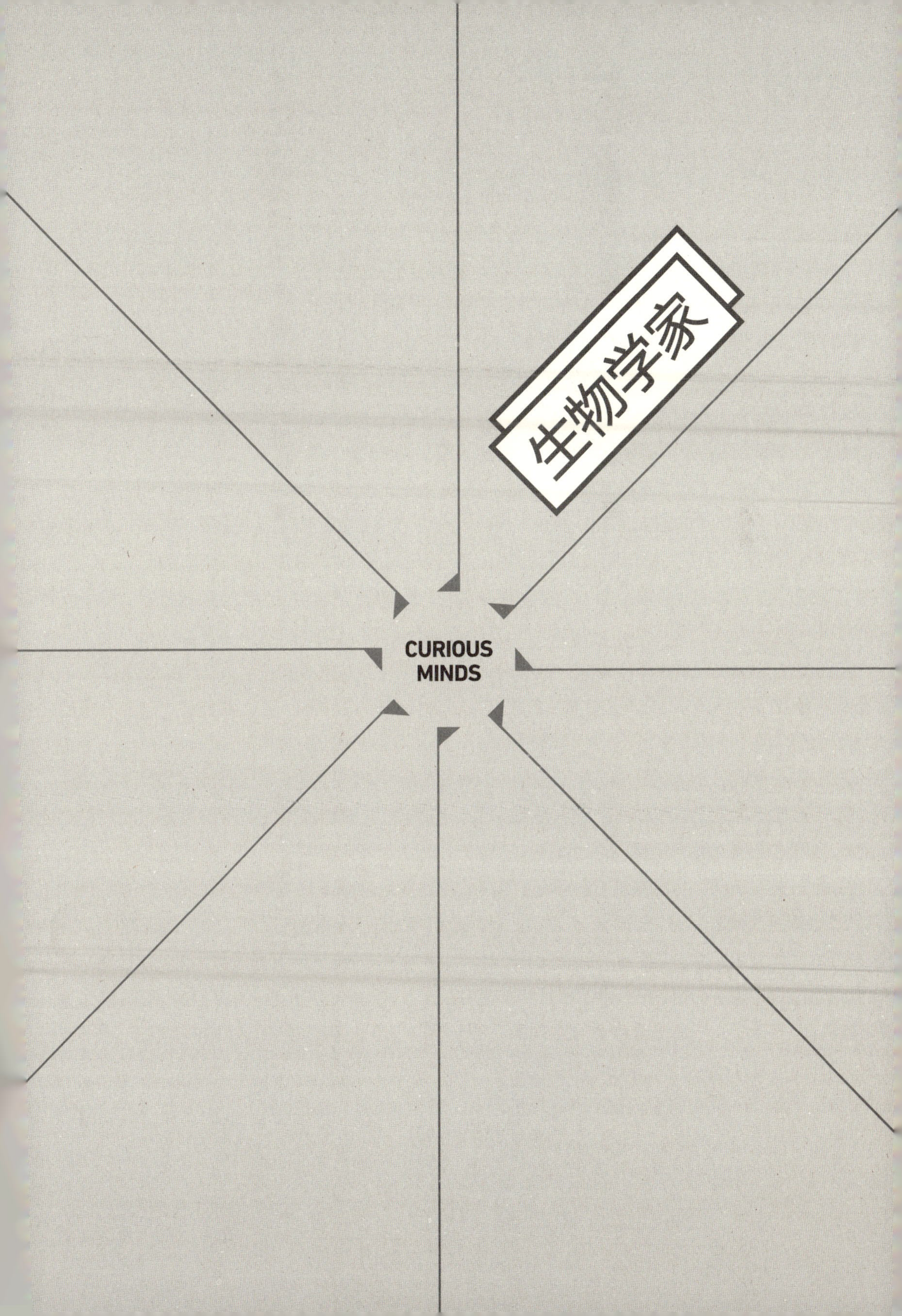
生物学家
CURIOUS
MINDS

01 CURIOUS MINDS

不喜欢出门玩，却喜欢偷偷读《怪医杜立德》

进化生物学家

理查德·道金斯（Richard Dawkins）

牛津大学教授，英国皇家科学院院士，进化生物学家，“无神论四骑士”之一，“第三种文化”推动者。

道金斯是英国著名科学作家，一生致力于让复杂的科学表达变得通俗易懂，他所著的大部分书都是畅销书，并经常在各大媒体引起轰动。1976 年出版的《自私的基因》(*The Extended Selfish Gene*) 是他最重要的代表作，他的基因观念颠覆了我们对自身的幻觉，深刻影响了整整一个时代。这本书没有使用任何公式，却把科学问题阐述得非常透彻，道金斯因此被赞叹是用散文的方式进行科学思考。

承认无知，是一种难能可贵的科学品质。

——理查德·道金斯

我很希望自己可以告诉你们，我孩提时代在东非的生活经历让我对博物学，尤其是人类的演化史，产生了兴趣。但事实并非如此。我接触科学的时间相对较晚，而且是通过书本了解的。

我 7 岁才被送去寄宿学校，因此我的童年就如田园牧歌般美好。寄宿学校的生活虽然艰苦，但是我还是成功地熬出了头，当然也并非毫无悲惨的经历，只是相比之下实在无足轻重。由于学习成绩优异，我最终如愿以偿地考入了向往已久的牛津大学。我先在肯尼亚，之后是尼亚萨兰[①]，然后是英国牛津的家庭农场度过了恬静美好的家庭生活。我们家算不上富裕，但也谈不上贫困。我们没有电视机，并不是买不起，而是父母认为读书是一种比看电视更好的娱乐方式。他们这么想不无道理。

尽管非洲和英格兰有着魅力非常的乡村大自然风光，我的家庭也赋予我得天独厚的学习氛围，但是可惜的是，这些并没有引领我成为一名生物学家。我父母对自然界的一草一木如数家珍，无论是康尔沃的山径还是阿尔卑斯山的茫

① 尼亚萨兰（Nyasaland），今马拉维，曾为英殖民地，1964 年独立，1953—1963 年曾是“英属东非联邦”的一部分。——译者注

茫草原，那漫山遍野的野花，几乎没有他们叫不出名字的。父亲为了逗我和妹妹开心，还会把这些野花的拉丁学名一并告诉我们。但我对博物学全无天赋，为此我常感遗憾。我还记得 8 岁时，祖父在窗外看到了一只蓝山雀，问我知不知道它是什么鸟。我并不知道，只能结结巴巴、可怜兮兮地小声说道：“是不是苍头燕雀啊？”我的孤陋寡闻让祖父目瞪口呆。要知道，祖父来自一个品位不俗的家族，他们热爱走进自然，用望远镜观察生态万物。不仅如此，他们个个生得玉树临风，还经营着家族生意。对祖父来说，连蓝山雀都认不出来简直和不知道莎士比亚是谁没有什么区别。我永远忘不了祖父望着我：“我的老天哪，你说你啊……”我也忘不了略显窘迫的父亲在一旁努力为我打圆场：“蓝山雀原来长这样子啊？”但是我喜欢动物，并不是因为我经常观察它们，也不是因为我知道它们叫什么名字。我喜爱它们，归根结底是受书本的影响，有些是科学读物，有些不是。

我喜欢偷偷摸摸地读书，这可能是个“不良”习惯。当天气很好，我应当跑出去呼吸新鲜空气的时候，我偏偏会拿着一本书偷偷溜回卧室。阅读的习惯着实培养了我对语言文字的热爱，也许对我日后的写作水平也有所帮助。我一直在想，我之所以能够成为一名生物学家，是否因为受到了《怪医杜立德》的影响。这套丛书我百读不厌。虽然它没有直接让我走上科学研究的道路，但书中的主人公对我影响深远。杜立德医生是世界上最伟大的博物学家和思想家，他总是对新鲜事物充满好奇。那时的人们虽然对博物学家和思想家全无概念，但是杜立德医生已然成为我的人生楷模，唤起了我的科研意识。

杜立德是一位心地善良的乡村医生，他后来也会给动物看病。他的鹦鹉波利尼西亚教会了他各种动物的语言，故事就这样开始了。大多数儿童读物总是援引各种超自然能力帮助主人公排除万难，《哈利·波特》系列图书也不外如是，而《怪医杜立德》系列图书仅有与动物说话这个情节设定不符合常理。在这个基础之上，其他情节依次合理地展开。例如，在杜立德医生来到非洲偏僻的小国家梵蒂波，帮助那里的人们创建邮局时，他独树一帜地聘请各类候鸟传递邮件。体型小的鸟类负责传递信函，体型大的鸟类负责投递包裹，他的邮局成为世界上首家提供“航空服务”的邮局。而当杜立德医生的船需要加速航行，抓捕十恶不赦的奴隶主时，成千上万只海鸥助他一臂之力。这登峰造极的想象力让读者眼前浮现出一幅幅奇妙无比、波澜壮阔的画面。在杜立德医生正被贩奴者的舰炮瞄准的十万火急之时，一只视觉敏锐的燕子发现了舰炮的准确位置，让杜立德医生化险为夷。当一只斗牛犬的主人被扣上谋杀的罪名时，杜立德说服法官让唯一的“目击证人”牛头犬出庭作证，成功地为被告洗刷冤屈。那么，法官怎会一反常理地让斗牛犬出庭作证呢？因为在法庭上，杜立德医生与法官的狗进行了一番对话，证明了自己具备为动物“翻译”的资格。

我要澄清一下，我并不是说，与动物交谈并让它们听懂就是超自然能力，而是小说里动物的行为经常让反派以为发生了灵异事件。比如，反派本以为把杜立德医生困在非洲的地牢里，不让他吃喝，他就能乖乖就范。不曾想到医生在恶劣的环境里不仅没有骨瘦如柴，反而红光满面，越来越胖。反派哪里知道，杜立德医生有老鼠在暗中相助。数千只老鼠暗中悄悄地把食物一点一点地运进来。它们还把水盛在核桃壳里偷运进来，甚至还给杜立德医生带来了一点儿肥皂屑，让他保持干净。反派不明就里，以为这是灵异事件，但天真无邪的小读者们知道这是因为杜立德医生善有善报。通过阅读这类儿童读物，孩子们逐渐明白为人处世的道理。坏人会觉得事情的发展不合常理，孩子们会觉得这是善有善报，合情合理。

许多孩子都曾异想天开地希望在关键时刻有神秘的力量助他们一臂之力，

一句咒语或神仙现世。可能是母亲和杜立德医生对动物的热爱感染了我，我的梦想是能够与动物对话，动员它们勇敢地站出来谴责人类对它们的不公。杜立德医生让我意识到，人类想当然地认为自己是至高无上的物种，理应凌驾于其他动物之上，享受特殊待遇。这种想法就是今天我们所说的“物种歧视主义”。那些激进分子以反对堕胎为名，不惜炸毁诊所、杀害医生。但是尚未出世的婴儿是否更值得同情呢？物种歧视者打着捍卫生命的幌子，在医院诊所对着医生高呼“谋杀”，回家却对着一盘牛排心安理得地大快朵颐，这是何等具有讽刺意味的一件事。

《怪医杜立德》除教会我为人处世的道理外，还让我明白了人类并不具有物种独特性，人类也是由动物演化而来的。达尔文也大力推崇这种观点，他的著作《人类的由来》（*The Descent of Man*）和《人与动物的表情》（*The Expression of the Emotions*）的部分内容也致力于弥合人类与动物的鸿沟。如果说达尔文的这两本书影响了大批 19 世纪末的成年读者，那《怪医杜立德》至少影响了一个出生于 20 世纪 40 年代的小男孩，也就是我。后来，我在读《小猎犬号航海记》[①]时，我总会莫名地把达尔文与杜立德联系到一起。杜立德身着燕尾服，头戴一顶高高的帽子，手忙脚乱地在海上航行，还经常驾驶着船只东奔西闯，这与达尔文难道不是有几分相似吗？除此之外，他俩还有许多共同之处：对自然无比热爱；对众生心怀怜悯；在生命科学领域天赋异禀；发现新奇事物时，一定要记在笔本书上，结果记了一个又一个本子。如果杜立德医生与小猎犬号的“菲洛斯”在南美洲或波普西皮托尔（Popsipetel）的漂流岛上

① 《小猎犬号航海记》（*The Voyage of the Beagle*）是达尔文在 1839 年出版的著作。书中记载了 1831 年 12 月，达尔文以“船长随从”的身份登上英国海军舰艇小猎犬号，开始了为期 5 年的科学考察之旅。——译者注

相遇，他们应该会成为志同道合的好兄弟吧。杜立德医生的双头羚羊与达尔文年轻时发现的一些物种一样不可思议。杜立德医生要越过非洲裂谷时，猴子蜂拥而至，它们手脚相拉，搭成了一座桥。这个场景达尔文应该再熟悉不过了，此情此景和他在巴西看到的行军蚁何其相似！后来，达尔文惊讶地发现，行军蚁中也有蚁奴存在。他对人类奴隶制深恶痛绝，和杜立德一样思想超前。这两位博物学家素来性情温和，能让他们义愤填膺的只有奴隶制了。达尔文在《小猎犬号航海记》中还提到，他和菲茨·罗伊船长因为这一问题起了冲突，大吵了一架。

《怪医杜立德的邮局》(*Doctor Dolittle's Post Office*) 中有一段令人扼腕断肠的场景：茫茫大海之上，一位西非的女性因为自己的丈夫被抓去为奴，俯身在船桨上，哭得筋疲力尽，但是贩奴船早已不见了踪影。起初，她以为所有的白人男性都和奴隶主一样十恶不赦，因此拒绝与杜立德医生交谈，但是心地善良的杜立德医生努力赢得了她的信任。接着，经过杜立德医生一番极具感染力的讲话，动物们群情激愤，集体出动，成功地战胜了奴隶主，并且救回了她的丈夫。但如今，《怪医杜立德》的作者休·洛夫廷 (Hugh Lofting) 被那些道貌岸然的公共图书馆馆员扣上了“种族歧视”的帽子，这是何等讽刺？究其原因，可能是洛夫廷对非洲人的描写过于“脸谱化”。例如，书中乔利金奇国的邦波王子喜爱童话故事，觉得自己就是故事中的白马王子，可以用深情一吻唤醒沉睡中的公主。但是他坚持认为自己肤色太黑，会令公主受到惊吓。在他的再三请求下，杜立德医生使用了一种特殊的配方，让他的肤色变白。按照今天的标准来看，洛夫廷的这段描写是赤裸裸的“种族歧视”。但是，用 21 世纪的标准去审视 20 世纪 20 年代出版的作品，也未免太过苛刻了。照这么看，达尔文作为维多利亚时代的英国人也难逃种族主义的罪名。这么吹毛求疵没有任何意义。我们不妨好好审视一下今天的道德观念吧。我们总是把“主义”挂在嘴边，但是谁又能断言，今天的某种“主义”是否会成为后世谴责的对象呢？说不定到时“物种歧视主义”会首当其冲。在这个层面上，《怪医杜立德》是瑕不掩瑜的。

杜立德与达尔文的另一个相似之处是两人都敢于打破传统、挑战权威。由于两人都可以从动物的身上获得重要信息，再加上性格使然，他们不断质疑传统智慧及传统观念。书本和老师理应培养未来的科学家挑战权威的精神，这是立志要成为科学家的年轻人应当具备的可贵品质。俗话说：“尽信书，不如无书。”我们应该学会独立思考。我始终觉得，正是小时候的阅读偏好为我长大后热爱达尔文埋下了种子。

说来惭愧，我接触达尔文进化论的时间相对较晚。那时，我至少应该已经 16 岁了。当然，有些人比我更晚，还有些人一辈子都不知道达尔文。基督教学校的孩子应该都听说过亚当与夏娃的故事，知道上帝 6 天之内创造了世界万物。但是有些学校把《圣经》故事说成是真实存在的，这就是教育之耻了。另一些学校把这些当成寓言或神话讲给学生听，倒是无伤大雅，但也是自贬身价、肤浅之至的。因为自 1859 年达尔文的《物种起源》问世以来，咱们明明已经知道人类从何而来，为什么还要知道《圣经》里的寓言故事呢？小学为什么不教进化论呢？学生会欣然接受的。

中学时，我有幸就读于昂德尔公学（Oundle School）。前校长是鼎鼎大名的弗雷德里克·威廉·桑德森（Frederick William Sanderson），他为学校打造了全英格兰首屈一指的科学教育品牌。我在昂德尔公学就读期间，桑德森校长对学校的影响力仍在。在我的《魔鬼的牧师》一书中，有一篇文章为《活在危险之中的乐趣》（*The Joy of Living Dangerously*），就是我专门向他致敬的。下面我要与大家分享一段桑德森校长在教堂礼拜上的布道，这可不是在宗教仪式上经常能听到的声音。

> 让我们一同缅怀这些彪炳史册的伟人伟业：牛顿提出万有引力定律；三大数学奇才拉格朗日、拉普拉斯、莱布尼茨各有千秋，共创辉煌；库仑的名字被用于命名国际单位制中电荷的单位；物理学界的法拉第、欧姆、安培、焦耳、麦克斯韦、赫兹、伦琴将名垂千古；化学界的卡文迪许、戴维[①]、道耳顿、杜瓦[②]将永垂青史；生物学界的达尔文、孟德尔[③]将屹立千秋；微生物学界的巴斯德、李斯特、罗纳德·罗斯爵士[④]将英名永垂。这些耳熟能详的名字，和许许多多的无名英雄，都值得被歌颂。其中，最伟大的科学家当属牛顿。牛顿曾把自己比作一个在海边捡石子的孩子，眼前是一片有待探索的真理之海……

桑德森出任校长时力行改革、推陈出新。我在昂德尔公学读书时，学校依然在沿用他在位时期的创新举措，“工作坊”就是其中之一。每学期都有整整一周时间，我们在学校举办的工作坊参加培训，所有课程暂停。桑德森校长对

① 汉弗里·戴维（Humphry Davy），英国化学家，也是发现化学元素最多的人，被誉为“无机化学之父”。——译者注

② 詹姆斯·杜瓦（James Dewal），苏格兰物理学家、化学家。他设计了杜瓦瓶，成功液化了氧气、氢气等多种气体，为低温物理的研究提供了条件。——译者注

③ 格雷戈尔·孟德尔（Gregor Mendel），遗传学的奠基人，通过豌豆实验发现了遗传学规律。由于孟德尔定律太过超前，时人不能与之共识，以致被埋没了许多年。——译者注

④ 罗纳德·罗斯（Ronald Ross），英国微生物学家、热带病医师，发现了蚊子是传播疟疾的媒介，因此获得1902年诺贝尔生理学或医学奖。——译者注

这些工作坊视若珍宝、备感骄傲，但我从中没什么收获。工作坊拥有一套先进、齐全的设备，任何其他英国学校都无法与之媲美，但这可能就是问题所在。工作坊只教授我们如何操作先进的机床，但我想学的是零星材料的使用方法。我这么“胸无大志”，如果桑德森校长在的话，一定会很懊恼。鉴于父亲是使用小物件的一把好手，他的儿子却如此笨拙，他想必也十分气恼。有一学期，在培训过程中，我和一群关系要好的同学伺机“逃离”了工作坊。在一家高科技的五金加工车间，我向一位老工匠拜师学艺。这位技艺超群的老师傅向我传授了传统工艺及如何利用乙炔炬进行焊接。若桑德森校长知道了，必定感到十分欣慰，反正父亲是挺欣慰的。

我的动物学启蒙恩师是约安·托马斯（Ioan Thomas）。他来到昂德尔公学任教正是出于对桑德森校长的仰慕之情。这点在他的课堂教学中体现得淋漓尽致。我在《魔鬼的牧师》中回忆了令我终生难忘的一课。课堂上，托马斯先生亲自向我们示范如何承认自己的无知。承认无知，是一种难能可贵的科学品质。《先天后天》（*Nature via Nurture*）的作者、英国科学记者马特·里德利（Matthew Ridley）在《旁观者》（*The Spectator*）周刊上写道：“真正让科学家备感兴趣的不是事实，而是人类的无知。他们不断挖掘人类的无知，吞噬它、攻击它，您用什么词儿形容都可以。在此过程中，他们会发现人类的无知远超他们之前的想象。”

最近，我与里德利带着他 9 岁的儿子马修一起在沙滩上散步。沙滩上的石子让我想起了桑德森校长曾引用的牛顿的名言。就在里德利和我绞尽脑汁地回想原话的内容时，突然听到一阵怯生生的呢喃细语。我们情不自禁地驻足倾听，屏气凝神，只听见小马修慢声细语地说道：“我好像是一个在海边玩耍的孩子，不时为拾到比通常更光滑的石子或美丽的贝壳而欢欣鼓舞，而展现在我面前的是完全未探明的真理之海。”他居然把牛顿的原话一字不差地背了出来。如果是在一个世纪前，桑德森校长可能不会觉得这个孩子有什么特别之处，但在电视时代，在今天这样的学校教育之下，我看到这样一个能背诵牛顿原话的孩子，不禁惊讶万分。

恩师托马斯先生经常在课余时间给我补习功课。在他的帮助下，我顺利考入牛津大学，这是我人生中重大的转折时刻。最初，我申请的是生物化学专业，但是遭到了拒绝，他们说我应该读动物学专业。现在想想，我真是非常感激他们。牛津大学的动物学更像一门文科专业。一般由授课老师提出一系列颇有争议的话题，学生在阅读相关文献之后，写篇论文，提出自己的观点。我生平的一大乐事就是读书，这个专业简直是为我“量身定制”的。牛津大学的图书馆是世界上数一数二的，我可以在知识的天空中自由翱翔。

牛津大学真是学术的殿堂。可以说，牛津大学造就了我，尤其是它独一无二的导师制，令我受益匪浅。我与导师每周会面一次，他会花上一小时与我讨论论文的内容。而我拿到具体话题之后，会花一周的时间在图书馆阅读大量相关文献，废寝忘食地写出一篇论文。论文并非泛泛而谈，而是有针对性地谈论某一专业问题，我感到自己仿佛已经是该话题的权威人士了。这种感觉真是妙不可言。对于一个 19 岁的学生而言，此乃三生有幸。

我的导师意识到，我身上有研究生物哲学的禀赋，于是便安排我去和阿瑟·凯恩（Arthur Cain）学习一个学期。凯恩是一位热情洋溢、才华横溢的导师，一颗冉冉升起的明日之星。他并不关注学生的考试成绩，他让我专挑科学史与科学哲学的专著阅读。至于科学史、科学哲学与动物学有何联系，则有待我自己去发掘。过程虽然极其艰辛，但我乐此不疲。我并不是说当时我的研究水平有多高，我知道并没有，但是经过一番艰苦卓绝的努力，当我终于写出论文时，那种成功带来的愉悦让我记忆犹新。

在大学最后的两个学期，我跟着尼可拉斯·廷伯根（Nikolaas Tinbergen）学习。11 年后，他获得了诺贝尔生理学或医学奖。每周，我都要阅读一篇未经发表的博士论文，这些论文都是廷伯根教授的学生写的。我的作业就是写一篇类似检阅报告的论文。对区区一个本科生来说，检阅博士论文简直是异想天开。除此之外，我还要为后续研究提供建议，写下论文主题的研究综述，并探讨论文中提出的哲学问题及理论问题。廷伯根和我都从未想过完成这项作业对于考试有没有直接帮助。若桑德森校长知道了，必定感到十分欣慰。因为尽管在昂德尔公学成绩优异的学生比比皆是，但他对于应试教育向来嗤之以鼻。最终，我出色地完成了作业，廷伯根也同意做我的研究生导师了。我的全盛时代正式开始了。

大学毕业以后，我的研究生涯似乎是对本科学习的一种延续，我的著作则是对本科作业的一种延续。我依然把动物学当成文科专业，通过探讨争议性话题锻炼自己的表达能力。培养年轻一代的学生对我来说也是一种锻炼。牛津大学的图书馆依然是学术的殿堂，我在这里阅读科学文献的同时，时不时也动笔写写科学著作。尽管我无法像杜立德医生那样与动物进行交谈，但是我已经逐渐了解动物行为的奥秘了。

02 CURIOUS MINDS

情景喜剧埋下的科学种子

神经生物学家

罗伯特·萨波斯基（Robert Sapolsky）

斯坦福大学生物学教授，斯坦福大学医学院神经科学教授，主要研究压力对人的影响。

萨波斯基既是神经科学家，也是灵长类动物学家。他从小就花很长时间阅读，并想象与大猩猩一起生活的情景，毕业后前往肯尼亚研究大猩猩的社会行为。他的经典代表作《行为》（*Behave*）被称为目前对人类行为前所未有的完整分析，他用一本书回答了人类最根本的问题：我们的行为从何而来？

科学的发展不是为了终结我们对未知的好奇和探究，而是不断地重塑并振兴它。

——罗伯特·萨波斯基

CURIOUS MINDS

我如何成了一名科学家？这必须从美国情景喜剧《吉利根岛》（*Gilligan's Island*）说起。我在布鲁克林长大。8 岁时，我成了《吉利根岛》的忠实观众。其中一季讲述 7 人在一个下午乘坐小船从夏威夷出发，半路遭遇暴风雨，被迫停留在一个荒无人烟的岛上，这一住就是许多年。在岛上，这 7 人组成了一个不可思议的团队，成员形形色色，包括一名船长、一名大副、一对上流社会的富裕夫妻、一个著名女演员、一个农场女孩和一个人称“教授”的无名氏。“教授”虽然受困于荒岛，但仍在树干中坚持写书。你能想到的难题他都能回答出来。他总是能临时组装出某种科学设备搭救团队成员。“教授”无所不能，他却无力让团队逃离荒岛。

这些情节引人入胜，但是真正吸引我的是“教授”与玛丽·安妮（Mary Anne）可能存在的情愫。安妮就是那个农场女孩，她穿着法兰绒衣服，扎着马尾辫。我是从主题曲里推断出他们可能存在感情的。歌词是这样的：“有一座吉利根岛，岛上有一名船长，还有一位百万富翁和他的夫人，一个电影明星，‘教授’与玛丽·安妮。”因为他们的名字挨着出现，我猜测他们之间一定有点感情。我当时还未进入青春期，对感情懵懵懂懂，认为有“感情”就是两人经常牵牵手。因此，我自然而然地希望长大之后成为一名教授，在偏远的地方开展实地研究。

童年的经历应该能够解释一切，但事实可能并非如此。我依然有两大悬而未决的问题：

- 为何我最终的研究领域是灵长类动物及人类的大脑？
- 我为研究工作所倾注的大量情感究竟从何而来？

我身兼双重身份，既是研究人脑的神经生物学家，又是灵长类动物学家。在每年的大多数时间里，我属于前者。我把这些时间花在斯坦福的实验室里，研究压力与神经系统疾病之间的关系。我们试图了解压力激素如何损坏神经系统，即皮质醇如何导致神经元系统损伤及如何令存活的神经元细胞减少，从而制定基因治疗策略以保护神经元不受外界影响。迄今为止，我们并非一帆风顺。而在每年剩下的时间，我会前往东非塞伦盖蒂草原研究一群野生狒狒。25年了，年年如此。东非的研究工作是实验室工作的补充：压力害人不浅，但为什么有些人抗压能力更胜一筹？和狒狒待在一起时，我会研究影响野生狒狒的社会等级、个性及社会关系对抗压能力的影响。

我想先谈谈我的灵长类动物学家的身份。8岁左右，我就渴望研究野外的猩猩。这个想法并非起初就有，也并非受到认知的影响，纯粹是因为我已经不再像以前那么迷恋恐龙了。最初我渴望研究恐龙。我的父亲是一位建筑史学家，曾经做过一点考古学方面的研究，在他的影响下，我又迷上了埃及法老图坦卡蒙的墓。在那之后，我又对研究人类始祖的头骨化石感兴趣。后来，布朗克斯动物园和美国自然历史博物馆成了我的乐园，与那里展出的灵长类动物相比，人类始祖的骨骼及古迹碎片则黯然失色。

显而易见，看着活生生的灵长类动物上蹿下跳，比对着头骨碎片想象人类始祖有趣得多。更重要的是，我和它们之间有某种心灵感应，我现在仍能感受到，但无法解释。我是一个独来独往、天性孤僻的小孩，可能因为这种性格，我尤其容易沉迷于某些事物。但是我与它们之间出现的感应之强烈至今让我困惑不已。灵长类动物不仅看似有趣，而且能用某种原始的方式给予我慰藉。我倒不是想离家出走和山地猩猩住在一起，而是渴望成为它们中的一员。灵长类动物让我心驰神往，哪怕现在每次看见它们，我依然有这种渴望。

我心醉神迷，把灵长类动物的图片贴得到处都是，废寝忘食地在《时代生活》[①]上读着相关话题的文章，浅尝辄止地阅读了相关学术文献。高中时我开始学习斯瓦希里语，为前去非洲从事实地调研工作做准备。我还以粉丝的身份给几位灵长类动物学家写了信，他们有些现在已经是荣誉退休教授了，但他们依然记得我在信中的笔触稚嫩但感情浓烈。

当时我并没有专攻某一研究领域的想法。那时的我有如下打算：去野外和偷猎者激烈斗争，保护濒危灵长类动物；在研究室研究灵长类动物，找到治疗癌症的方法；研究灵长类动物的社会行为，促进世界和平；证明非人灵长类动物已悄然演化出语言能力和宗教信仰；证实传说中的雪人[②]是真实存在的。这一切都是《吉利根岛》出现过的场景。到了大学，我终于明确了自己的研究方向。20 世纪 70 年代中期，我进入哈佛大学研究生物人类学。同一时期，哈佛大学生物学系的著名学者爱德华·威尔逊（Edward Wilson）出版的《社会生

① 《时代生活》(*Time-Life*）是美国发行的老牌周刊杂志，在美国家喻户晓。——译者注

② 雪人最早在《泰晤士报》上被称为 Yeti，是一种未被证实存在的高等灵长目动物，能够直立行走，身高能达到近 3 米，比猿类高等，具有一定的智能。——译者注

物学》（*Sociobiology*）引起了轩然大波，是学术界数十年来最具争议性的话题之一。哈佛的灵长类动物学家和威尔逊是同一阵营的。社会生物学的学术论文清一色地认为动物行为（包括人类的行为），甚至利他行为的产生都是动物演化的产物，也就是达尔文所说的“物竞天择，适者生存”。

威尔逊的研究领域有些问题让我感到困惑，可能是他引发的争议让我感到颇为不适。社会生物学本身带着一丝右翼色彩，偏理想化，少了一些实质内容。左翼学者则大加批判，他们列出了威尔逊的数条“罪名”，其中一条是他为白人男性的父权制进行了辩护，将其解释为自然发展的必然，是生物演化赋予他们的权力。对于左翼人士的愤怒，我感同身受，我个人的行事作风也更接近左翼学者。哈佛社会生物学权威学者大多来自美国南部，他们白天一边抽烟喝酒，一边从事科学研究，晚上通宵打牌，这样的行事作风让我目瞪口呆。

从纯粹社会生物学角度看待事物让我不适的另一个原因，在于它的措辞似乎太过尖锐，只容一家之言，至少当时确是如此。当时学术界围绕着社会生物学、行为主义、遗传学和智商展开的争论堪称百家争鸣、群雄激辩。除威尔逊外，还有理查德·陆文顿（Richard Lewontin）、B. F. 斯金纳（B. F. Skinner）、诺姆·乔姆斯基（Noam Chomsky）、斯蒂芬·古尔德等。人人各执己见、针锋相对，好一派热闹的景象。空气中四处弥漫的“火药味”，驱使人们各自为营、剑拔弩张。那一刻，人人成了以赛亚·伯林（Isaiah Berlin）笔下的刺猬。

“自然选择可以解释动物的一切行为。”

“谁认为人类行为是有选择演化的结果，谁就一定隐藏着不可告人的意图。”

“后天环境对人类成长的影响是无比重要的。”

“智商主要靠遗传。”

诸如此类。

我在导师梅尔·康诺（Mel Konner）那里找到了一丝慰藉。导师对我的影响可能超越了任何人。康诺当时还是一名助教，他对激辩各方表现出的狭隘和片面深恶痛绝。他认为，我们应该不矜不伐，进行多元化思考。演化过程和生态环境确实影响着人的成长，但是，我们也需要从神经分泌学、发展心理学、发展哲学的角度加以思考，再结合大量文献，才能让我们的研究更加完善。任何教条主义言论都可能引发新一轮的唇枪舌剑，因此，他谨小慎微，不愿多说一言，那些忙着争辩的重量级人物并未留意到他。

他提倡的多元化思考与我一拍即合，我无比赞同他的提议。从那时起，我就选择采用协同方式进行科研，尝试多领域跨学科的研究。进行实地研究时，我要研究动物行为学、社会生物学和内分泌生理学，有时我还不得不研究社会学和经济学。进行科学实验时，我要交叉研究神经内分泌学、神经生物学和分子生物学，同时还要进行大量临床科学实验。

进展顺利时，各个学科相互指引，硕果累累。进展不顺时，我就如同一个菜鸟滑行于薄冰上，跌跌撞撞。同时，对自己的科学家身份，我的认识也更加复杂：我是一名穿着登山靴在野外考察的生物学家，还是一名在实验室工作的科学家？我是在保护动物，还是在残害它们？我更喜欢基础科学还是治疗人类疾病的应用科学？我喜欢和狒狒待在一起，是因为它们可以为我提供可靠的数据，还是因为我喜爱它们？

以上问题，我无法给出一个明确的答案。

现在谈谈影响我的研究领域的感情因素吧。我的感情和科学研究密不可分。科学研究让我如痴如醉，不管是别人的重大发现，还是我自己的探索过程，抑或是我尚未解答的难题都让我乐在其中。我迫不及待地想要取得重大科学突破，造福人类。**我认为，若要与阻碍社会进步的力量正面交锋，与粗鲁的右翼人士正面对决，与宗教偏执人士正面抗衡，那么科学技术是必不可少的有力武器。**

我时常想起科学的这一重大作用，文章里也写过，上课时也说过，都说腻了。我从青少年时期就是坚定的世俗主义者。但我在正统的犹太家庭中长大，犹太教有一套非常严格的饮食规定：肉类和奶制品必须分开存放，器皿一旦沾上不符合犹太教规的食物，就必须埋在花坛的土壤里。童年的我循规蹈矩，不知为何，当时我觉得遵守繁文缛节与热爱灵长类动物之间没有任何矛盾之处。动物的演化和个人宗教信仰井水不犯河水。你可以既是一只山地大猩猩，又是一名犹太男孩。宗教信仰对我来说不过是顺从和仪式。

13 岁时，我的内心出现了矛盾。在逾越节①上，我生平第一次感到《出埃及记》的故事让我内心矛盾不已、备感煎熬。我一反常态地想：为什么马群一定要被淹死？初生子犯了什么错要被处死？我的内心在自由意愿与神的意志的问题上来回挣扎。摩西对法老说："何不赐吾民自由？"法老拒绝。随之而来

① 逾越节（Passover）在犹太教历尼散月（公历 3 月、4 月间）14 日黄昏举行。据《出埃及记》记载，摩西率以色列人出埃及时，上帝命令宰杀羔羊，涂血于门，以便天使击杀埃及人长子时，见有血记之家即越门而过，称为"逾越"，犹太人遂立此节以志纪念。——译者注

的是一场瘟疫。法老道："罢了，汝等离去吧。"

"后来，耶和华神让法老变得铁石心肠。"

法老被迫言而无信，再次遭到惩罚。如果耶和华神可以随意更改法老的意愿，那神的职责何在？神为何要降怒于法老和埃及的牛群？我百思不得其解。《塔木德》[①]的评论称灾难的降临是人类咎由自取。这么骇人听闻的话，想想经历过纳粹大屠杀的犹太人听了是什么感受。

直到有一日，我听到了一条古训，才让我从此真正走上了无神论的道路。当时，拉比[②]向我们布道，告诉我们身体有缺陷的人无法成为牧师。

我问道："什么是有缺陷？"当时的我患有骨质疾病，腿上还套着支架。因此，附近的熊孩子经常抓住我就是一顿暴打。

拉比回答："你还不明白吗？如果身体有缺陷的人主持寺庙的仪式，对于神来说是一种亵渎啊。"

这对我如同五雷轰顶。谁是侏儒、谁是瘸子是上帝决定的。上帝怎么会被自己故意创造的东西亵渎呢？上帝又怎能因为自己所为去惩罚跛足之人？这是什么道理？我一头雾水、焦躁不安。到了傍晚，我由焦躁不安变成了怒不可遏，我感到了前所未有的背叛。最后，在怒火中，我选择躲进爱丽丝掉进的兔

① 《塔木德》被誉为犹太人的第二部"圣经"，又称犹太智慧羊皮卷。——译者注

② 拉比是犹太人的特别阶层，主要为有学问的人，是老师，也是智者的象征。——译者注

子洞里，在光怪陆离、不合逻辑的世界里找出符合逻辑的解决之道。我继续诵读祈祷，颂赞那位刚刚被我腹诽过的神。但我无法一直生活在内心的矛盾挣扎中。两天后，我在午夜梦回之际，突然清醒地意识到：神真的存在吗？胡说八道！

自那以后，我不再有宗教信仰，事实上，我无法再去信奉任何神明了。我开始用机械论解释生活的方方面面，无论是爱情、养育子女，还是人类存在的原因。在我看来，大千世界的生物体系错综复杂，芸芸众生之外，根本没有什么自上而下的意志，没有目的，没有起因，钟表匠理论[①]纯属无稽之谈。我的上述观点并不是全无感情色彩的，和 13 岁的我一样，现在的我依然感情丰富，科学研究和感情丰富并不矛盾。我也并不认为，我从事科学是为了寻找宗教信仰的替代品，只是科学最终彻底粉碎了我的宗教信仰。

① 钟表匠理论（Divine Watchmaker）是为了阐述“神是存在的”的一种理论：如果你在路上看到一块石头，可以认为是自然生成的，但如果看到一块手表，则必然认为有一位钟表匠制造了它。同理，这个世界如此复杂，必须是上帝创造的。——译者注

03 CURIOUS MINDS

人生的意义在于好学不倦

生物学家

林恩·马古利斯（Lynn Margulis）

马萨诸塞大学阿默斯特分校地球科学系教授，曾当选美国国家科学院与俄罗斯自然科学院院士，1999 年获美国国家科学奖章。

马古利斯是“内共生学说”的主要建构者，她指出自然是在共生中实现生命的诞生和物种的进化的。通过共生，世界才得以保持多样性，通过多样性的个体之间复杂多维的交互协同作用，不断创生新物种，世界才得以不断发展和进化。

代表作有《小宇宙》(*Microcosmos*)，《我是谁》(*What is Life*)。

生命并不是通过战斗，而是通过协作占据整个地球的。

——林恩 · 马古利斯

CURIOUS MINDS

小时候，为了在父母的争吵中生存下来，我发明了各种逃避方式。有时候，我会躲在父亲的黑翼凯迪拉克轿车后面，连朋友都找不到我。我的母亲是个美丽的女人，她崇尚物质，缺乏安全感，而父亲则要追求自己的远大理想。在他眼中，“律师都是小偷和骗子”，因此他放弃了法律工作，买下一家建筑公司，加入了一家乡村俱乐部。到我十几岁时，父亲不再千方百计地跻身上流社会，也不再追求新富阶层的奢靡生活，而是和一群爱好音乐、我行我素的人混在一起。

在我 5 岁时，我们举家搬迁到芝加哥南区。从车毂击驰的南滨路至我们家门口熙熙攘攘的人行道之间有一道天然绿化带。我时常躺在绿化带的草坪上，望着碧波浩渺的密歇根湖，时有凉风吹过，令人心旷神怡。在草坪上，我观察蚂蚁部队沿着糖渍爬行，惊叹于它们的“纪律严明”。岩石下的潮虫也是我观察的对象。那片草坪就是我的世外桃源，可以让我暂时逃离生活中的烦恼。父母永远以自我为中心，绞尽脑汁想跻身上流社会，这种家庭氛围令我极其不适。

从 10 岁起，我开始参加在威斯康星湖（Wisconsin lakes）举办的夏令营。从踏上湖滨的那一刻起，我就雀跃不已。在我 12 岁时，当我 17 岁的夏令营辅导员讲起变形虫时，我开始对科学如痴如醉。她称变形虫是一种“奇怪的动物”。那时的我像男孩一般性格狂野，我问她：“你怎么区分虫子的性别？”

她回答道：“那可做不到。变形虫是单细胞动物，它们没有性别之分。”

“那它如何繁殖？”

她回答道：“通过细胞分裂繁殖。”

细胞分裂！她怎么知道的？这又怎么可能呢？分裂的时候它不会疼吗？虽然我对她的回答心存疑惑，但是这一问一答却让我对大自然的热爱更深了。在那一刻，我感到命运掌握在自己的手上。我意识到一个看似矛盾的道理：虽然父母的言论是一派胡言，但是我仍然可以从他们的话中学到些什么。辅导员告诉我：“你可以用显微镜观察变形虫。”我想，观察这些没有性别的奇怪虫子或许是个不错的选择。

我们家一共有姐妹五人。作为家中的长女，我可能是父亲最宠爱的孩子。父亲喜欢说长道短、汲汲营营，还是个政治狂热分子。受当时美国思潮的影响，人人都坚信自己的未来一片光明，父亲也不例外，一心想跻身上流社会，追求精致高雅的贵族生活。我虽然对他的这一作风嗤之以鼻，却极为敬佩他勇于进取的人生态度。我似乎继承了他的勤奋、健谈，以及旺盛的精力。后来我才知道，人体能量代谢功能是通过线粒体遗传的，而线粒体属于母系遗传。也就是说，我的旺盛精力应该遗传自母亲。母亲确实也是精力充沛的人，但较之于父亲就相形见绌了。

我的母亲美丽温柔，却是一个沉默寡言、郁郁寡欢的家庭主妇。父母二人都抽烟，酒喝得很凶。父亲还在外面到处拈花惹草。比起父亲的风流成性，母亲更在意的是有关父亲的风言风语传到亲戚的耳中。母亲的世界里只有父亲，除此之外别无他求。她想让他回家，他却喜欢外出社交。因此，家里经常乱成一片，照顾妹妹时常是我的责任。我很早就学会了一个道理：自己动手，丰衣足食。这也是母亲反复在我耳边念叨的。

我们并不穷。我父亲在芝加哥南区有栋三层公寓，我们一家住在那儿。尽管那地方不是很安全，但我们一家在很多方面还是有优势的：父亲卖力工作，维持家中开销；母亲厨艺精湛，喜爱张罗美食。我们都有社交生活，有时甚至有佣人。但是平时父母忙于应酬、疲于奔命，留下我们姐妹独守家中。在家闲来无事，我们就在暗无天日、管道遍布的地下室里表演家庭戏剧，由我兼任制片、导演和主演。我们把床单挂在管道上作为舞台帘幕。排练时，我热情洋溢地指挥，要求妹妹们迅速反应。我素来激情四溢，做事专注。我喜欢发号施令，容不得别人在一旁窃窃私语。我求知欲极强，在学习时，我如饥似渴、全神贯注。认真学习之余，我做了数份兼职工作。除此之外，我剩余的时间都奉献给了诗歌与想象。一本书、一棵桑树、一只蚱蜢，都可以成为我的素材。我每天都要动笔写点什么，一篇日记、一篇散文、一首小曲或是一段对话，不然的话，我就感到若有所失。

虽然现在的我已经能够掩饰自己的孤独感和书生气，但是多年来，我其实没怎么变。就像人们说的，我有些少年老成。因为家庭原因，我早早地承担起照顾妹妹的重担。所幸，我一直“童心未泯”，依然热爱大自然和户外活动，喜爱观察显微镜下的微生物，也热衷于探讨并保持好奇心。童年的乐趣仍然陪伴着我。

读中学时，我终于可以远离家中嘈杂的环境，一头扎入知识的海洋。海德公园高中（Hyde Park High School）对学生的严苛要求令我深恶痛绝。于是当我发现芝加哥大学对待不同信仰、种族、年龄的学生一视同仁时，我立刻决定申请该校。我如实地告诉招生人员，我没有征求父母的同意，而且连高二都没念完。由于我的测验成绩达到了芝加哥大学本科学院的录取标准，14 岁的我如愿以偿地成为一名大学生。这次经历让我更加相信自力更生的重要性。我如脱缰之野马的人生态度让母亲惶惶不安，却暗中获得父亲的大力支持。

父亲是波兰犹太人的后裔，在密歇根州和新泽西州的新教教区长大。他对巴以冲突极为关注。我猜想，他之所以对巴以局势全情投入，大抵是因为巴以局势能给他带来意想不到的刺激，与他千篇一律、平淡无奇的律师工作形成了鲜明对比。14 岁时，我已手不释卷。虽然我看不惯父亲终日高谈阔论，也无法理解为何他对中东地区压抑的部落文化、残忍的兄弟相煎兴致勃勃，但是，在我被大学录取之后的那个暑假，他把我送去以色列的农场体验生活，对此我还是充满感激的。在集体农场里，我采摘葡萄，为羊群挤奶。我发现在当地的以色列人眼中，美国人傲慢、贪婪、幼稚，还喜欢大惊小怪。而我作为一个美国人，被贴上了物质主义的标签。这让我明白了什么是偏见。事实上，我十分反感美国社会金钱至上的风气。我认为，好学不倦、求知若渴才是人生的意义所在。我还记得父亲形容我时的口头禅：“她过去支持犹太复国人士，现在支持科学研究人士。”

那么是什么原因，让我走进了科学殿堂呢？一是芝加哥大学，二是卡尔·萨根，后来成为我的丈夫。

芝加哥大学本科学院的教育理念独树一帜，它有一门学术标杆式课程叫

“自然科学2”。芝加哥大学的课堂和实验室要求每次出勤人数必须控制在20人以内，因此对学生的出勤率并不做要求。但是，期末考试至关重要。学生们通常在10月开学，次年6月参加期末考试。这场考试对学生的学业水平要求极高，时长通常在6到9小时。学生的课业成绩完全取决于期末考试的成绩。芝加哥大学的另一大特色在于没有教科书，要求学生广泛阅读名家名篇。对于选了“自然科学2”这门课的学生来说，这就意味着要阅读达尔文、孟德尔、汉斯·斯佩曼（Hans Spemann）、奥古斯特·韦斯曼（August Weismann）、霍尔丹、休厄尔·赖特（Sewall Wright）、朱利安·赫胥黎（Julian Huxley）等人的著作。这是为了让我们更好地回答遗传学领域的重要问题，如：“每一代生物体之间有何关联？”“生物体有哪些遗传特性？”也是为了让我们进一步回答发人深省的问题，如：“何为人类？何为生命？”“是宇宙的形成产生了思维，还是思维的产生构成了宇宙？”学校除要求我们进行科学实验和阅读科学名著外，还为我们开设了哲学课程，以为我们的专业学习奠定更加坚实的基础。

遗传学最令我着迷。几乎人人都认为生物是通过交配实现繁殖的，甚至包括一些生物学家。在进行博士后研究时，导师要求我仔细观察培养基中的细小裸藻的交配行为。结果，我并没有观察到，因为这种绿色浮游生物根本不存在交配行为。这让我意识到遗传学的某些领域存在谬误。

繁殖并非通过交配才能实现，变形也是如此，有些生物体可以根据环境需要改变形体。我当年的夏令营辅导员虽然知识水平有限，但她对变形虫繁殖方式的一番解释更贴近事实真相。喇叭虫是一种生活在水中的微生物，我后来发现它们在接合生殖之后会死亡。喇叭虫雌雄同体，接合生殖的过程通常持续36小时，这对双方来说都是“致命行为”。草履虫的接合生殖与喇叭虫有相似之处，去掉其厚厚一层表膜的一大部分仍然可以存活。草履虫全身长满纵行排列的纤毛，纤毛和鞭毛的结构基本相同。即使通过显微手大面积摘除草履虫的纤毛，草履虫也依然可以存活，且摘掉的纤毛可以被移植到任何其他的部分。完成纤毛移植的草履虫可以将移植的性状遗传给下一代。

我们在“自然科学 2”这门课上阅读的科学名著通常是重印版。我们仿佛能听到那些遗传学领域的泰山北斗亲口讲述他们的研究历程与心得：赫尔曼·穆勒（Hermann Muller）正对我们说，生命就是“变异、繁殖、繁殖变异”；万斯·塔塔尔（Vance Tartar）正向我们讲解喇叭虫的结构；西奥多修斯·多勃赞斯基（Theodosius Dobzhansky）正对我们说，生物学的一切都讲不通，除非从演化视角来看；A. H. 斯特蒂文特（A. H. Sturtevant）正向我们述说他如何发现染色体对成年果蝇体型的影响。但是真实数据和观察总是比权威观点更能打动我。

当时遗传学界一致认为，动植物的遗传物质仅存于细胞核，细胞核中的染色体是基因载体。然而，我们知道，草履虫可以继承移植性状。还有一些耐人寻味的线索，让我们不得不怀疑，细胞核也许未必是遗传物质的唯一储存场所。叶绿体的遗传物质就来自其他叶绿体，属于核外遗传。还有一种叫莱茵衣藻的绿色浮游生物，主要通过线粒体进行光合作用。这种藻类的线粒体属于父系继承，线粒体本身含有基因物质，因此也属于核外遗传。

当时遗传学界已经普遍认同，细菌的细胞核通常没有核膜，其 DNA 通常是线性 DNA，在细胞内通常呈环状排列。自从遗传学界发现了 DNA 是传递遗传信息和复制细胞的主要物质基础后，“遗传物质主要存于细胞核”就成了遗传学界的金科玉律。但是我天性好奇，再加上我的大学一直鼓励、训练我们不仅要阅读科学名著，还要理性思考，因此在发现了上述的遗传特例以后，我兴奋不已。

16 岁时，我遇到了卡尔·萨根。他比我大 5 岁，有一头棕黑色头发，高大英俊，却有些呆头呆脑的。我对他一见倾心。有一天，我居然在数学系的楼梯上撞见了他。他向我打招呼："啊，这不是林恩小姐吗？"我回道："这不是卡尔·萨根先生吗？"后来，他邀请我参加天文俱乐部的会议，他是俱乐部部长。他还会开着小型雪弗兰，每天清晨去家中接我上学。其实他十分讨厌早起，这是所有天文学家的共同特征吧。

那时，萨根已经是一名物理系研究生，准备开始平流层研究。起初我只是迷恋他俊朗的外表，但是渐渐地，他对科学的热爱感染了我。他自幼就志存高远、好学不倦。他追求知识的饱满热情让我备受鼓舞，但又不至于感到自惭形秽。后来，萨根开始探索外星生命，研究如何与外星生命进行沟通。而我把研究重心放在了地球与微生物上。相比之下，我的研究似乎略显简陋。我一直坚信遗传学为探索生物演化提供了最佳线索。心怀这份信念，我在 1957 年 9 月，苏联成功发射第一颗人造卫星之前，与萨根一路北上抵达威斯康星州。萨根以天文学研究生的身份在威廉斯湾的叶凯士天文台①从事研究工作。而我当时正准备申请生命科学专业的硕士研究生，在距叶凯士天文台 100 多千米以外的地方，我找到了一个最理想的学校——威斯康星大学麦迪逊分校。苏联先一步发射人造卫星，这让美国感到危机重重。于是，美国在科学研究领域投入了大量的资金，掀起了一股科学研究的热潮。作为两名年轻的科学家，我和萨根加入了这股科研热潮，成了时代的弄潮儿。我们都对探索生命起源和行星的大气成分充满兴趣。前者涉及宇宙的形成和微生物的溯源。关于后者，后来我们发

① 叶凯士天文台（Yerkes Observatory）坐落于美国威斯康星州威廉斯湾，附属于芝加哥大学。叶凯士天文台的研究课题包括星际物质、球状星团的形成、红外线天文学和近地天体。该天文台同时设有一个大小相当的工程中心，专门研制和修理科学仪器。——译者注

现，地球的大气层就是在无数早期的微生物和其他生命形式的呼吸作用下形成或消失的。

在麦迪逊分校读研究生时，我师从人口遗传学专家詹姆斯·克劳（James Crow），研究方向为遗传学和人口遗传学。我热爱遗传学，而对于人口遗传学，我认为它太过强调新达尔文主义的概念，如“适者生存”“突变负荷”“选择系数”，却没有充分描述鲜活的生物体互动和演化的方式。我依然对细胞核外的细胞器充满兴趣，喜欢直接观察活细胞内部的液体流动。我发现线粒体和叶绿体并不是通过有丝分裂的方式进行自我繁殖的，而是像细菌一样，通过二分裂的方法进行自我繁殖。细胞是动植物生命的基本功能单位。而研究观察发现，真核细胞内不只有细胞核，还遍布着细菌大小的物质，这些物质可以自我复制，并有各自的复制时间。线粒体和叶绿体的复制特征与其他细胞器截然不同。难道它们是一种半自主细胞器，有一套全然不同的遗传机制？后来研究证明，我的想法是正确的。

我感兴趣的细胞遗传学研究属于比较冷门的研究领域。我还喜欢看一些生物学的研究文献，这些都是冷门领域的相关研究文章。我发现，一些前辈们，像备受冷落的美国生物学家伊万·沃林（Ivan Wallin）和只在苏联才受到重视的生物学家康斯坦丁·梅列施柯夫斯基（Konstantin Merezhkovsky），都曾假设细胞器起源于细菌，在演变过程中被更大的细胞包裹住了。他们二人都坚持认为，和细菌繁殖的过程一样，自主细胞器与细胞其他部分形成共生关系，并在一定的条件下开始繁殖。

他们的观点可以解释为何存在大量核外遗传的例子。细菌群落与细胞个体的组成部分之间的差异微不足道。在漫长的演化过程中，细菌或互相吞噬、或互利共生，最后形成了细菌群落。这足以说明不同微生物物种之间通过长期的协作而繁衍生息。这是一个属于微生物的童话故事：它们从此共生共存。

这个童话故事是真实存在的。人类身上的每一个细胞都代表着真核生物，而负责供氧的线粒体起源于细菌。达尔豪斯大学[①]生物化学系的迈克尔·格雷（Michael Gray）和他的同事们已经证实了真核生物来自多个祖先。植物细胞及藻类细胞（如莱茵衣藻及细小裸藻等绿色浮游生物）是通过吞噬蓝绿藻形成的。而蓝绿藻实际上是一类通过光合作用获取能量的细菌。这种共生关系在每一代都要经过自然选择的考验，因此与达尔文的进化论并不相悖，倒是体现了共生关系在生命演化过程中的重要性。地球上最成功的生命形式是制造出望远镜观察浩瀚星空的人类吗？并不是。是数量庞大，连哺乳动物都无法与之匹敌的昆虫吗？也不是。最成功的生命是数量更为庞大的细菌。线粒体和叶绿体由细菌共生演变而来。在共生演变的过程中，细菌通过大量繁殖、摄入氧气、进行光合作用，为线粒体和叶绿体的形成提供了所需的能量。

奇美拉[②]、美人鱼、骏鹰[③]和斯芬克斯[④]，这些结合了鱼类、爬行动物、鸟类和哺乳动物特征的形象一直是古代自然学家的研究对象。通过对全球科学领域的探索和观察，我们发现恶龙、人马和其他类似的神话形象都是虚构的。比起这些神话形象，人类的身体才更为奇妙。人类结合了不同动物的能力，可谓

① 达尔豪斯大学是世界学术名校，加拿大顶级大学之一，位于加拿大的哈利法克斯。——译者注

② 奇美拉是古希腊神话中喷火的妖怪，有狮头、羊身、蛇尾。——译者注

③ 骏鹰是传说中鹰头、马身、有翼的怪兽。——编者注

④ 斯芬克斯最初源于埃及神话，古埃及、古希腊、西亚的各个时期的斯芬克斯不尽相同，但是其形象都是由人、狮、牛、鹰共同组成的人兽合体。——译者注

是集大成于一身，并且还可以精确、灵活地协调身体的各个部位，任何精密仪器都无法与人类的身体相提并论。如果真如萨根所愿，宇宙中存在其他生命，那这些外星生命的祖先也极有可能共生共存，将性状特征代代遗传。因此，如果有朝一日我们有幸与外星生命邂逅，我们的共生演化研究必然能迈上一个新台阶。

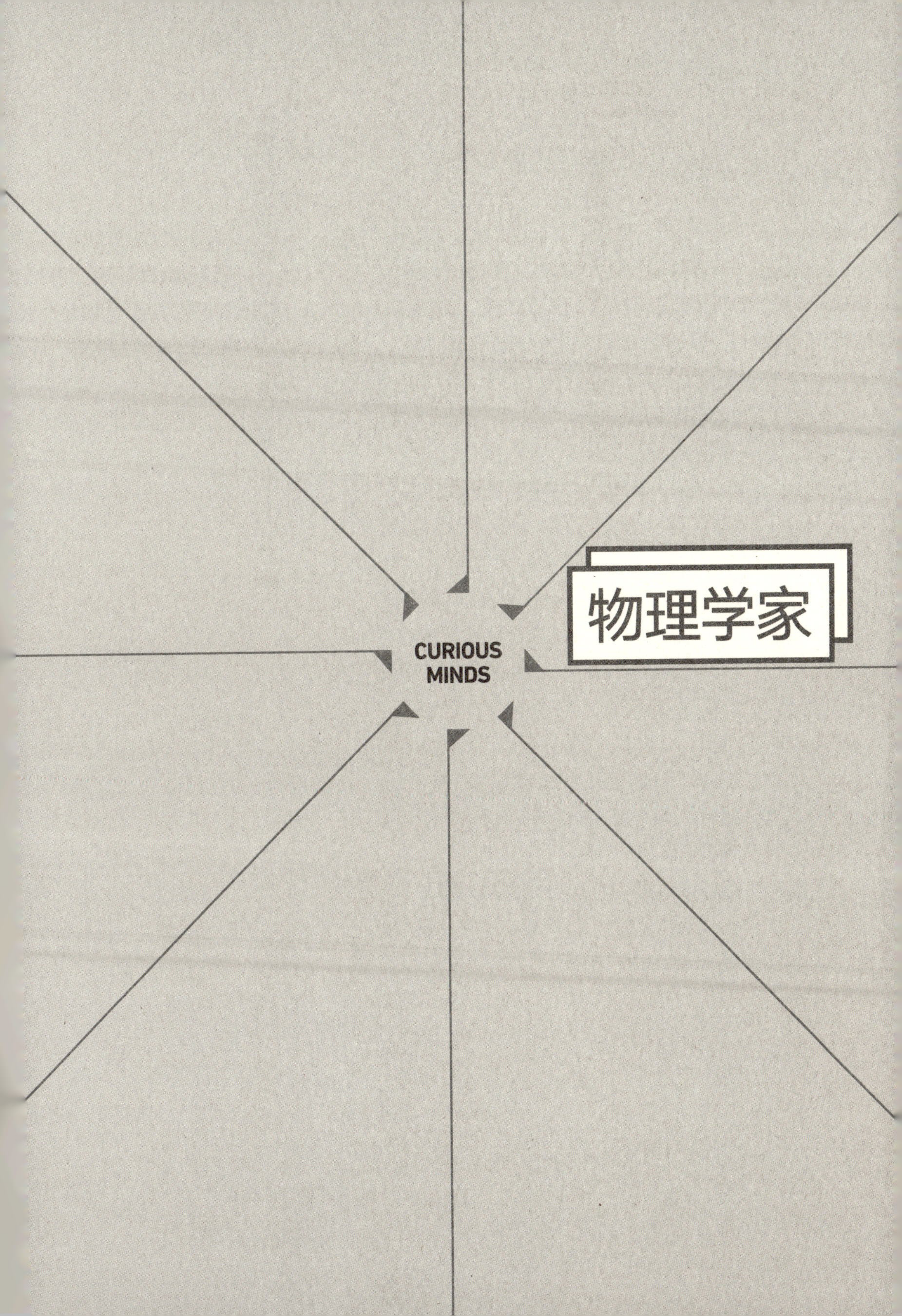
CURIOUS
MINDS
物理学家

04 CURIOUS MINDS

被迫弃文从理

粒子物理学家

默里·盖尔曼（Murray Gell-Mann）

世界知名复杂性科学研究中心圣塔菲研究所荣誉成员，加州理工学院理论物理学教授，美国国家科学院院士，英国皇家科学院外籍院士。

他在 1964 年提出夸克模型，该模型认为质子和中子是由三个夸克组成的。这一发现开辟了人们对物质结构认识的新篇章，他因此获得了 1969 年诺贝尔物理学奖。

盖尔曼还是鸟类学家和语言学家，他对几千种鸟如数家珍，对人类语言的起源有着独到的见解。

高中时，物理是我学得最一塌糊涂的一门课。

——默里·盖尔曼

CURIOUS MINDS

我于 1929 年出生于曼哈顿。同年 9 月，美国股市全面崩盘，随后爆发了经济大萧条，这给全球经济带来了极大的影响。在经济危机的冲击之下，有那么几年，我家经济窘迫，生活举步维艰，实在无力承担曼哈顿的高昂房租，因此只得搬到别处。1929 年的美国正值多事之秋，一是股市崩盘预示着经济大萧条的来临；二是严苛的《1924 年移民法案》（*National Origins Act of 1924*）从那年起全面生效。这对父亲来说可谓雪上加霜。父亲是奥地利移民，虽然他的母语是标准的德语，但他在年轻时就学了英语，发音和语法都无懈可击。可能正因如此，反倒让人怀疑他的身份，因为只有外国人才会这么小心翼翼。父亲经营着一家规模不大的语言学校，除了给当地移民教授英语，他还亲授德语。学校也聘请了老师教授罗曼语族中的其他语言。学校尽管办得有声有色，但在经济大萧条与新移民锐减的双重冲击下，最终不得不停止运营。没了经济来源，我们只能从格拉梅西公园的富人区搬到布朗克斯动物园附近的穷人区。这种状况持续到我 8 岁左右，我们才搬回曼哈顿，住在繁华的上西区。

在我们搬迁的过程中，母亲感觉到了我的特别之处，因此她千方百计地要把我送进教育水平更高的私立学校，可我的父亲对此不置可否。毫不知情的我在纽约的不同地方参加了各类测试，测试内容就是堆积木。后来我才发现，这都是为了让我获得全额奖学金入学，但不幸均以失败告终。最终，助人为乐的音乐老师弗洛伦斯·弗雷因特（Florence Freint）成功帮助我进入哥伦比亚语法预备学校（Columbia Grammar School）就读。我们当时住在西 93 号街，几乎与学校只有一街之隔。哥伦比亚语法预备学校的历史可追溯到 1764 年，当时是国王学院，也就是哥伦比亚大学前身的一部分。1937 年，8 岁的我获得全额奖学金，升入六年级。

我的哥哥本对我的人生影响重大。本比我大了将近 9 岁，他跟我一样，入学早，大体上比多数同班同学小 3 岁。我 3 岁时，本用饼干盒教我识字。可以说，他是我幼时的启蒙教师。本和我形影不离，我们一起做游戏，一起去博物馆，一起观察鸟类，并且都对植物、蝴蝶、大蚕蛾和各种各样的哺乳动物感兴趣。由于布朗克斯动物园北部有一片铁杉林，是曾经覆盖纽约市的铁杉林中仅存的一段，所以搬回曼哈顿之后，我们还是会去那里观察鸟类。本和我都将纽约看作一片被过度砍伐的杉林。

我家里的学术氛围一直很浓厚。父亲对数学、物理学和天文学十分痴迷。因对爱因斯坦仰慕已久，父亲曾刻苦钻研高深的物理理论，尤其是广义相对论。虽然最终还是未能透彻理解其奥秘，但他确实是非常努力地研读过相关书籍。尽管我对物理学兴趣不大，但十分喜欢天文学，并且对博物学、考古学和语言学更感兴趣。这一系列学科都历经了漫长的发展演变，内涵丰富，错综复杂，并且它们都在很大程度上取决于历史偶然性和基本原理。

在从六年级到十二年级的 7 年时间里，我一直在哥伦比亚语法预备学校读书。我在十二年级时决定申请耶鲁大学，那里可以提供全额奖学金。然而，在填申请表格的专业志愿时我心生犹豫，顿时觉得自己去耶鲁大学的可能性微乎其微。首先，耶鲁大学的录取条件极其严苛；其次，除非我能拿到全额奖学金，否则高昂的学费对我的家庭来说是个巨大的负担。然而，我还是准备申请。在考虑填报专业的时候，我竟然一反常态地去征求了父亲的意见。

父亲问："你想选哪个专业呢？"

我回答："考古学或语言学的相关专业，或者考古学和语言学的交叉学科，这是我最感兴趣的方向。我也喜欢博物学，探索自然。"

"你想饿死吗？"

父亲的回复多么"鼓舞人心"啊。那年是 1944 年，经济大萧条时期的艰难境遇依然历历在目。我们虽然身处上流社会，但当时也只是上流社会的"底层穷苦人民"而已。

我问："那您有什么建议呢？"

他提到了工程学。我回答道："那我宁愿饿死。再说，我设计的东西一定会散架。"（果然，一年之后我参加学术能力倾向测验①，结果证明我可以选择任何专业，唯独工程学万万不可。）

他提议道："我们各退一步，物理学怎么样？"我告诉他，我在哥伦比亚

① 能力倾向测验（aptitude test）通常通过对现有能力的测量来预测个体未来的成就，其作用在于发现个体的能力倾向并指导个体做出升学和就业的选择。——译者注

语法预备学校上过物理课，那不仅是我学过的最枯燥无味的课程，也是迄今为止我学得最一塌糊涂的课。在物理课上，我们了解了 7 种简单机械，还接触到了光、热、电、磁、波、力学等学科的概念。当时我就一头雾水，这些概念之间有什么相互联系吗？我强烈抗议，我是绝不可能选择物理专业的。

我这位痴迷物理的老父亲不依不饶："高深的物理课程就不一样了。等你学到广义相对论和量子力学就知道这两门学科多么妙不可言了。"

我心里想，我何不遂了老头儿的愿呢？毕竟申请表上的专业志愿没有太大影响。如果我奇迹般地被耶鲁大学录取，又拿到了全额奖学金，那我可以随时转专业呀。

结果，我如愿被耶鲁大学录取了，并且我还真的成了物理学专业的学生。但是入校以后，我也就懒得转专业了，并且就如父亲预测的那样，我迷上了广义相对论和量子力学。

对了，我获得的奖学金全称是梅迪尔·麦科米克奖学金（Medill McCormick Scholarship）。这笔奖学金涵盖一切费用。与其他享有奖学金待遇的同学一样，我无须勤工助学。只是，奖学金的名称让我十分困扰。因为我知道《芝加哥论坛报》（*Chicago Tribune*）的社长叫伯蒂·麦科米克（Bertie McCormick），而《纽约每日新闻报》（*New York Daily News*）的社长叫约瑟夫·梅迪尔·帕特森（Joseph Medill Patterson）。第二次世界大战即将打响之际，这两家报纸都没有坚定地表明反法西斯立场。我本人是强烈反对法西斯主义的，因此每次想到我的奖学金里有这些人的名字，我心里就不是滋味。毕竟，当我进入耶鲁大学时，战争的硝烟依旧在弥漫。

不过之后我的生活一直风平浪静。直到 1947 年，我的奖学金即将到期，于是我向学校申请延期一学期毕业。按照原定计划，我本应该在来年 1 月份毕业，但是考虑到研究生院秋季开学，我决定在 6 月份毕业。有关部门同意为我延期，但是要求我向奖学金的赞助人写一封感谢信。可我连这位赞助人姓甚名谁都不知道，因此我迟迟无法动笔。后来我胡乱写了封感谢信："我是耶鲁大学的一名穷困潦倒的学生。感谢您慷慨解囊，助我脱困。您的善举改写了我的人生，但是我很在意您这笔钱的来历。"言简意赅。之后我又在信里表达了对两家报社的怨念。不用说，我最后没有寄出这封信，这或许是明智之举。

30 年后，在阿斯彭（Aspen）举办的一场花园茶会上，我遇到了一位杰出的女性，她叫特里妮·巴恩斯（Trini Barnes），全名是卡特里娜·麦科米克·巴恩斯（Katrina McCormick Barnes）。她的父母早早过世，给她留下了一笔丰厚的麦科米克家族的财产。她对麦科米克这个名字也颇感不适，原因竟和我大同小异！她以高价将自己在《芝加哥论坛报》的股份卖给了她的叔叔伯蒂之后，便用这笔钱助人为乐。原来她就是奖学金的赞助人！而那笔奖学金是以她的兄弟梅迪尔命名的，梅迪尔还没到上大学的年龄便英年早逝。现在看来，就算当时我把那份信寄出去了，后果也未必如我想得那般糟糕。

当时耶鲁大学的物理学并不是特别好，但也有些课是例外。比如，我有幸上过亨利·马格瑙（Henry Margenau）的一门课。他于 1929 年获得耶鲁大学博士学位。尽管他的研究事业成就不多，可他是一位出色的老师！他教授的"物理哲学"这门课，上课时间是每周二、周四、周六的上午10点左右。然而，这门课并不局限于物理哲学，它的重点是物理学本身，但每个课题都会结合一些哲学知识展开。我很开心能接触这么多哲学知识，而且物理教学也精彩绝伦。当时，我才读大二，同班还有一些大三的学生，我们对理论物理学所知甚少，量子力学、广义相对论等高深的物理学课题对我们来说简直深不可测，但马格瑙总是能够深入浅出，让我们觉得这些知识触手可及，他的授课技巧实在高超！

这门课首先要学的是拉格朗日力学与哈密顿力学。他问我们："你们应该都学过变分法吧？"

我们回答："没有。"

他又问我们："今天课上你们数学老师教什么了？显然这些老师就会教epsilon-delta 语言[①]，毫无用处。今天，我先教你们变分法，周四、周六我们再学拉格朗日力学。"他真的说到做到，教学计划如期展开。

接下来，我们又花了一两周的时间学习狭义相对论。之后，他宣布："我们要学广义相对论了，但是你们首先得知道什么是张量分析。我想你们应该知道的吧？"

我们回答："不知道。"

他说："这就成问题了。那我们今天必须先学习张量分析，周四、周六咱们再开始学习广义相对论。"

① epsilon-delta 语言（历史上称为"无穷小分析"）是数学分析中用来严格定义极限概念的数学语言，它避免了早期微积分使用直观无穷小概念时在逻辑上产生的混乱。——译者注

就这样，我们一路学到量子力学。

1948 年 6 月，我获得了物理学学士学位，并计划在秋季进入本校的物理研究生院。但是申请结果令人失望：我被哈佛大学录取了，但它不提供任何奖学金补助；普林斯顿大学则将我拒之门外；耶鲁大学的数学系录取了我，可是物理系却没有。麻省理工学院的回复倒是让我精神一振，我被该校的物理系录取了，学校还为我提供了助学岗位——为物理学教授维克托·韦斯科普夫（Victor Weisskopf）担任助教。之前我从未听过这个名字，但后来了解到他是个了不起的人，一位出色的物理学家，人人都亲切地叫他“维基”（Viki）。他给我写了一封信，友善地表示希望我能去麻省理工学院和他一起做研究。

然而，我依然灰心丧气，与常春藤盟校相比，麻省理工学院相形见绌，但转念一想，我可以先去学校看看，如果学校真的那么不堪，到时候再“自我了断”也不迟。倘若当时真的选择“轻生”，我也就不可能去麻省理工学院读书了。在数学上，这称作“不可交换运算”；在物理上，这称作“不对易算符”。秋季入学时，我才发现麻省理工学院的一切都令人满意：师资力量卓越，同学友善亲切，包括维基和很多来自藤校的优秀学生。我的办公室在维基的隔壁，屋子很大，我和其他助教共用一间办公室。办公室里的同事换了一批又一批，他们也不全是研究生，很多已经拿到了博士学位，包括马文·戈德伯格（Marvin Goldberger）。戈德伯格在芝加哥大学读研究生时师从恩里科·费米[①]。戈德伯格与我志同道合，我们经常讨论物理学，也聊其他学科。后来，他回到

① 恩里科·费米（Enrico Fermi），美国物理学家，诺贝尔物理学奖获得者，领导建造了世上首个核反应堆，被誉为“原子能之父”。——译者注

芝加哥大学担任助教，之后，还帮我在该校谋到了一份讲师的工作。

我原本可以在一年半的时间里拿到博士学位，但是我没有按时完成博士学位论文。原因是我将大把时间用在了阅读一些与专业毫不相关的书籍上，如 W. Y. 伊文斯－温茨（W. Y. Evans-Wentz）整理出版的《西藏度亡经》(*Tibetan Book of the Dead*)。1951 年 1 月，我总算完成了博士毕业论文，这比原定计划晚了 7 个月左右。我原定于 1950 年 9 月在普林斯顿高等研究院再做一年的博士后研究工作，但是由于我没有如期拿到博士学位，我在研究所的工作也推迟了。当时我 21 岁，住在普林斯顿大学对面的寄宿房里。

当时，父亲崇拜的爱因斯坦恰巧也在普林斯顿高等研究院，他会定期来这儿工作。我完全有机会找他聊聊天，这样一来，父亲必然会对我刮目相看。但我实在看不起那些喜欢跑到大人物面前自我介绍或者刻意搭话，并以此为炫耀资本的人。因此我没有找他。

有趣的是，所有人都把爱因斯坦奉为物理学的泰山北斗。其实，他们大可不必如此。因为有的科学家虽然不如爱因斯坦声名显赫，但是同样值得关注。爱因斯坦确实是理论物理学界的旷世奇才，这一点实至名归。那时，他全身心投入构建统一场论，出发点当然是值得称赞的，但由于他的研究方法不当，因此注定失败。他不相信量子力学，因此他的理论是纯经典理论。他没有提过电子和其他基本粒子，却指望他的方程式能够解释一切基本粒子的存在。并且他的统一场理论也仅仅包含了电磁场和重力场，忽略了其他已知的自然界相互作用的基本力，即弱相互作用力与强相互作用力。

如果当时他的研究方向更有前途一些，我就有个合情合理的由头和他搭话，而且我大有可能这么做。然而事实上，我只是偶尔和他打个招呼，他用他的德式英语回应我，仅此而已。但如果今天还能有幸与他相逢，我会按捺住自己内心的兴奋，向这位长辈请教他研究相对论时的思维模式。那可是牛顿力学之后最伟大的理论研究！只可惜那时的我既不会向他打听他的私生活或世界观，也不会询问他对于物理学的看法。如今，我年岁渐长，变得比以前更明智了，我应该不会再让这样的天赐良机白白溜走。

05 CURIOUS MINDS

因痴迷计算投身科学

数学物理学家

弗里曼·戴森（Freeman Dyson）

普林斯顿高等研究院物理学教授，美国国家科学院院士，英国皇家科学院院士。

他是量子电动力学的一代巨擘，1956 年发表的《自旋波》（*General Theory of Spin-Wave Interactions*）论文被大量引用，堪称物理学史上的重量级论文之一。

他还拥有令人惊叹的跨界能力，他的戴森球构想如今在无数的科幻作品和游戏中被提及。这是一种设想中的巨型人造结构，用来包裹恒星并开采恒星的能源。

戴森还是一位功底深厚的作家，其文字充满典雅的魅力。他的代表作《宇宙波澜》（*Disturbing the Universe*）被评为“改变世界的 25 本科普书”之一。

科学不是真理的汇集，而是对奥秘的持续探索。

——弗里曼·戴森

CURIOUS MINDS

我进入科学领域，并不是为了探索大自然的奥秘。我没有沉思默想的习惯，也没有发现新元素或找到疾病治愈方法的野心，但是数学一直是我的强项，因为我喜欢计算，对数字着迷。我之所以热爱科学，就是因为科学研究需要进行大量的计算。

有一件事我记忆犹新。我不确定当时自己多大，只记得当时我还小，还可以躺在婴儿床上午睡。床的四周是红木制成的围栅，能防止幼小的我爬出跌倒。我毫无困意，于是就用心算打发时间。我尝试计算$1+\frac{1}{2}+\frac{1}{4}+\frac{1}{8}+\frac{1}{16}+\cdots$我惊讶地发现，这么依次递加，数列总和无限接近 2。接着我尝试计算$1+\frac{1}{3}+\frac{1}{9}+\cdots$这么依次递加，数列总和无限接近$1\frac{1}{2}$。接着我又计算$1+\frac{1}{4}+\frac{1}{16}+\cdots$数列总和无限接近$1\frac{1}{3}$。这不正是数学中的无穷数列吗？我不记得当时自己有没有和人提起这事，反正这只是我喜欢的小游戏而已。

另一件印象深刻的事是 1927 年夏天的那次日全食景象。那时我三岁半。父亲说只有约克郡的吉格尔斯威克（Giggleswick）才能观赏到日全食，但是我们住在格尔斯威克以南 320 多千米的温切斯特（Winchester）。父亲不肯带我们去，我和姐姐只好在家观赏这一奇观。我们透过蜡烛熏黑的玻璃片，看着太阳越来越小，直到最后变成一个月牙形状。由于未能亲眼看见日全食景观，我愤愤不平地质问父亲："您知道下一次英格兰出现日全食是什么时候吗？"他回答："1999 年。"我算了一下，那时我已经 76 岁了，想到这里我更生气了。

几年前，母亲过世后，我在她的遗物中找到了一些她为我保存的童年回忆。其中有一张纸笺，纸笺的抬头印着"天文"一词，纸笺上共有 8 句话，每句话都与一个行星相关，例如"水星难得一见，因为太阳在它前方"。当时我太小，还有不少单词有拼写错误。纸笺的底部是母亲的笔迹，"戴森五岁半所写"。这张纸笺足以说明两点，第一，母亲关心我，鼓励我努力学习；第二，关于"水星"的那一句话可以看出是我自己亲手所写，没有照搬照抄，但有悖事实真相，可能是我瞎编的。

我的父亲是音乐家，母亲是律师。他们虽然都不是科学家，但是喜欢读流行科普读物。我们家的书架上有数学家阿尔弗雷德·诺思·怀特海（Alfred North Whitehead）的著作，有天文学家亚瑟·爱丁顿（Arthur Eddington）、詹姆斯·金斯（James Jeans）的著作，有动物学家兰斯洛特·霍格本（Lancelot Hogben）的著作，还有生物学家 J.B.S. 霍尔丹（J.B.S. Haldane）的著作。在这些书籍里，我对爱丁顿 1920 年出版的《空间、时间和引力》（*Space, Time and Gravitation*）情有独钟，这本书非常适合相对论入门学习。现在我还保存着父亲的那本，上面有他的签名。该书的第 49 页有一张时空图表，横轴表示空间，纵轴表示时间。在三维空间里，光锥将两条正交的水平轴取做空间坐标，将垂直于水平面的竖直轴取做时间坐标实现可视化，从而将时空坐标等分为 4 个区域。该书解释了为何空间坐标上下方两个对称的光锥分别代表过去与未来，光锥与平面交汇处代表“他处”。在我7岁时，英国漫画杂志《笨拙》(*Punch*)画报刊登了一幅漫画。在漫画中，一位保姆问躺在地上的小男孩：“你知道姐姐去哪了吗？”小男孩手里拿着一本爱丁顿的《空间、时间和引力》，回答道：“他处的某处。”这个小男孩就是我。当父亲表示要把我们的对话记录下来寄往杂志社投稿时，我困惑不已。我没能理解这个笑话。我说的是事实，哪里是笑话。

1931年，爱神星（Eros）近距离飞掠地球。2001年，会合探测器（Near Earth Asteroid Rendezvous，NEAR）在爱神星着陆并展开探测工作。小行星飞掠地球已经屡见不鲜了，但是爱神星是其中体积最大的一颗。倘若它真的撞击地球，后果不堪设想。当年，人们对此议论纷纷。我吃早餐时就听过父母谈论此事。父亲说，英国皇家天文学家弗兰克·戴森（Frank Dyson）爵士在组织各国专家计算爱神星的运行轨迹。戴森爵士表示这项工作意义重大，它可以帮助我们更加准确地测量地球与太阳之间的距离。我们与戴森爵士并没有血缘关系，因他与父亲是约克郡的老乡，所以父亲认识他。我也喜欢精确的轨迹计算，梦想着有朝一日我也可以成为英国皇家天文学家，参与天体轨迹测量工作。母亲还保留的那些东西里有我9岁时写的一个关于天文学家的故事。故事讲述了这位天文学家计算出爱神星的运行轨迹，发现爱神星正朝月球的方向移动；他预测10年之后这颗小行星将撞向月球，但是这段时间足以让他飞往月球，近距离观察整个撞击过程。故事到这里戛然而止，情节零零散散。时隔近70年再度重温童年时期的作品，我惊讶于主人公竟然是通过计算而非观测得出这一重大发现的。

8岁时，我和当时其他英国中产阶级家庭的孩子一样，被送往寄宿学校。学校环境恶劣，一派狄更斯式的可怕景象，但是学校的图书馆是我的世外桃源。在那里，我可以远离暴力的同学与无情的校长。图书馆里有一本颇受欢迎的《儿童百科全书》(*Book of Knowledge*)，还有法国小说家凡尔纳的几本科幻小说。我读了凡尔纳的《太阳系历险记》(*Hector Servadac*) 和其他一些作品之后，如坠云里雾里，因为当时我并不知道那些故事是科幻小说。我以为主人公真的乘坐彗星探索了新行星，并以他家乡的名字"高卢"为这颗行星命名。但是《儿童百科全书》里并没有"高卢"这颗行星啊。当最后发现《太阳系历险记》是虚构的时，我大失所望。我还是更喜欢《儿童百科全书》，因为它的内容可信。书里还介绍过美国加利福尼亚州的约塞米蒂谷 (Yosemite Valley)、质子和电子的互相作用、电子、电流与电动机，最让我好奇的是质子。为什么没有质子流和质子机呢？我问过一些同学和老师，但是没人答得上来。学校主要教授数学和拉丁语，不教科学。我反倒可能"因祸得福"，因为像我这样特立独行的人，没有科学课只会让我对科学更加欲罢不能。我还与几个意气相投的朋友成立了科学协会，传阅书籍，并定期研讨读后心得。

12 岁时，我就读于温切斯特公学 (Winchester College)。这是一所私立高中，我的父亲是该校音乐系主任。在温切斯特公学，我有幸认识了 3 位志同道合的朋友，詹姆斯・莱特希尔 (James Lighthill) 与希金斯兄弟——克里斯托弗・隆格 - 希金斯 (Christopher Longuet-Higgins) 和迈克尔・隆格 - 希金斯 (Michael Longuet-Higgins)。他们后来分别在流体力学、理论化学、海洋学领域取得了卓越的成就。我们 4 人后来都成了皇家学会会员，詹姆斯和我喜欢数学，我们在图书馆读了许多相关书籍，包括埃里克・坦普尔・贝尔 (Eric Temple Bell) 的《数学大师》(*Men of Mathematics*)，这是介绍数学史和数学艺术的经典著作。贝尔是加州理工学院的教授，数学领域的权威人士，此书由他执笔，再适合不过了。贝尔深谙写作之道，他的这本书激发了一代年轻人对数学的热情。但是，书中的许多细节是不准确的。例如，"天才与贫困"那章将挪威伟大的数学家尼尔斯·亨利克·阿贝尔（Niels Henrik Abel）描述为一个食不果腹的天才人物，而最新的研究表明，阿贝尔住在巴黎时，花了大量钱购买剧院门票。但瑕不掩瑜，书中描述的重要事件都是真实存在的。贝尔笔下的数学家也有常人的缺点及弱点，经历着常人的喜悦和苦恼。数学无坦途，大师亦凡人。有时，大师比常人的生活更加艰辛。贝尔还写道，数学是一个神奇的国度，可容纳形形色色的人。贝尔借《数学大师》向年轻人呼吁："他们能做到的事，你为何不可？"

我们还读完了法国著名数学家卡米尔·若尔当（Camille Jordan）的《分析教程》（*Cours d'analyse*），这是 19 世纪时期的标准数学教材。研读此书，仿佛置身于一百年前巴黎著名学府综合理工学院（École Polytechnique）的课堂，聆听数学名师的谆谆教诲。这本书是对严肃数学最好的介绍。它的深度及广度远远超出了温切斯特公学教师们的知识范畴和研究意愿。后来，我们猜测，这本《分析教程》当年应该是著名数学家哈代放在图书馆的，40 年前他也就读于这所学校。

学校的老师非常明智地给予了我们大量自主学习的时间，他们坚信我们会对自己的时间负责。毕业的那年，我们每周只上 7 小时的课。那年夏天，我遇到了我人生中第一个数学家，丹尼尔·佩多（Daniel Pedoe）。他是英国南安普顿大学的初级讲师，温切斯特公学特聘他每周来给我们上一次面授课程。他的课拨云见日，令我深受启发。他在罗马作过研究生，也在普林斯顿高等研究院工作过，在平日里与那些赫赫有名的数学家有些交往，了解他们研究领域的最新动态。他本人研究的是几何，曾给了我一本意大利数学家弗朗西斯科·塞弗里（Francesco Severi）的经典著作《代数几何》（*Algebraic Geometry*）的德文版，让我仔细研读。佩多和我成为至交好友，《代数几何》也成为我最宝贵的藏品。我后来并没有从事几何研究，但是在佩多的影响下，我对几何空间有了审美意识，我把数学当成一门艺术，而不是一门科学。之后，佩多成为明尼苏达大学的教授，国际几何学界的泰斗级人物。他与好友深川英俊（Hidetoshi Fukagawa）一起出版了《日本寺庙的几何难题》（*Japanese Temple Geometry Problems*），书中介绍了在日本与西方文化隔绝的几个世纪里，日本寺庙建筑普遍采用的几何学构造，可谓精妙绝伦、巧夺天工。

1941 年秋季，在认识佩多几个月后，我前往声名显赫的剑桥大学三一学院深造学习。在三一学院，我有幸在各大数学名家的课堂上学习受教，包括哈代、英国数学家约翰·伊登斯尔·利特尔伍德（John Edensor Littlewood）、英国几何学家威廉·霍奇（William Hodge）和英国数学家亚伯兰·萨摩洛维奇·贝西科维奇（Abram Samoilovitch Besicovitch）。我最仰慕的当属贝西科维奇教授。他是苏联移民，从事集合论与几何学的交叉领域的研究工作。那时，战争的硝烟依旧弥漫，校园里的学生寥寥无几，他的学生只有我一个。他不仅教我数学，而且教我俄语。我们经常结伴散步，在这期间只用俄语交谈。他的起居室里有一张台球桌，天气太过潮湿不宜散步时，我们就在他家打台球。他给我布置的题目总是难度大得让人匪夷所思，但是他会教我解题思路。他在平面点集研究上取得的重大突破，对我日后的物理学研究影响深远。

我在三一学院学习了两年之后，又在英国皇家空军担任了两年统计员。21 岁时，我终于获得了人生中第一份学术工作——在伦敦大学担任数学系讲师。我自认师从伦敦大学学院教授哈罗德·达文波特（Harold Davenport），他从事数论研究，日后我也跟随他从事这一领域的研究。我们两人的关系也像我和贝西科维奇教授一样，亦师亦友。他给我布置的题目要比贝西科维奇的简单一些，让我有操作的可能。我解出了其中两题，并在数学期刊上发表了结论。达文波特教授给学生布置的题目在难度上总是恰到好处，因为他可以准确评估学生的能力水平，能做到这点的人在当时可谓凤毛麟角。在我心里，他是我数论研究的启蒙老师。

为达文波特教授担任助理时，我认真考虑是否应该转到物理学专业。我读了《史迈斯报告》(*Smyth Report*)，原名为《原子能的军事用途的方法发展总报告》(*Atomic Energy: A General Account of the Development of Methods of Using Atomic Energy for Military Purposes Under the Auspices of the United States*)。该报告发布于 1945 年秋季，是第一份由美国官方发布的关于核反应堆和原子弹发展现状的报告。报告详细介绍了第二次世界大战时期核弹专家的研究成果。这样一幅生动形象的恢宏巨画，让我对原子能领域心驰神往。那时，我觉得除了屈指可数的数论学家，没什么人会对我的研究感兴趣。再说，数论属于 19 世纪的研究领域，连现代数学都算不上。如果我想成为一名现代数学家，就必须重返校园学习现代数学知识。与其这样，何不选择物理学呢？物理学有两大优势，第一，研究物理学意义重大，研究数学无非就是解决令人绞尽脑汁的难题；第二，我有得天独厚的条件，因为物理学研究需要的数学是 19 世纪的，而不是 20 世纪的现代数学。因此，转到物理学方向对我来说并非难事，只要有一位物理学家像达文波特教授那样给我出题、助我一臂之力即可。

基于我和达文波特教授的关系，三一学院邀我回到剑桥大学做研究员。这意味着我可以自由地做自己想做的事了。当时我希望可以走出英国，看看世界。英国刚刚经历了长达 6 年的战争，在战火纷飞的漫长岁月里，英国人民要么奔赴战场，要么被封锁在原地，每个人都想去旅行。我成功申请到哈克尼斯奖学金[1]，可前往美国学习一年。在剑桥大学卡文迪什实验室（Cavendish Laboratory）从事研究时，我有幸认识杰弗里·泰勒爵士（Sir Geoffrey Taylor）。泰勒爵士的研究领域是流体动力学，第二次世界大战期间他在美国洛斯阿拉莫斯国家实验室[2]工作。其实，我与泰勒爵士并不认识，但我鼓足勇气，斗胆请他为我推荐美国的大学。他不假思索地回答："去康奈尔大学。战后，洛斯阿拉莫斯的有识之士都去了那里。"泰勒爵士还告诉我，如果去那儿，我就有机会与著名的理论物理学家汉斯·贝特（Hans Bethe）一起工作，他曾是洛斯阿拉莫斯国家实验室理论部门的负责人。泰勒爵士还说他与贝特教授是旧识，可以替我美言几句。我对康奈尔大学一无所知，但我听取了泰勒爵士的建议。贝特教授比达文波特教授更胜一筹，他给我布置了困难但可解的问题，最后，一家物理学期刊竟发表了我的解题方法。这让我信心大增，我终于有资格进入物理学领域了。

我有幸在美国邂逅了理查德·费曼（Richard Feynman），那时他是康奈尔大学的物理学教授，年纪轻轻，还不出名。来美国之前，我从未听说过费曼这号人物。我在康奈尔大学期间，费曼正使用几何语言绘制旁人无法理解的复杂图表，从头到脚重新构建了物理学体系。我当时意识到他是一位旷世奇才，再加上我的工作就是理解他的晦涩图表，再向世人加以解释，因此我尽可能多地与他待在一起，看着他在黑板上绘制图表，聆听他的高见。我们也经常结伴散步，沐浴阳光，无所不谈。一年之后，我已经能够理解费曼独特的思维方式，

① 哈克尼斯奖学金（Harkness Fellowship）是爱德华·斯蒂芬·哈克尼斯（Edward Stephen Harkness）于 1925 年发起的英联邦基金奖学金，使英国毕业生能够前往美国学习。——译者注

② 美国洛斯阿拉莫斯国家实验室（Los Alamos National Laboratory）于 1943 年建立，是著名的原子武器研究基地。——译者注

并用当年学过的数论学将其展示出来。为此，我还发表了两篇论文，专门解释为什么费曼的思维方式可行。我的论文好评如潮，费曼图也成为粒子物理领域的标准。25 岁的我就已经是一名著名的物理学家了。后来我受邀参加美国物理学会（American Physical Society）的会议并担任主讲人。在会场上，我与费曼久别重逢。费曼惊喜地说："您也加入了。"

童年时光一去不返。现在的我可以随心所欲，用余生的光阴寻找不同领域的未解之谜，并尝试用妙不可言的数学语言破解谜题。

06 CURIOUS MINDS

人生的意义在于创造

理论物理学家
李 · 斯莫林（Lee Smolin）

圆周理论物理研究所创始人、研究员，滑铁卢大学物理系客座教授，圈量子引力理论创始人之一，被誉为“现今最具原创力的理论物理学家之一”。

他还是畅销书作家，著有多本科普图书，因其对“前沿物理大众科普的杰出贡献”，荣获由美国物理教师联合会颁发的克洛普 · 斯特格纪念奖。

代表作有《时间重生》（*Time Reborn*），《量子力学的真相》（*Einstein's Unfinished Revolution*），《李 · 斯莫林讲量子引力》（*Three Roads to Quantum Gravity*）。

创造力远比小有成就和生活安稳来得重要。

——李 · 斯莫林

CURIOUS MINDS

倘若幼年时期就志存高远，憧憬着成年之后要成就一番事业，你基本上就是在创造所谓的个人神话。这部个人神话的创作，必然少不了望子成龙的父母在一旁推波助澜。我的双亲曾经希望有朝一日可以从事艺术工作。母亲得偿所愿，成了剧作家，但一路走来也并非一帆风顺。父亲原本希望可以成为建筑师或雕塑家，却做了一名工程师。记忆中，他俩都不曾为我制订人生规划，但在我幼年时期，他们已经潜移默化地让我感受到，创造力远比小有成就和生活安稳来得重要。可能正因如此，我抗拒竞争。不管是青少年时期的网球比赛，还是成年时期的帆船比赛，我都惟恐避之不及。在学校时，我从未打算发愤图强、名列前茅。工作以后，我也刻意避开了弦理论这类竞争激烈的研究领域。**于我而言，人生的意义在于目光长远、充满创造力。**除此之外，打动女孩远比打动老师重要。

我最早的记忆是与父亲一同散步，穿过中央公园，观察古根海姆博物馆的施工进程。古根海姆博物馆是著名建筑师弗兰克·劳埃德·赖特设计的，现已成为纽约的地标建筑。父亲还陪我一起阅读相对论的科普读物，一起手绘火车和灯笼。作为一个土生土长的纽约市儿童，我非常幸运地被当地一所专为聪明孩子开设的小学录取。五年级时，我们一家便搬去了辛辛那提。在新学校，老师递给我一本数学书，问我都掌握了哪些知识。那本书上的所有知识我都烂熟于心，但不知为何，我不敢告诉老师实情，结果我被分到了差班。但是最终我还是进入了尖子班。

大约就在这个时候，我告诉母亲我想探索宇宙的意义。母亲表示这题目太大了，足够研究到博士阶段。我与一名志同道合的男孩成立了兴趣小组，共同探讨宇宙的意义。在小组里，我会提出一些想法，然后我们展开辩论，不过具体细节如今已记不清了。这个兴趣小组一直只有两名成员。

我的父母对我采取的是一种近乎“放任自流”的教育方法。也就是说，只要是我感兴趣的，只要能确保人身安全，他们就会加以支持。我的学习成绩极不稳定，但他们从不给我施加压力。不管我做什么，他们都倾力支持。我自己组建了一支摇滚乐队，每次我们在屋里排练时，他们都在默默地忍受我们震耳欲聋的音乐声。甚至在邻居不堪其扰报警时，父母还会为我辩护。我 12 岁时，有一次父亲驱车带我外出游玩，之后又一路开车回家。到了家门口，父亲坐在车里，简单地讲述了他对我的期望：不嗑药，不酗酒，洁身自好。如果我能做到以上几点，他就心满意足了。我基本上做到了。若说有什么人生污点，只有那么一次，我因为修剪草坪与别人发生口角。我认为，我们应该捍卫小草自由生长的权利。

记忆中，我对科学兴味索然。七年级时，我参加了一个夏季科学实践培训项目，每天摆弄磁石、电线、化学制品这些科学实验中的常见物品。但我只记得每天过得平平无奇。迄今为止，我从未试过拆卸、修理过任何物品，也从未试过把一个物品“大卸八块”以观察它的工作原理。那我究竟是如何走上了科学之路的呢？这要感谢我的两位人生导师，是他们指引我走上了康庄大道。第一位导师是泽维尔大学的数学家威廉·拉金（William Larkin）。他恰巧是我家的朋友，因此我有机会在他的办公室里玩计算机。在那个计算机还是庞然大物的年代，没人想到一个区区 10 岁的小男孩可以编写程序。我掀起了一阵轩然大波，受邀在辛辛那提市中心的一次美国国家教师会议上发表演讲。一家报纸刊登了我演讲时的照片。照片上，我穿着小西装，站在讲台上，向台下的老师们讲述如何用公式翻译器①编写简单的程序。

拉金和我一致认为我并非天赋异禀。对我的铺天盖地的宣传报道只是为了证明一个普通的 10 岁孩子也有编程能力。然而，我也有灰心丧气的时刻。有一次，我尝试用编程破解一道难题：在纸上画一个小人儿，绘画过程中笔尖不得离开画纸，也不得出现回笔，但是我没有成功。我百思不得其解，只好向一位计算机中心的大学生求助。他听完以后哈哈大笑，接着，他用拓扑学的原理向我解释这道题根本无解。而我从未想过这种可能性。时至今日，我对解析这类难题依然毫无兴趣。

读高中时，在拉金的安排下，我提前学习了微积分，这是他给予我的人生最大的财富。九年级时，学校通知我，由于成绩评价达不到标准，我在高中阶段只能申请进修一门大学先修课程，进修两门对我来说太难了。我眼下只有两种选择，要么进修数学，要么进修英文。那时我的志愿是成为一名作家或音乐家，因此我决定选择英文。这时，拉金突然登门造访。我想，一定是父母向他透露了我的决定。拉金建议我暑期去他的大学学习微积分预备课程，也就是我接下来两学年的高中数学课程内容，如果我的成绩优异，他可以在下一年要求学校安排我学习微积分。

① 公式翻译器（FORTRAN）是世界上最早出现的计算机高级程序设计语言的翻译器。——译者注

当时我对学校及其考试制度颇为不满，出于这种叛逆心理，我接受了挑战。我对数学兴趣不大，但为了证明学校的做法大错特错，我孜孜不倦，并且最终成功了。作为一个反叛者，我还参与组织了杰里·鲁宾（Jerry Rubin）重返辛辛那提的活动。鲁宾也是一个离经叛道的人，他希望《展望》(*Look*）杂志可以将他声势浩大的返乡之旅作为专栏报道的背景素材。我和几位朋友在当地的公园里为他安排了一场见面会。面对着数千名现场观众，鲁宾慷慨陈词。《展望》将我们几人称作是“离经叛道中的佼佼者”。因为这件事，我在高中时期不曾学过物理。物理老师是一个激情四溢但政治观念保守的人。他表示，高中就学习微积分并非明智之举，不管我的数学成绩多么出色，他都不可能接纳我。

同年的某天早上，父亲在报纸上看到一则消息：年过七旬的著名建筑师巴克敏斯特·富勒（Buckminster Fuller）将来辛辛那提参加会议并发表演讲。富勒高瞻远瞩，他的穹顶设计久负盛名。父亲建议我邀请富勒前往我的高中举办讲座。我向承接会议的酒店致电，留了言，之后就去学校了。没过多久，我被叫到了校长办公室。一进屋，校长举着电话，盖住听筒对我说：“来电的人说他叫富勒，你赶紧去接他，他要来我们学校举办讲座。这个富勒是谁？我希望不是鲁宾那号人物。”我请英语老师为校长解释富勒是何方神圣。之后，校长动员了全校上下参加讲座。我和朋友一路驱车来到市区，接到了富勒。行车路上，富勒让我们注意他戴的三块手表。他解释道，昨天、今天、明天这三天，每天他都处于不同的时区，因此三块手表设置的时间分别对应三个时区。在主持人对富勒进行开场介绍后，富勒走向后台，拿了一把折叠椅，放在舞台中央。接着，他在每只上衣口袋都安置了一只话筒，戴上他的助听器，缓缓坐下，闭上双眼，滔滔不绝地讲了7个小时。到讲座结束时，现场的听众已所剩无几。但是富勒的演讲却燃起了我对建筑行业的浓厚兴趣，我希望将来成为一名建筑师。

很快，我的屋里就放满了穹顶和其他奇形怪状的建筑模型。到了暑期，我为自己打广告说自己是一家为游泳馆制造穹顶的厂家。幸运的是无人问津，因为我根本不会造穹顶。虽然生意失败，但我依然好奇，怎么确保这一块块组件不会突然倒向顾客？为此，我向拉金请教如何运用结构计算确保组件的稳固性，他建议我去了解张量分析。所幸的是，我数学功底扎实，阅读相关书目不在话下。接着，我又在想，穹顶可否不用千篇一律地按照球状设计？拉金让我用电脑编程计算如何根据任意曲面设计穹顶。时至今日，我笔记本里的量子时空图表依然形似穹顶。

那一年，一群老师定期聚在一起讨论要建立一所新高中。我每次都兴致勃勃地参与他们的会议。在父母的安排下，我得偿所愿，转到了这所刚刚成立不久的高中。学校对面恰好就是我女友的公寓楼。我欣喜不已。开学的第一周，老师讲述了他们的教学理念：心之所向，身之所在。思忖半晌，我发现我渴望学习的知识只有在大学才能学到。而我母亲就是一名大学教授，于是我便去母亲所在的大学免费旁听文学与高等数学。我很快就意识到，既然我可以免费学习大学课程，何必再浪费父母的钱读高中呢？于是我干脆辍学了。

高中时我申请过汉普郡学院，但是被拒绝了。汉普郡学院位于美国马萨诸塞州阿默斯特（Amherst），当时它刚成立不久，学生可以设计自己的课程。从高中辍学之后，我决定再试一次，却被告知，因为我已经被拒绝过一次，他们不会再审核我的申请。虽然希望渺茫，我依然给学校致电，请他们无论如何再三考虑，汉普郡学院就是我唯一想就读的院校。他们被我的诚心打动，松口同意我参加面试。因为我对建筑学的热爱，尽管我连高中都没毕业，最终还是被汉普郡学院录取了。

光阴流转，转眼到了春天，相恋多年的女友与我分手了，不久之后，我与另一位住在附近的女孩坠入爱河。在一个温暖的春夜，我一路走到她家，却被告知她和朋友出去了。回到家中，我拿起一本刚从图书馆借来的爱因斯坦的书。我对爱因斯坦很感兴趣，因为我设计曲面建筑所用的数学理论正是他用来描述时空弯曲率的。那晚，我坐在门廊上，读了一篇爱因斯坦晚年所写的文章《自述注记》（*Autobiographical Notes*）。之后，我拿着书在附近闲逛，时不时坐在街灯下把这篇文章重温一遍。我这么做，是想邂逅我的女友。虽然我运气不佳，但我下定决心，要追随爱因斯坦的足迹，勇往直前，全力以赴。在这篇文章中，他的一个观点吸引了我，就是从事科研工作可助你超越平凡生活的苦痛与无常。一旦掌握了大自然的规律，人类就能感受日月经天的亘古不变、大千世界的美不胜收，不再受困于人生的苦短。在那一刻，我恍然大悟，我可以学物理学啊。我很清楚，我并没有数学天赋。学高等数学时，我发现了很多比我更有天赋的人，而我的优点是能够迅速掌握知识点并加以利用。我生平从未见过任何物理学家，也没上过一门物理学的课程。然而，读了爱因斯坦的文章后，我突然有了不可名状的信心：学物理学吧，我可以的！在这篇文章中，爱因斯坦还提到物理学界有两大悬而未解的难题：

- 量子力学的意义何在？
- 量子力学与广义相对论之间有怎样的关系？

就在那个晚上，我下定决心要钻研这两大难题。事实上，自那以后，我一直在研究它们。

第二天，我告诉父母我的志愿不再是成为一名建筑学家，而是物理学家。之后，我开始认真考虑如何实现这一远大理想。辛辛那提大学的春季学期已经开学，我报名参加了广义相对论的研究生课程，这是我人生的第一门物理学课程。我还向麻省理工学院索要了培养方案。根据培养方案，我列出了成为理论物理学家必修的课程和书目。我申请了麻省理工学院，我还有一个后备方案：自学物理学本科课程，再申请研究生。如此一来，我只需要两年时间就可以完成本科学习，还可以节省一大笔学费。后来，我与前女友破镜重圆。她那时已向汉普郡学院申请转校，于是我开车先陪她去马萨诸塞州参加面试，之后再去麻省理工学院参加自己的面试。在等她的过程中，我去了一趟物理学系大楼，想碰碰运气，看能不能见到一些物理学家。幸运的是，汉普郡学院刚刚聘请了一位名叫赫伯特·伯恩斯坦（Herbert Bernstein）的年轻教授。我向他讲述了自己的兴趣所在。听完之后，他佯装对广义相对论一无所知的样子，要求我解释一下什么是广义相对论。我们畅谈了几小时。我意识到，他就是能为我传道授业解惑的人！于是，我放弃了麻省理工学院的面试。后来，伯恩斯坦教授还给我寄了一封长长的亲笔信，就相对论提出了许多问题。

到了秋季学期，我就去了汉普郡学院，跟着伯恩斯坦教授学习。没有他，我绝不可能成为理论物理学家。他不断地鞭策我，给我布置一些艰巨的任务，要求我不仅要了解理论知识，还要具备计算的能力。如果没有他的鞭策，也就没有今天的我。

伯恩斯坦教授选我做他的课程助教，为其他同学的作业评分。这意味着我要赶在其他同学之前完成作业、交给他批改评分。作为我的严师诤友，他会在凌晨两点打电话给我，痛斥我的作业一塌糊涂，冲我大吼大叫。早上 7 点，他又会来电话，让我 1 小时后去他办公室，他要教我纠正错题的正确思路。就这样，两年之后，我告诉他，我想去研究生院继续深造。听完之后，他让我在白板上解题。解题完毕，他表示我或许已经足够优秀了。我百思不解：为什么他对别的学生很友善，唯独对我要求严苛？他会鼓励、帮助其他同学，但从不会对我那么亲切。多年之后，我对他依然心存畏惧。历经了漫长的岁月，现在，我们终于成为至交好友。

我成功地被哈佛大学的研究生院录取。在哈佛大学，我开始致力于研究如何破解爱因斯坦提出的两大未解难题。哈佛大学虽然学术氛围严谨，却允许我研究量子力学这个在当时几乎无人问津的领域。从那时起，我就不由自主地觉得自己十分幸运。虽然我不止一次受到劝诫：何不放弃研究量子力学，从事粒子物理学的新兴研究领域？但我还是选择坚持我一直以来顺风顺水的研究方向。回首人生，我发现，我从年少起就是一个感性之人。我更关注人际关系的发展变化、人与人的情感羁绊，而不是我的职业生涯。我从未想过为了锦绣前程去改变自己的研究方向。我并非毫不在乎别人的看法，我也渴望别人的肯定，这是人之常情嘛。但我希望，别人对我交口称赞是因为我取得了原创成果，而不是推动了别人的研究。现在，我知道研究领域对学术职称评定至关重要，所以大家才对新兴热门领域趋之若鹜，因此我对自己的成功也备感惊讶和欣慰。

既然我希望自己的学术生涯能顺风顺水，那么为什么我会成为一名理论物理学家呢？我坚信，我之所以从事理论物理研究，是希望得到一个世界的宏观图景，这幅图景是连贯的，使我可以认清自己在宇宙中的位置。出于某种原因，我需要建立一套连贯一致的信仰体系才能让自己舒服一点儿，上至浩瀚宇宙，下至像我这样的芸芸众生。一定有人觉得我这个想法是彻头彻尾的天方夜谭。如果有人问我，为何你要穷毕生之精力研究量子引力？那是因为，量子力学与广义相对论之间的矛盾是我这套连贯体系中的一个阻碍，如果不解决这个矛盾我将无法定位自己，并要面对人生注定是短暂而有限的这个悲伤的事实。

这听起来似乎有些玄乎。大学的时候，我认识一个女孩，她的门上贴着“神秘主义者勿入”的纸条。后来，她又在底下加了一行字：“李·斯莫林除外。”我平生只有过一次神秘的经历，发生在我17岁那年。那年暑假，我在洛杉矶学习钣金工艺勤工助学，平日就在婶婶家寄宿。我一边当学徒，一边自学基础物理力学。我当时用的教程是L. D. 朗道（L. D. Landau）和E. M. 栗弗席兹（E. M. Lifshitz）编写的理论物理学教材。一天晚上，在学习间隙，我外出散步，走到婶婶家附近一片荒芜的旷野，我感到很孤独，暗暗思忖，如果能邂逅一位当地的女郎，岂不美哉！我鬼使神差地坐了下来。忽然，一种奇妙感觉如潮涌至，吞没了我。在那一刻，我感受到了“天人合一”。这种感觉持续良久，我十分幸福，也非常平静。

之后的几年里，我经常在树林和旷野中散步，希望再次体验“天人合一”的感觉，或至少再来一次艳遇吧。可惜，时至今日，我再也没有过类似的经历。

07 CURIOUS MINDS

做一个执着、灵敏的宇宙聆听者

天体物理学家

珍娜·莱文（Janna Levin）

哥伦比亚大学天文学和物理学教授，纽约艺术与科学中心“先锋工场”（Pioneer Works）董事及创始人。

莱文一直致力于促进科学界与人文艺术界的交流。在剑桥大学应用数学和理论物理学系工作期间，她成为拉斯金美术学院（即牛津大学艺术学院）的第一位驻场科学家。回到美国后，她创立了“先锋工场”，与美术家、音乐家合作，试图打通艺术与创新的边界。

代表作有《引力波》（*Black Hole of Blue*）和《黑洞旅行指南》（*Black Hole Survival Guide*）。

艺术家在表达世界，科学家在解释世界，这两者的共通之处在于好奇心。无论是艺术家，还是科学家，他们都向世界不断地提问。

——珍娜·莱文

CURIOUS MINDS

父亲每天都要开着那辆绿色的沃尔沃汽车，穿过高峰期的车水马龙去芝加哥上班。在他上班之后，我就会走进他的书房，待上一段时间。父亲的书房不大，以棕色调为主，有一张棕色漆皮手扶椅、一张配套踏脚凳，还有堆积如山的医学参考书。医学书又厚又沉，我两只胳膊一起用才能勉强把它们抱起来，还得用两只手紧紧地抓着以防止它们滑落。书的封皮是用布帛制成的，坚韧如革。栗色、深蓝色和米色的封皮虽然不够亮眼，却深深吸引着我。在我看来，这看似沉闷单调的封皮反而增添了内容的吸引力。书里尽是密密麻麻的“天书”，有着大量生僻难懂的医学术语词条，如胰腺导管腺癌（Pancreatic Adenocarcinoma）、小脑蚓部发育不良（Cerebellar Vermis Hypolasia）、骨髓增生异常综合征（Myeloid Myelodysplastic Syndromes）等，让我一头雾水。那时，每当想到有人能在这些医学书籍中研精覃奥，我就羡慕无比。现在，我反倒觉得即使是医学书籍，也可以写得朗朗上口、形象生动，实在不必那般枯燥难懂。

我知道这些医学书籍与一个真实的地方有着千丝万缕的联系，那就是医院。有一次，父亲带我去了医院，我目睹了一场心脏手术。我全神贯注地盯着手术台，全然忘记应该保持一定距离，因为他们撑开肋骨、打开胸腔时极有可能误伤我，现在想来真是后怕。当时，父亲就站在我身边，看到如此血腥的场面，一度后悔不该带我来。在场人员都穿戴得严严实实，他们头戴手术帽，脸上戴着医用口罩，只露出一双眼睛。主刀医生大概注意到了我惊恐的样子，问我会不会晕倒，但我根本不会。见到这种血淋淋的场面，人们会自然而然地产生共情，仿佛可以感同身受。但那时小小年纪的我可以将自己从本能的共情中抽离。随着年龄增长，我已经不能如当年那般“铁石心肠”了，成为医生的想法也渐渐远去。但那是极不寻常的一天。在平常日子，我只是坐在父亲的办公室里，装模作样地读书。

背完了《美国内科医师用药手册》(*Physicians' Desk Reference*)的百科词条，我开始搜索音乐。父亲的书房里有一套家用录音机及音响设备。一只巨大的塑料盒里堆满了八轨道磁带，这些都是父亲多年的收藏。磁带才是货真价实的机械零件，只要摆放正确，其齿轮就可与录音机完美契合。我每次都要花一些力气才能把磁带妥善地放进录音机。我喜欢威利·纳尔逊(Willie Nelson)和罗德·斯图尔特(Rod Stewart)的音乐，能静静地坐在那里聆听几小时。如果有机会，我也会把姐姐收藏的甲壳虫乐队及皇后乐队的磁带借来听。但我知道，自己绝无可能成为一名音乐家，也万万不可能成为工程师或医生。

父亲的书房外是我们的起居室，色调以棕色、黄色为主，面积更大。它的装修是20世纪70年代的复古风格，地板和隔层都是木制的，两只面对面摆放的沙发选用的是黑黄相间的格纹花呢布料。快到中午时，我会坐在沙发中间的棕色地毯上看上几小时电视，与两只沙发形成了一个巨大的花式格纹三明治形状。《星际迷航》(*Star Trek*)重播时，我被剧中的柯克船长迷得神魂颠倒。肌肉强健的船长穿着标志性黄色外衣，摇摇晃晃地走在粗制滥造的场景道具之间。他挺着胸，步履沉重，胸肌左摇右晃，弯着手臂，双拳紧握。我十分喜爱这部电影，它传达的思想积极乐观：人类居然成功登陆月球，这简直不可思议。这是令人无比骄傲的伟大壮举，也让人类感慨，浩瀚寰宇中，人类何其渺小。广袤无垠的星空、浩瀚无边的宇宙突然之间被赋予了全新的意义。科学技术加速了宗教神话、占星之术的淘汰，取而代之的是真正的探索。人类一如当年从西班牙扬帆远航的航海家，开启了对新世界的探索征程。回望行星轨道，太阳系已经不再像过去那样遥不可及、神秘莫测。如今，随着人类飞往太空、探索太空，太阳系正变得越来越亲切。如果人类能够成功驾驭太阳系，那银河系的遨游、无边的宇宙的探索也将指日可待。我们如痴如醉地看着这一幕幕惊人之举。宇宙是广袤无垠的，但人类的智慧也是无穷无尽的，谁知道还有什么惊喜在等着我们呢？这是科幻故事，但也包含现实意义。

如果不用上课，我可以看一整天电视。《神秘博士》（*Dr.Who*）、《失落的大陆》（*Land of the Lost*）、《2001 太空漫游》（*2001: A Space Odyssey*），还有《宇宙：个人游记》（*Cosmos: A Personal Voyage*），我什么都看。那时，我还是个天真无邪的孩子。我坐在地上，双膝交叉，瞪大双眼，全神贯注地盯着电视机屏幕。屏幕闪烁的光线映照在我的脸上，每帧画面都深深地印在了我的脑海中。

我也看老电影，《家有仙妻》（*Bewitched*）和《太空仙女恋》（*I Dream of Jeannie*）这样的奇幻作品和讲述家庭主妇的情景喜剧。《太空仙女恋》讲述了小仙女爱上她称之为“主人”的宇航员。看完之后，我终日幻想自己成为一名宇航员。毕竟让我心醉神迷的是太空和宇宙，而不是“主人”。

傍晚时分，我会同母亲一起去商店购物。母亲推着购物车，我就坐在橙色的儿童座位板上，身旁放着母亲的手提包。我觉得自己就像她的随身行李。那家百货商店地处郊区，规模庞大，还是一个连锁商店，但是具体名字我已经记不清楚了。一排排荧光灯管排列在过道上方，把整个商店照得雪亮。有时，我会仔细打量光滑闪亮的地板，暗自感叹：这是多么神奇的现代工艺啊！我们悠哉悠哉地逛着，路过琳琅满目的食品货架、摆放整齐的商品纸盒和精美绝伦的包装，仿佛跳了一曲优美的“购物华尔兹”。在悠扬顿挫的商场背景音乐的催促下，我们会把买好的商品装进商店提供的美式风格的购物袋。这种棕色包装袋又大又结实。我感受到了波普艺术的魅力、消费主义的快感和视觉艺术的冲击。

购物的体验虽然美妙，却学不到任何实用的技能。我们从商店买了一堆乱七八糟的食材，不仅价格偏高，而且很难搭配，烹饪时很少用得上。但是，在百货商店里，我了解到美国著名视觉艺术家安迪·沃霍尔（Andy Warhol）。10年后，我站在纽约市的巨型金宝汤罐头模型之下，望着熟悉的包装设计，在备感愉悦的同时，内心思绪万千。我想到自己不怎么在意鸡肉的种类，想到那家位于郊区的百货商店和棕色的购物袋，想到金宝汤经典的红白包装设计，还想到消费主义的陷阱。想到最后，我突然想喝点罐头汤。

美国天文学家卡尔·萨根（Carl Sagan）也是让我获益匪浅的大人物。父亲下班回家后，我们家经常围坐在餐桌旁聊天。当然，我们聊的可不是医院或重症监护病房里的儿童。我们天南地北无所不谈。如果一时半会儿想不出话题，只要提起萨根，大家就一定能聊得热火朝天。萨根主持了一档科学纪录片，就是前面提到的《宇宙：个人游记》。在节目中，萨根注视着虚拟动画中的天空，瞪大眼睛，张大嘴巴，深深地陶醉其中。此刻，经典的旁白声响起——“亿亿万万”，听起来甚是荡气回肠。细细品味，这句旁白令人回味无穷。我对这一幕印象深刻，还在家人面前模仿过，把他们逗得前仰后合。我模仿萨根，完全是出于仰慕之心。不止我自己，我们一家人都对他无比崇拜。

我拜读过萨根的著作《伊甸园之龙》(*The Dragons of Eden*)，读完之后，我曾郑重其事地写过几篇关于演化的文章。这些文章的封皮被精心装饰过，用的是精致又稚嫩的字体，还有一幅画着一只南方古猿(Australopithecus)的铅笔画。那时，我还是个孩子，只会使用简短的基本句式。但是现在想来，这样的写作风格远比我学士论文的写作风格要好。我对童年的记忆渐渐模糊，这些文字成为我童年珍贵的纪念。我希望这些文字可以为我的成长轨迹提供一些线索，却找不到任何相关的线索。我小心翼翼地把这些文章珍藏起来，随身携带，直到我在伯克利粒子天体物理学中心(Center for Particle Astrophysics in Berkley)做博士后研究时，突如其来地感到一阵沮丧。冲动之下，我把它们一股脑地倒进了大街上的垃圾箱里。

母亲有每晚读书的习惯，她读过的书不胜枚举。她倚在沙发上时，脚边就是小说。虽然书架已塞得满满当当，但每读完一本，母亲总能成功地把它塞进书架。有一天，我在书架前找书时，发现有几位文学家的作品堆了有三四层那么高。他们分别是美国著名小说家托妮·莫里森(Toni Morrison)、菲利普·罗斯(Philip Roth)和乔伊斯·卡罗尔·欧茨(Joyce Carol Oates)。母亲爱读不同类型的小说。多年之后，我也养成了与母亲一模一样的阅读喜好。我们母女对于书籍有一种近乎痴迷的喜爱和永不满足的渴望，只要进入书店，冲动消费就在所难免。我们囤积了大量的书籍，这可以确保我们时时刻刻都有书可读。在我们家，抽屉里、床下、楼梯下的盒子里，图书无处不在，题材多种多样。多年后，我也开始著书立说。这些书籍由难以忘却的回忆变成了无与伦比的影响，又演化成弥足珍贵的经历。直至最后，它们被我完全消化吸收，成为我不可或缺的一部分。

到了晚上，我经常通宵达旦地趴在卧室的粗毛地毯上随意涂画，结果把地毯涂得五颜六色。由于画工拙劣，我的地毯作品丑得母亲都想哭了。我的卧室有一只闹钟。到夜深人静时，我会躺在床上，看着闹钟数字的变化，自己玩起分解质因数、寻找整除规则和计算有理数之类的数学游戏。但这些与著名数学家高斯的故事比起来简直不值一提。在他上学期间，有一次老师为班上学生布置了一道从 1 加到 100 的习题。高斯在短短几分钟内就发现了数列规律：用 101 乘以 50 即可得出答案。此时，其他同学还在一旁埋头苦算 1+2+3+4+…。

我会独自坐在床脚，透过窗户，望着后院，仔细留意着周围的动静。远处时有汽车驶过的声音传来，近处时时飘来悦耳动听的虫鸣声。这些声音交织成扣人心弦的乐章，为我的孤独带来一丝宽慰。邻居家后院的草坪四周树木林立，在夜幕中，相邻的树木形成了一道美丽的轮廓。我望着那深不可测的轮廓，心里暗暗好奇，它会延伸至宇宙何处呢？

这就是我童年的日常生活。日复一日，如今我已长大成人。在这期间，我获得了博士学位，开始了职业生涯，收获奖项数枚，成了一名科学家。以上我能够回想起的童年经历是如何造就了我的科学人生，而没有让我走上音乐家、工程师、医生的道路，也没有成为一名家庭主妇的呢？我不知道。

但有一点我十分清楚。浩瀚宇宙黑暗无边，而我们的地球，这颗美丽的蓝色行星，正在苍茫的黑暗中有规律地旋转。每当眼前浮现这幅画面，我就感到欣喜若狂。透过白色的窗框，我望向天空。窗框之中的一方天空何其有限，但是这一方天空之外就是茫茫苍穹、浩瀚宇宙。我想看得更远，我想飞出窗外，跃过树林，直奔云霄，与茫茫寰宇融为一体。无数个夜晚，我紧紧地贴在窗框上，眺望万里星空。我想看得更多、了解更多，我想走得更远。

当然，我的科学之路并不一帆风顺。做一名科学家，有写不完的科研项目申请书，做不完的详细运算，听不完的讲座，读不完的文献，有时还要读连题目都高深莫测的文章。每到这时，我就会垂头丧气、心情低落，甚至希望当初的自己选择了别的方向。回首往事，我时常思考，是什么让我走到了今天？但每次想到那个深夜的小女孩，答案便会浮现。她独自一人透过窗户眺望属于自己的那片夜空，充满好奇，不住地想：它会延伸至宇宙何处？浩瀚寰宇中，还有什么事物在等待着她去发现呢？

08 CURIOUS MINDS

使命的召唤

理论物理学家
保罗·戴维斯（Paul Davies）

理论物理学家、宇宙学家和天体生物学家，美国亚利桑那州立大学物理学教授，他的研究内容包括黑洞、量子场论、宇宙的起源、意识的本质和生命的起源等。

戴维斯同时也是一位能用简洁生动的语言解释深奥科学概念的大师，代表作有《上帝与新物理学》（*God and the New Physics*）和《宇宙的最后三分钟》（*The Last Three Minutes*）。

伽利略深信自然之书是用数学语言写的，而我听到自然界在用代码与我对话。

——保罗·戴维斯

CURIOUS MINDS

我命中注定要成为理论物理学家。这听起来或许老套，但这世间确有“使命感”的存在。我就一直肩负着使命感。当我明白何谓理论物理学、何谓专业科学时，我就坚定不移地选择了这条道路。没有某次顿悟，不是机缘巧合，也没有导师指点迷津。

我的家人都觉得我疯了。戴维斯家族就没有科学研究的遗传基因。在亲戚的婚礼上，一位阿姨问我：“你什么时候能找一份正经的工作？”那时，我刚刚在伦敦国王学院获得了人生第一个教学职位。祖母问我：“究竟什么是物理学？”一直务实的父亲对于我的选择持怀疑态度，他不明白用一生来思考宇宙未解之谜有什么意义。他郑重其事地对我说：“没人会发薪水让你坐那里思考的。”而对母亲来说，如果我研究的是攻克癌症的方法，她会非常支持我的工作，但是，她似乎无法理解为什么我要选择神秘的物理学，甚至隐约地认为研究物理学会招致不幸。

所以，一个生活在伦敦郊区、普普通通、喜爱玩乐的小孩最后如何成为一名理论物理学家和宇宙学家的呢？

就是使命感。我内心深处一直有股力量在蠢蠢欲动，类似于一种宿命。这股力量注定打破我内心世界的平静，让我一往无前地探索宇宙的奥义，同时我坚信宇宙的奥义近在咫尺，我触手可及。

当然，许多人曾与我一样，感到距宇宙奥义仅一步之遥，但是渐渐地大多数人失去了探索宇宙的热情。还有一部分人觉得这条道路太过艰苦，转而研究神秘主义思想或宗教信仰。年少之时，我曾短暂地信仰传统宗教，但是并不虔诚。很快我便失望地发现，传统宗教过于浅薄，答案或过于圆滑，或佶屈聱牙。16 岁时，自由意志的悖论让我困扰不已。我不明白我大脑中的原子为什么不能遵循原子的运行规律，为什么要受到头脑中想法的左右？即使我遵从自己的想法，我的想法又从何而来？

我曾在英国国教的青年俱乐部向当地的牧师倾诉内心困扰。虽然我加入俱乐部的主要目的是追求爱情、融入社会，但我非常喜欢时不时与神职人员促膝长谈。我们的话题主要围绕着“性生活”，以及为何俱乐部成员对这个话题讳莫如深。我们很少谈到自由意志，我暂时将那些焦虑放在一边。但是这些谈心成了我人生的转折点。我恍然大悟，原来解答我关于自由意志及所有关于存在的重大命题的最佳方式不是通过宗教，而是理论物理学。毕竟，物理学才是我脑海中原子跳动的旋律。

如此一来，理论物理学在某种意义上成为我的宗教信仰。我将一切希望寄托于物理学，希望它可以让我理解客观世界，理解我在世界中的位置。

但是，为什么它对我如此重要？为什么我不能对存在危机视而不见，像同龄人一样找一份“正经”工作呢？

部分原因是无聊，纯粹的麻木和无聊。我在战后的伦敦北部长大。那时，玩具并不常见，食物单调无味，学校沉闷乏味。没有一家一户买得起电视机，海滩度假是奢望，连书本都是珍贵物品。似乎日常生活都是平平淡淡的。我极度渴望发生一些戏剧性的事件，如外星人入侵。只要可以缓解日常生活的沉闷，什么都好。结果，科学成为我逃避沉闷生活的出口。1955 年的冬天，我 8 岁，父亲难得带我在影院看了一部电影：《班尼·古德曼传》（*The Benny Goodman Story*）。夜幕之中，我们步行回家，穿过了一片小树林，父亲给我指了指闪闪发亮的天狼星和一些耳熟能详的星座。我依然清晰地记得，透过光秃秃的枯树枝，我望见漆黑的夜空中星光点点，一颗流星从天边划过。其实之前在家中的后花园，我已经注意到了这些转瞬即逝的物体，但我一直以为它们是绽放的烟花，只是形状稍显奇特。父亲向我解释道，它们是陨落的流星，穿过了地球的大气层。

太不可思议了！只要抬头仰望星空，我就可以逃离这个沉闷的现实世界，走进一个奇异国度。但是身边的人们忙忙碌碌，疲于应付日常琐事，全然注意不到它。

自那以后，我沉迷于科学，简直无可就药，对光与电的兴趣尤其浓厚。我仍然记得，卧室窗户的影像透过鞋盒上的小孔呈现出来，这一幕让我惊诧不已。我也记得，我大费周章地组装电池电线，成功让手电筒发出亮光，那一刻我志得意满。通过这些简简单单的试验，利用卧室里的一堆破铜烂铁，只要操作步骤正确，我就可以观测物理现象，感受物理的神秘力量。于是我极力搜集边角废料：有划痕的透镜、金属管、废弃的爆竹、磨损的电线和放学时公交车上捡来的灯泡。搜集材料时，我总是在思考：“我可以用它来做些什么呢？”

我 12 岁生日时，父母送了我一套显影工具，但其实我连相机都没有。那晚天空下起了雪。我从父亲那里借来了盒式相机，走出了家门，去拍昏黄的街灯及来往的车辆。路灯的光线受路面积雪的折射，将我们的前门照得雪亮。当影像呈现在显影剂托盘里的相纸上时，时至今日我依然记得那种奇异的感受。我轻轻地摇动着显影剂托盘，觉得自己仿佛是一位操纵黑暗力量的魔法师。

14 岁时，我打算组装一台望远镜。在那个节俭的年代，买一台是万万不可能的。不过我买了一面直径 10 厘米左右的镜片，又从其他零星杂物中找齐了所有需要的材料。我用油毡做成望远镜的单管，又从亲朋好友那里搜罗了一些配件，和废弃的木材一起做成了支架。作为天文观测的入门者来说，这台望远镜已经足够了。这次成功让我倍受鼓舞，我决定再组装一台更大的仪器。首先，我必须自己打磨一面直径约 20 厘米的镜片。为此，我强占了厨房，亲自动手制作一面沥青模具，在表面覆上一层金刚砂粉，用抛光粉细细打磨抛光。经过漫长的打磨和抛光过程，镜面初见雏形。之后，我在起居室里用手电筒、剃须刀片和其他临时设备对镜片进行了光学测试。经过一番周折，镜面终于可以使用了。我把镜面安装在直径差不多的巨大木管上，放入支架中固定。我占据了花园的一个角落，把形似大炮的木管立在事先辛苦搅拌浇筑的混凝土堆中，再把金属螺栓钉在精心测量过的位置上，终于大功告成。但是这台望远镜的性能低于预期，问题在于支架。它需要机器加工的金属支架。可是我费尽力气，只能找到一些木材捆在一起，当作支架。尽管如此，这台望远镜用来观测月亮和其他一些星球是绰绰有余了，前提是在透过目镜眺望远处时要小心翼翼，绝不能碰到木管。如今，这台望远镜还保存在我的车库里。

1963 年，我迎来了少年时代的巅峰。这一年年底，我因科学研究成绩出色受到表彰，撒切尔夫人赠予我一本《诺顿星图手册》（*Norton's Star Atlas*

Reference Handbook)。当时，她还是芬奇利区议员，我就在芬奇利的学校上学。多年之后，为奖励我对科学做出的贡献，我荣获了坦普尔顿奖(Templeton Prize)，撒切尔夫人恰巧是评委成员，她亲切地表示愿意再次为我那本《星图手册》签名。

年少时，让我心驰神往的并不只有天文学，还有事物运行的规律。16岁时，我已经读了爱因斯坦的相对论，了解了马赫原理以及时间、空间、运动的其他奥秘。我对动力学的热爱绝不仅限于抽象理论，于是我进行了一系列永动机设计实验，挑战物理老师的耐心极限。一直以来，我热衷于制作弓箭、长矛和弹弩。我把鞭炮拆开，取出火药，放进烟管中制成火炮，用大理石充当子弹。但这些实验通常以失败告终。有一次在巴黎的埃菲尔铁塔顶上，我满怀期待地将一只纸飞机掷入空中，结果纸飞机瞬间被卷入风中，消失得无影无踪。

18岁那年，小打小闹的时代结束，我开始真正将儿时的梦想付诸实践，走上专业研究的道路。进入大学学习后，所有的物理学研究者都面临一项重大抉择：从事理论物理学还是实验物理学。从我又是制作望远镜又是制造弓箭的经历来看，你们应该觉得我会选择实验物理学吧？但是，实验室的时光对我来说索然无味而且进展缓慢。通常，我的实验以失败告终，就像当年无影无踪的纸飞机和无法发射的火炮。或是缺乏耐心，或因缺少技术，我使用仪器时总是笨手笨脚，采集的数据也缺乏准确性。我告诉同学我患上了实验室恐惧症。

大学二年级的一次实验检测令我的物理实验生涯彻底以失败告终。根据学校安排，学生需要在实验室待上整整一天，自行测量一些东西。我的任务是测量水的黏度。相当枯燥无味！这次检测的难度在于没有老师在一旁指导，学生要根据提供的设备，自行开展实验设计。实验仪器包括一只钢瓶、一只烧瓶、一块秒表、一个金属支架、一根棉条、一面小镜子、一些黏土、一只投射灯和一把刻度尺。起初我很茫然，过了一会儿才明白我要做什么。我先用棉条把钢瓶挂在支架上，再把它浸入盛满水的烧瓶中。我用黏土把镜子固定在棉条上，如此一来，投射灯的光线会通过镜面反射在刻度尺上。接着，我不断地晃动钢瓶，让它保持扭转。如果用专业术语表示的话，这叫“扭转振动”。水的拉力会逐渐减缓振动，直至钢瓶停止振动，这时，便可算出水的黏度。这听上去简单易行，但是在操作过程中，棉条突然断了，沉入底部的钢瓶震得烧瓶剧烈晃动，打碎了玻璃烧瓶，水溅了一工作台，浸透了我的数据记录本。不论准确与否，实验数据就这么被破坏得一干二净，这实在令人心生绝望。自那以后，我就选择了理论物理学。

不管怎么说，我的性格更适合理论研究，这也符合我长期以来对“意义”的追求。之前在芬奇利时，我就感受到了理论的魅力所在。那时我喜欢上了一个叫琳赛的黑发女孩。她专攻人文科学，经常在学校图书馆阅读英语文学图书。一次，我去图书馆做作业，故意坐在了她对面，希望引起她的注意。作业任务是计算球体的斜面运动轨迹，计算尚未完成，我已经洋洋洒洒写满了几张纸。这时，坐在对面的琳赛看着我，既钦佩又困惑。她问：“你在写什么呢？”一番解释之后，她看起来更是如堕雾里，“在纸上这样胡乱写写画画就能知道球体的运动轨迹？”

自那时起，琳赛的问题一直困扰着我。确实，人类利用数学可以掌握自然界的运行方式吗？我逐渐把理论物理学的方程式当作宇宙奥义的代码。数学语言与数学过程虽然艰深晦涩，通过研精覃奥，我接触到了一个宏远微妙的天地：力场中的亚原子粒子与相互作用力。这个奇异天地和漆黑夜空一样令我心驰神往。但是理论物理学的抽象本质更令我乐在其中。我感到物理学把我引入了一个神秘的世界，只要遵循特有的规则，我就可以揭开另一种真相的神秘面纱，一种更深层次、更贴灵魂的真相，也许是宇宙的灵魂。我意识到自己与伽利略有相同的感触，他深信自然之书是用数学语言写的，而我听到自然界在用代码与我对话。这种感受妙不可言。

人们总是沉湎于过去的点点滴滴，滔滔不绝地说着自己青春年少时的梦想，成为一名火车司机、脑科医生，或天文学家。我的梦想是成为一名研究宇宙起源的理论物理学家，多年后，我如愿以偿。回首往事，我想象不出，如果我没有从事现在的研究工作，那我还能做些什么？一路走来，最痛苦的莫过于要学习其他必修科目。学习化学、英语的意义何在？对我的研究工作有任何帮助吗？我只想把全部的时间和精力投入到我的专业中。如此说来，英国院校的课程适合兴趣单一的学生，可以帮助崭露头角的科学家快速达成目标。18 岁时，我只需要学习物理和数学。20 岁时，我开始专攻理论物理学。24 岁之前，我就完成了博士论文，打算从事宇宙学研究。与大多科学家一样，我仍然对这个世界充满好奇：世界的意义何在？总有一天我会知道答案的。

09 CURIOUS MINDS

科学应该是一种信仰

物理学家

多因·法默（Doyne Farmer）

美国复杂系统、混沌学的先驱，牛津大学数学教授，牛津新经济思维研究所复杂经济学主任，圣塔菲研究所预测公司（Prediction Company）联合创始人，该公司通过计算机算法预测金融市场的走势。

法默年轻时和几位科学家发明了一套数据预测设备，能对未来可能发生的事件做概率预测。他们用这台机器，在拉斯维加斯赌城的轮盘上大赚了一笔。

科学不仅是科学家在高等院校从事的科学研究，它更是一种信仰体系，可以帮助我们解决日常生活中的种种难题。

——多因 · 法默

CURIOUS MINDS

我在新墨西哥州的银城（Silver City）长大。印象中，我们家从未请过维护工人登门服务。父亲本就擅长修修补补，自己能出色完成的事，他是绝对不可能花钱找人来做的。他在阿肯色州欧扎克山脉（Ozark Mountains）附近一处偏僻的桃园长大，曾做过机工、奶农等工作，涉足过多个行业。之后，他参了军，参加过诺曼底登陆、阿登战役和柏林会战，随着盟军从诺曼底海滩一路挺进柏林。美国国会在 1944 年通过了《退伍军人权利法案》(*G. I. Bill*)，为退伍军人提供职业技能培训，帮助他们重新融入社会。父亲抓住了这个大好机会，成了一名技艺精湛的工程师。他几乎无所不能。每当家中有东西需要维修，不管是汽车、音响设备，还是管道、线路、橱柜，他都能修好。

受到父亲的影响，我自然而然地以为每个人都应该是能工巧匠。我自己也造了很多东西，如肥皂盒赛车、后院的小屋等。10 岁左右时，我和朋友已经搭建了至少 10 个树屋及堡垒，防范“外敌”入侵我们的家园。12 岁时，我看了一部名叫《007 之霹雳弹》(*Thunderball*) 的电影。剧中的男主角詹姆斯·邦德（James Bond）单凭身上的火箭背包便可飞入空中，逃得无影无踪。这一幕让我的志向变得更加坚定。火箭背包是我见过的最酷设备。为了制作一个属于自己的火箭背包，我在附近的公共图书馆查阅了所有我能找到的喷气发动机和火箭的相关资料。我发现，发明喷气发动机超出了我的能力，但做个微型火箭包或许还是可行的。于是，我开始构思具体方案：如何设计火箭的箭体构造，需要购买哪些化学燃料，如何驾驭它以及采取哪些保护措施以免烧伤自己。

大约那个时候，我参加了美国童子军。在一次童子军交流会上，我见到了一个名叫汤姆·英格森（Tom Ingerson）的男孩。据介绍，这名20多岁的男孩是一名物理学家。当时我对物理学家并没有一个确切的概念，但我知道，爱因斯坦就是物理学家。汤姆协助管理我们的部队，恰巧当时他就住在我家附近。在与他结伴回家的路上，我向他请教了如何制作火箭包。他建议我先制定一个小目标，比如制作一些小型火箭模型，这样我无须把它们背在身上便可进行发射试验。高中时期，汤姆一直从事火箭制造，还曾在白沙导弹试验场工作过。后来他动身前往科罗拉多大学参加硕士论文答辩时，嘱咐我照顾好他的宠物猫。在他的论文中，他为广义相对论的引力场方程提出了新的解决方案。人生中得遇这般才华横溢的好友，何其幸运。

有缘自会重逢，我与汤姆就是最好的例子。如果你了解我的家乡，你一定会立刻问我，为什么汤姆会去那样的地方。我家乡的主要产业是开采铜矿，父亲那时是矿场的主管。那时的西新墨西哥大学还是新墨西哥师范学院，而汤姆是该校物理系的唯一教员。众所周知，新墨西哥师范学院的学术水平算不上多高。

汤姆的人生经历是一个典型的美国式传奇。可以说，他的故事改变了我的人生。汤姆的祖父曾骑着古老的高轮自行车跋山涉水，一路行至加利福尼亚州。回程的路上，他的自行车在得克萨斯州抛锚了。就在他修车期间，他与一位当地的女孩坠入爱河，并找了一份邮局管理员的工作。这份工作正合他意，因为如此一来，他便有充裕的时间进行发明创造了。汤姆的父亲是一名出类拔萃的工程师，他在贝尔实验室[①]研发防空火箭控制系统。

而汤姆外祖父的兄弟吉姆，擅长勘探与测量工作。他一生中的大多时间都在得克萨斯州西部，牵着一只骡子四处寻找金矿。一天，吉姆在阿尔派恩（Alpine）附近的戴维斯山（Davis Mountains）发现了一个采矿遗址，吉姆觉得它很像过去的西班牙矿场，但又无法确定。自此，他心中一直疑团重重。几年之后，吉姆在墨西哥出差时，正值墨西哥革命爆发，政府停摆。混乱当中，他贿赂了一名官员，溜进了政府档案室一探究竟。在那里，他找到了一个矿场的档案记录，与他在戴维斯山发现的那个矿址十分接近。根据档案记载，西班牙人在当地开采金矿时，奴役了一批当地的印第安人。后来，忍无可忍的印第安人揭竿而起，把这帮西班牙人杀得所剩无几。走投无路的西班牙人把黄金扔进了矿井，把矿井炸平之后逃之夭夭。但是之后，没有任何发现金矿的相关记录。在经济大萧条时期，吉姆曾几次试图发掘金矿，都无功而返。但他没想到多年之后，他的后人汤姆对此倒是兴致勃勃。

现在说回汤姆本人的故事。汤姆即将从研究生院毕业时，决定利用自己的一技之长，找一份电子工程师的工作。当时是20世纪60年代中期，物理学博士凤毛麟角。汤姆向几家公司投去了简历，原本以为会一切顺利。出乎意料的是，没有一家公司录用他。巧的是，汤姆朋友的女友在得州仪器公司工作。多年后，她翻看了汤姆的个人档案，才发现了汤姆被拒的原因，原来汤姆被列入了招聘录用黑名单！因为读研时他致力于与弗兰克·奥本海默（Frank

① 贝尔实验室（Bell Labs），国际著名实验室，自1925年成立以来共获得25 000多项专利。——译者注

Oppenheimer）一起改善物理教学实验室的环境。弗兰克是著名物理学家罗伯特·奥本海默（Robert Oppenheimer）的弟弟，后来创建了旧金山探索博物馆（Exploratorium），但因过去的政治立场而受到排挤。在所有的导师中，弗兰克与汤姆私交最好，因此，汤姆请弗兰克为自己写了推荐信，谁知道会无辜受到牵连。当时汤姆 26 岁，还是服兵役的年龄。形势相当紧迫，他必须立刻找一份工作。于是，他在地图上标出了所有一天之内可以驱车到达的学校，向每所学校都提交了申请。这些学校恰巧都位于那个矿场的附近。新墨西哥师范学院当时迫切地想成立物理学院，汤姆周五才提交申请，周一就接到了他们的录用电话。

在他硕士论文答辩期间，他的猫产下了幼崽。这对我来说是个绝佳的借口，这下我可以天天去他家玩了。我非常喜欢他的房子，虽然极其脏乱，却代表着不拘一格的生活方式。那时，我认识的人都很在意别人的眼光。而汤姆明显是我行我素的人，这实在是太棒了。

汤姆回来的时候，还带了一个叫博格的朋友。虽然博格生性古怪，但他是个很有趣的人。他会坐在汤姆的沙发上用橡皮筋弹苍蝇，一玩就是几个小时，能打到不少苍蝇。博格也喜欢下国际象棋，我们俩可谓是旗鼓相当。他不弹苍蝇时，我们就会坐在一起互相切磋。不知道他有没有注意到我还未成年，反正他从未提过。

我最大的乐趣还是听汤姆侃侃而谈。汤姆博学多闻，学术爱好广泛，从科学、历史到考古学，几乎无所不知。他认为，我们每个人毕生都应该追求一项伟大的事业。有一位他非常赏识的竞争对手在为火星登陆计划发起民间筹款。但是美国国家航空航天局（NASA）却把资金浪费在相对无聊的计划上，例如登月计划。众所周知，月球上根本没有生命的存在。汤姆说，美国国家航空航天局但凡机智一点儿，高效一点儿，他们应该已经成功登陆火星了。当时民间社会对美国国家航空航天局犯下的种种错误议论纷纷。同样备受争议的还有“火箭之父”沃纳·冯·布劳恩（Wernher Von Braun），人们认为他的火箭研发逐渐偏离正轨。汤姆擅长钢琴，他喜欢唱汤姆·莱勒（Tom Lehrer）写的那首《沃纳·冯·布劳恩》（*Wernher von Braun*）。其中有一句歌词是“‘火箭一旦发射升空，谁在乎它们会在哪降落，那不是我的工作范围。’沃纳·冯·布劳恩说”。他也会时不时地唱一唱《元素周期表之歌》（*The Elements*），“有锑、砷、铝、硒，还有氢、氧、氮、铼”。他还能在瞬息之间准确地完成心算，例如，吉姆那个虚无缥缈的金矿里可能有多少黄金；仅仅飞往火星所需花费的成本是多少；如果金矿真的存在，我们变卖黄金的钱是否足够支撑飞往火星的开销。

汤姆的藏书更是为我打开了新世界的大门。银城公共图书馆没有多少科幻小说，只有一些凡尔纳的作品。但是汤姆却拥有大量经典科幻作品，如艾萨克·阿西莫夫（Issac Asimov）、雷·布莱伯利（Ray Bradbury）、亚瑟·克拉克（Arthur Clarke）和弗雷德·霍伊尔（Fred Hoyle）等的作品。我开始对宇宙飞船、机器人和心理史学方面的书籍产生了浓厚的兴趣。我经常与汤姆就这些小说展开讨论，探讨哪些科幻元素是有科学依据的，哪些是虚构的。这不仅让我了解了大量的物理学知识，也让我对自然和形而上学的基本问题有了认知。一个关于太空旅行的故事也能让我们没完没了地讨论起相对论与孪生子悖论[①]、

① 孪生子悖论（twin paradox）是一个有关狭义相对论的思想实验。有一对孪生兄弟，一个登上宇宙飞船前往太空旅行，而另一个则留在地球。结果当旅行者回到地球后，他发现自己比留在地球的兄弟更年轻。——译者注

宇宙飞船的电力来源以及核电的利弊。英国著名天文学家、科幻小说家霍伊尔的经典小说《黑云》(*Black Cloud*)讲述了一个来自宇宙星际间的外星人入侵地球的故事，这促使我们就化学和生存的意义展开讨论。而作家兼生物学教授阿西莫夫的《基地》(*Foundation*)引发了我们关于“预见”的讨论：什么是预见？什么是可预见的，什么是不可预见的？

银城的童子军活动缺乏实质性的军事训练，所以汤姆决定自创一个“探索者童子军训练计划”(Explorer Scout)。“探索者”面向的人员通常是高中年龄段的男生。尽管年龄没有达到要求，我依然可以参与其中的许多活动。我们经常一起在希拉荒野保护区(Gila Wilderness)和迷信山(Superstition Mountain)背包旅行，还一起去了阿拉斯加州及墨西哥的尤卡坦(Yucatan)。我和朋友们逐渐把汤姆家当成了聚会场所。但是此时，我家中突发巨变。一方面，父亲在秘鲁的一家矿场找到了一份更好的工作，因此父母打算迁往秘鲁。另一方面，我父母的婚姻也出现问题。最后，我竟然成功说服他们让我留下，搬去和汤姆同住，反正我基本上已经住在那了。

之后，摩托车问世了。那时，我每天要走街串巷地投递报纸，为了提高工作效率，我必须拥有一辆交通工具。根据新墨西哥州的规定，13 岁的儿童可以驾驶 5 马力以下的摩托车。于是，汤姆带我去得克萨斯州的埃尔帕索市买了一辆 1963 年产的本田经典摩托车。没想到仅过了 3 个星期，这辆摩托车就抛锚了。我们打算自己动手修理。我清晰地记得我们俩窝在厨房里，仔细地研究拆下来的摩托车发动机，试着拉开发动机曲轴，但是曲轴纹丝不动。于是我们开足马力，使劲地往下拉，只听一声巨响，零零碎碎的弹簧、垫片等部件向四面八方弹射出去。原来，还有一个螺丝没有取下来，在我们的蛮力之下，发动机最终爆裂。我们小心翼翼地把散落在四处的零部件收集起来。然后，我们决定从齿轮的磨损部件和推力轴承着手，先尝试把摩托车的发动机重新组装起来。我们组装了一遍又一遍，直到最后没有零件落下。我们抱着试一试的心情再次启动发动机，幸运的是，摩托车的功能恢复了正常，之后还用了许多年。但是，他家厨房一直没有恢复之前的样子。没过多久，他自己也买了一辆摩托车，之后其他的朋友也陆续买了摩托车。很快，他家后院停满了摩托车，厨房里常常摆着一辆拆开待修的摩托车。

我们对电子技术也很感兴趣。我从摩托车线路入手，由浅入深，逐步过渡到更加复杂的东西。汤姆精通电子技术，业余时间喜欢研究无线电。他亲手制造过各式各样的电子设备，因此他家各类材料一应俱全，如钢丝、焊料以及我们需要的各种材料。我和朋友从他那里学习了基本知识，并在他的帮助下自己设计电路。我们自制了摩托车点火器、防盗警报器以及传真机原型机。那时，还没人听说过传真机这东西。由于每天早上我很难按时醒来起床送报，我们就制作了一个“叫醒”设备。我们用的是学校铃声，哪怕是长眠地下的人也会“不堪其扰”，更不要说左邻右舍了。

当然，我们也去了金矿。金矿路途遥远，首先要开很长时间车前往得克萨斯州西部，之后还要徒步几个小时，才能到达目的地。这是一趟探险之旅。一排倾斜而下的岩石给人摇摇欲坠的感觉，这一奇特地貌并不像是自然形成的。山脚下有一条狭窄的土道，顺着土道一路走下去，面前是一条河谷。这条土道有明显的人工开凿的痕迹。土道年代久远，已经绿树成荫。我们推测，当年西班牙人把挖出的金矿石装入包袱中，顺着那一排岩石把包袱滑至山底。接着，他们再把金矿石运往河谷，在河谷之中把金矿石碾成粉末，再用淘金盘淘洗出黄金。我们花了很多时间找寻西班牙人遗留在那里的器具，但是一无所获。我们也花了很多时间收集岩石样本，但分析人士表示，这些岩石远远达不到开采的标准。我们发现了几处吉姆和他的朋友在经济大萧条时期为淘金而挖掘的洞穴，于是我们来来回回地四处转悠，想找出吉姆最初发现的矿井遗址。汤姆想了一些办法，告诉我们如何找到更深、密度更高的金子。但是，普通的金属探测仪可能达不到这个深度。为此，他想出了一些高科技手段，如使用射线、强磁场装置，也提到了一些平价朴实的方法。当然，我们也常常幻想，挖到金子之后，我们如何利用这笔财富开展火星探测之旅。

汤姆提出的方法并不容易操作。他高标准、严要求，有时令人望而生畏。后来，我也逐渐接触到了一些世界上最聪明的人，但是我始终认为汤姆才称得上聪明绝顶。汤姆可以用心算的方式解出复杂的物理题，我生平还从未遇到过第二个这样的人。他还是一位分析学大师，可以将分析方法应用到各个领域。即将步入大学时，我坚信如果我要证明自己，能否学好物理学是唯一的检验标准。物理学才是唯一通向真理的道路，能够帮助我们深刻地了解世界的运行方式。我也知道，真正的物理学家需要研究的并不仅仅是物理，而应该什么都略知一二，最好是对什么都能侃侃而谈。

汤姆还让我明白，科学不仅是科学家在大学院校从事的科学研究，它更是种信仰体系，可以帮助我们解决日常生活的种种难题。作为一名科学家，从物理学到政治学，汤姆涉猎极广。他告诉我不要对那些所谓的专家望而生畏，鼓励我大胆质疑、勇敢发问。他的思维方式是颠覆性的、乌托邦式的。然而，正是这种探索精神让一切变得皆有可能。这种精神深深地影响了我和我的朋友，并成为我后来人生道路上的精神支柱，激励我不畏艰难、砥砺前行。

人生中有些事情是命中注定，有些事情则是机缘巧合。它们交汇融合在一起，造就了今天的我。我时不时感慨命运的不可思议。历史事件与个人际遇交汇，足以改写一个人的人生轨迹。如果没有第二次世界大战，美国国会不会出台《退伍军人权利法案》，那么父亲就不会成为一名工程师，我们也不会搬到银城。如果不是因为“麦卡锡主义”的肆虐，汤姆可能也不会去新墨西哥师范学院任教。这两条轨迹如果没有相交，我们也不会相遇。而如果人生中没了汤姆这位良师益友，我可能也不会成为科学家。天知道我将何去何从！

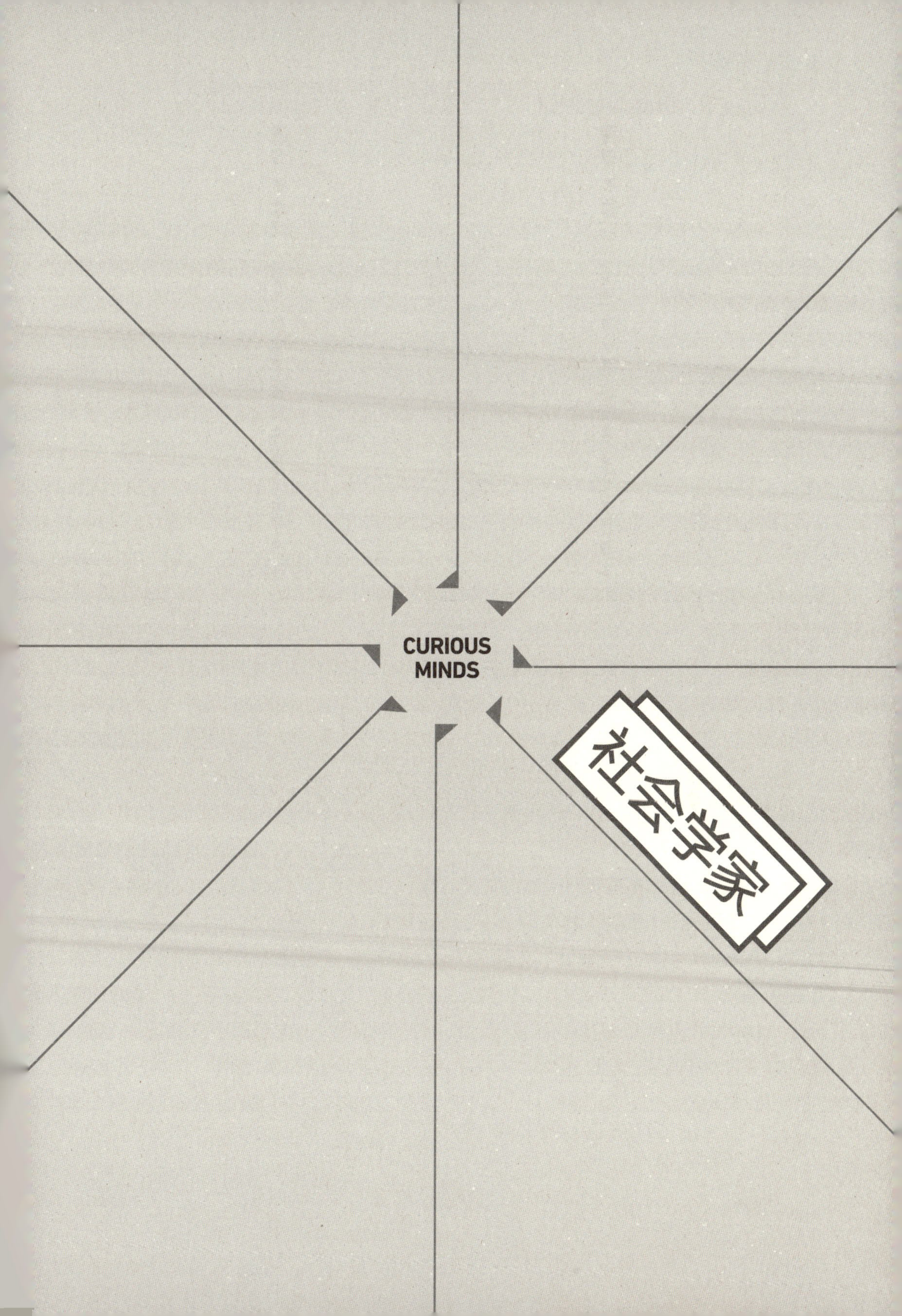
CURIOUS
MINDS
社会学家

10 CURIOUS MINDS

父亲的痕迹

社会学家
雪莉·特克尔（Sherry Turkle）

麻省理工学院社会学教授，技术与自我创新中心（MIT Initiative on Technology and Self）主任，临床心理学家。

特克尔的研究涵盖科技、社会、人工智能、自我、心理等领域。数十年来针对人与技术关系的深入研究为特克尔赢得了“网络文化领域的玛格丽特·米德”“技术领域的弗洛伊德”“技术界的良心”等美誉。

代表作有《群体性孤独》（*Alone Together*）和《重拾交谈》（*Reclaiming Conversation*）等。

事物并非只有使用价值，它与人类之间也有情感联系。

——雪莉·特克尔

CURIOUS MINDS

我的母亲叫哈丽雅特·博纳维茨（Harriet Bonowitz），她身材高挑、风情万种，是位光彩照人的美人儿。大家都说她神似著名女演员罗莎琳德·罗素（Rosalind Russell）。在我年幼时，母亲是全职家庭主妇，全心全意地照顾我们兄妹三人。我还有一位继父，是一名公务员。他在周末还做了一份兼职服务员的工作，目的就是多赚些钱，这样不仅可以让我们几个孩子穿上美丽的校服，而且也可以让我们暑假时在洛克威（Rockaway）海滩尽情享受，足见他对我们爱得真诚。母亲生平最大的心愿是在夜晚的科帕卡瓦纳（Copacabana）海滩上一展歌喉，她的这一心愿远远超过她对钱财、豪宅的渴望程度。那时我年纪尚幼，可我心里明白，母亲对我寄予厚望，希望由我来实现她未竟的梦想。我聪明伶俐，母亲视我为掌上明珠。在她眼里，我应该是个多才多艺的孩子。倘若那时我展现出一星半点的舞台天赋，母亲就会做个称职的舞台妈妈，时刻准备在我忘词的时候从旁提点。遗憾的是，我完全没有音乐或戏剧方面的天赋，然而母亲依旧对我充满信心，坚信我有朝一日定会成为一名歌手。

我们住在布鲁克林区的布赖顿海滩[①]附近。在我 10 岁生日时，家人在海

① 布赖顿海滩（Brighton Beach）位于美国纽约布鲁克林区，当地有许多临海餐馆及酒吧，是纽约著名的休闲度假场所。——译者注

洋公园路旁的晚餐俱乐部为我庆祝生日。女歌手登台时，母亲用肘轻轻地推了推我，示意我认真观看表演。我知道，母亲是想借这场表演唤醒我身上的艺术细胞。然而，我心如止水，内心只有一个强烈的信念：你要热爱一份工作，才能得心应手。这是我在家中的一本书上读到的。这本书在引言中写道：如果你喜欢锤子、木材之类的东西，那么你可以考虑当一名木匠；如果你像我母亲一样喜欢浓妆艳抹、性感长裙和高跟鞋，还喜欢弹钢琴，那么你不妨考虑当一名夜总会歌手；如果你喜欢本子、纸张、五颜六色的活页夹以及世界各地的教科书，那么就考虑当一名作家吧！我依稀记得这本书是《如何选择适合自己的职业》（*How to Choose the Right Job for You*）。在袅袅的歌声中，母亲把我想象成未来的歌手，我则把自己想象成未来的作家。书中还提到，如果能与工作中遇到的事物建立联系，你会在不知不觉中对它们产生好奇，琢磨它们可能蕴含的知识因素与情感因素。**事物并非只有使用价值，它与人类之间也有情感联系。**作为一名社会学家兼心理学家，我目前就在研究技术与人类之间的联系。不得不说，那本书所传达的思想理念对我影响深远，令我终生难忘。

我家中的藏书寥寥无几，而我居然能邂逅一本不可多得的好书，这实在太奇妙了。我们家还有一本著名诗人卡尔·桑德堡（Carl Sandburg）为林肯撰写的传记，除此之外都是我的个人藏书了。我的藏书有三类。第一类是 24 册的《芬克 - 瓦格纳百科全书》（*Funk & Wagnalls Encyclopedia*）。这套百科全书每半个月发行一册，是外祖母伊迪丝·博纳维茨（Edith Bonowitz）从当地超市给我买的，每册售价 1 美元。第二类则是侦探推理小说《神探南茜》（*Nancy Drew*）丛书，它们占了我藏书总量的一半。这套小说是我和好友海伦妮从公寓的垃圾房捡来的，我却爱若至宝，将它们包得整整齐齐。我们公寓的住户大多互不相识，但生活环境极为相似，收入水平也相差无几。一套丛书价格不菲，大多数家庭可能根本买不起。所以，好心人会时不时把不需要的书放在垃圾房里，供其他有需要的孩子拿去阅读。买书对于住在这栋公寓里的人来说有些奢侈。我们通常会走上半个小时，去公共图书馆看书。因此，在垃圾房看到一套如此珍贵的小说丛书，海伦妮和我简直如获至宝。这套丛书共有 19 本，因为是海伦妮先在垃圾房发现了它们的，当居首功，所以她拿了 10 本，我拿了 9 本。

《神探南茜》的主角是一位聪明过人的侦探。为调查一桩桩扑朔迷离的案件，她经常奉命前去破解谜团，对不同的线索展开调查，如镀了一层黄铜的象牙、一只古老的闹钟、一本日记、一对形状扭曲的蜡烛和爬满苔藓的古老建筑。这些线索的暗抽屉、暗格可能会突然打开。有时，线索看得见摸得着，在她娴熟地摸索探查之下，终于真相大白。也有时，她要抽丝剥茧，破译线索背后隐藏的含义。那时的我沉浸在故事的情节中无法自拔，经常在我们家附近四处寻找可以用来破译线索的神秘物件。这样的物件不在少数，但我没有如愿以偿地成为像南茜一样的女英雄，相反，我遭到了邻居的抱怨，说我成天鬼鬼祟祟。母亲羞愧难当，我向她保证不会再有下次。但我暗中决定要在布鲁克林之外的地区继续搜索。有时，我情不自禁地想，我是不是在不知不觉中把民族学研究当成了侦探梦的延续。我在巴黎学习过精神分析学，在美国马萨诸塞州和硅谷学习过高科技技术。这样，我既可以像南茜一样破译未解之谜，又能够兑现当初对母亲的承诺。

我的第三类藏书是两本指导手册。这两本手册原本归我姨妈米尔德丽德所有。其中一本手册是姨妈报名参加西班牙旅游团时，从旅行社那里拿到的，这本手册是《新视野世界旅游指南》(*New Horizons World Guide*)。姨妈是一名事业型女性，终身未婚。她是我认识的第一个走出布鲁克林，走出北美洲，去世界各地游山玩水的人。西班牙之行是她的首次海外旅行。我对她又敬又爱，我也希望做一名事业型女性，拥有自己的旅行社。

《新视野世界旅游指南》详尽地介绍了世界各地的旅游资讯，包括各国的政治体制、首都、平均温度、高档酒店、热门餐馆和热门景点等。当年我居无定所、东迁西徙，但是姨妈给我的这本1953年版的书一直保存完好。但是最终，它在地下室被水泡了，我不得不扔掉它。幸运的是，后来的一个夏天，我在马萨诸塞州的跳蚤市场上又淘到另一版《新视野世界旅游指南》。那一刻，我不仅喜出望外，而且有失而复得的感觉。我现在仍不时把这本手册拿出来翻阅。我认为它最难能可贵之处在于，它让读者感到，从越南到伊朗，从巴基斯坦到古巴，每一个国家都是安全可行的。你只要给旅行社打一个电话，就可以轻轻松松到任何一个国家游览观光。比如，如果你想去柬埔寨感受异域风情、放松身心，你只需要告诉旅行社你的喜好，是希望纵情于山水之间，还是希望享受水疗的愉悦。之后，你需要做的只是兑换外币而已。此外，这本指南还介绍了波多黎各的阿奎纳多海军、法国出租车的小费、希腊的海上航行与划艇观光。对于我而言，这不仅仅是一本旅游指南，而且是开阔视野、增长见识的秘籍。它为我提供的不仅是信息，也是许可。要知道，当时布鲁克林至曼哈顿还未通地铁，但我已经在畅想未来，一定要去巴黎塞纳河左岸看看了。

第二本指导手册正是那本《如何选择适合自己的职业》，那本在袅袅歌声中为我指点迷津的择业指南。它是由招聘机构自己印刷的，免费发放给客户阅读，于是米尔德丽德姨妈也拿到了一本。旅游指南让我对外面的世界心生向往，而这本择业指南则让我认识到了自己的与众不同，也教会我如何在家人面前保持独特的个性。除此之外，这本书也让我心生好奇，人类与他们钟爱的物品之间建立的是怎样的一种联系？比如，我们的公寓空间如此狭小，外祖父母共用一个梳妆台，能摆放的个人物品极其有限，他们是如何做出取舍的呢？

母亲有一台老式相机，但我们很少拍照。我们考虑更多的是胶卷的价格、冲洗照片的成本。这意味着拍照在我家是件特殊事件，而不只是拿到一张照片而已。我们轮流拍照，这一点大家心照不宣。好不容易轮到我的时候，我拍的必然都是各种珍贵物品。10岁时，我拍了一张照片。照片里的我坐在祖父家的椅子上，戴着祖父的白色手套，手里拿着两件我极其宝贵的物件：米尔德丽德姨妈从墨西哥带回的小型人偶以及她在法国给我买的洋娃娃。我手中的物品不仅代表着那位对我宠爱有加的亲人，还代表着姨妈到过的布鲁克林以外的世界。后来，我海外旅行的前两站就是法国和墨西哥，10岁的我心驰神往的地方。而那时，我把对这两个地方的向往都寄托在了手里的玩具上，记录在了相片中。

母亲总是梦想有朝一日我能在舞台上大放异彩。好在外祖父与外祖母对我没有任何期望，这给了我宽松的环境去做自己。我能感觉得出，两位老人对我除了爱别无他求。他俩总是怕我遭人嫉妒。比如，邻居就一直不怀好意地看着我。为了避免我招致厄运，外祖母经常在我额头上涂口水。

在我2岁时，父母离异了。在她改嫁之前，我们一直与外祖父、外祖母、米尔德丽德姨妈挤在他们的一居室里。外祖父母睡在一张双人床上，我睡在双人床上的婴儿床里，而母亲和姨妈则挤在一张折叠沙发上。我5岁时，母亲改嫁，我们搬了出去，姨妈终于可以独自一人睡了。搬走之后，我无比思念外祖父他们。13岁之前，我几乎每个周末都会回去过夜。我们的周末生活安排得十分规律，我们总是坐在电视机前欣赏着固定的节目，包括《梅森探案集》（*Perry Mason*）、杰基·格利森（Jackie Gleason）主演的喜剧电影、佩里·科莫（Perry Como）的歌曲和每周热门音乐排行榜。我和外祖父在厨房餐桌上用塑料建筑模型材料制作出结构复杂的别墅模型，外祖母和姨妈就坐在一旁观看。外祖父是时代广场电影院的经理，平日要与一群十分无礼的观众打交道。

我知道，外祖父喜欢与我一起搭建模型，不仅是因为他心灵手巧，还因为他希望我可以发现他在建筑设计方面的才华。更为重要的是，他希望一旁观看的妻子和女儿能了解他的匠心和艺术鉴赏力。她俩知道外祖父是一位孔武有力、诚实可靠的男子，能够安抚胡搅蛮缠的影院观众，能够应付频繁光顾戏院的流浪汉，他还亲昵地称他们为“我的讨债鬼”。而搭建模型能够展现他心思巧妙的一面。我们搭建模型的塑料不过是一种简单的透明材料，但我却对它们爱不释手，因为这个过程不仅其乐无穷，还能激发创造力。多年之后，我惊喜地发现电脑软件的运行机制也是透明的，它的构成本身像砖块一样，是模数化的。其单一的模数化内部构造清晰透明，一看就懂，但却可以像叠砖块一样最终构成复杂的软件。但随后，当我注意到电脑软件封闭了用户的掌控感和理解力时，我对它产生了怀疑。我深知我这个人是带有偏见的，有时我称自己是生活在后现代社会的一个天生的现代主义者。

因此，周末回外祖父家过夜时，我总会玩上好几轮搭建模型的游戏，然后和长辈们一起看电视，之后再去休息。外祖父家的房子空间狭小，因此所有的照片、书籍、笔记本都放在橱柜里。由于橱柜太高，我每次必须把餐桌拉过来，站在餐桌上面才能拿到里面的东西。长辈们对我宠爱有加，他们几乎从不阻止我做这么粗鲁的行为。从我 6 岁起，一直到我十三四岁，每次回去过夜，我都会踩在餐桌上，把橱柜里的书本、盒子之类的物件取出来。长辈们与我约法三章，橱柜里的东西我可以随便看，但是事后必须物归原位。对小小的我来说，橱柜的空间是无边无际的，里面存放着取之不尽的东西。

我每次都能在里面发现以前没有见过的物件，有戒指、明信片、笔记本。那一刻，我仿佛化身神探南茜，细致地端详它们，推测它们的来龙去脉。橱柜中储存着一些高中时代的笔记本，每一本都有页边旁注，有些是母亲的，有些是姨妈的。这一本本笔记本，能让你对它们的主人有一个全新的认识：高中时代的她们是什么样子？她们对什么比较感兴趣？每一张母亲约会和跳舞的照片都可能给我提供生父的线索。两岁起，我的生活中便再也没有他的痕迹。母亲与他离异之后，他就是一个禁忌话题，我们从不会谈起他，仿佛他不存在一样。甚至每次想到他，我都有一种愧对母亲的感觉。

有时，外祖父他们会挤进厨房，在一旁看着我对一件件物品展开调查。那时的我浑然不知自己究竟在寻找什么。但是他们应该知道，我在不知不觉中寻找生命中缺失的那个人的蛛丝马迹。于是他们先我一步，把可能与他有关的物品清理得干干净净，我找不到任何关于他的通讯录花名册、名片、便笺。每一张合照中，父亲的影像都被剪下了。我还看过一张合照，合照中父亲的脸被剪掉了。我从未向家人打听过这名男性是谁，我深知自己不该问，也不该提起这张照片。我担心如果我问了，那么连这张照片都可能不复存在。但对我来说，它何其珍贵。尽管照片中的那人受千夫所指，它却提供了很多宝贵线索：原来他的手是那样的，原来他穿系带鞋、穿花呢裤。

现在的我，出于职业使命感，会对人物的细节描写格外关注。这种习惯应该与外祖父家的那只橱柜有关。橱柜中的各种物件对我来说充满了回忆的味道。蒙尘的书籍、照片、高中的课堂笔记，这些都让我与物件的主人无形中产生了一种联系。在橱柜里，我努力发现其中的蛛丝马迹，正是从那一刻起，我决定要利用这些线索解开我内心的困惑。也正是从那时起，我决定要在一个人销声匿迹之前，抓紧机会与之对话。谁知道哪一天，这个人的影像会不会从照片中永远消失了呢。

11 CURIOUS MINDS

思考和分析比考察和实验更重要

文化人类学家

玛丽·凯瑟琳·贝特森（Mary Catherine Bateson）

纽约跨文化研究所所长，乔治梅森大学人类学专业、英语语言学专业杰出教授，后为该校荣誉退休教授，哈佛大学教育研究生院访问教授。

她是伟大的人类学家玛格丽特·米德和格雷戈里·贝特森的女儿，自己也是一名语言学家和人类学家。代表作有《女儿的眼中》（*With a Daughter's Eye*）和《为自己的人生作主》（*Composing a Life*）。

人们通常会认为男孩就应该以父亲为榜样，女孩则要以母亲为榜样。但这样很容易导致亲子之间的竞争和孩子的叛逆，尤其对男孩来说。而对女孩来说，这一模式则限制了她们的选择。

——玛丽·凯瑟琳·贝特森

我，家中独女，父母是科学家。说到这里，故事已经讲了一半了。

如果你从小有很多兄弟姐妹，你们可以建立自己的小天地，一起玩耍，相互启发。但如果你是家中独子，你通常只能听父母讲述他们的兴趣爱好。你可能听得似懂非懂，他们还鼓励你大胆提问。而你小小年纪居然也会听得津津有味。毕竟，童年生活也没有更大的乐趣了。如果父母是同事，那更是不得了。我们这代人小时候很少听到父母在家谈论工作和理念，因为妻子常常对丈夫的工作领域一无所知。科学家也会把工作、生活分得清清楚楚，很少把工作带进私人生活。我的父母却是例外。我的父亲是格雷戈里·贝特森（Gregory Bateson），我的母亲是玛格丽特·米德（Margaret Mead），他们都是人类学家。他俩的工作、生活没有明显边界，餐桌上聊的永远是科学理论与实验观察。当我父亲不在家时，当他们离异之后，以及当他们有同事和朋友登门拜访时，餐桌上的话题都离不开科研工作，从早到晚。

在成长的过程中，人们通常会认为男孩就应该以父亲为榜样，女孩则要以母亲为榜样。但这样很容易导致亲子之间的竞争和孩子的叛逆，尤其对男孩来说。而对女孩来说，这一模式则限制了她们的选择。我们家不同寻常的地方在于父母主张性别平等，他俩都可以做我的榜样，从不因性别设限。母亲甚至认为，儿童在成长过程中，应该多接触各行各业的成人，从而开阔自己的视野，为今后的人生提供更多选择，从商业、艺术、科学到家政。这是母亲从自己实际经验中得出的结论。然而，我成长的环境并不是那么有代表性，因为在我看来，周围绝大多数人都会选择攻读硕士学位、编写著作。每每被问及老生常谈的问题，我总会回答长大之后要成为一名科学家。请注意：是科学家，不是人类学家。如果可以，我会选择科学与数学。

起初，母亲从事的是心理学研究，父亲从事生物学研究，之后他们转而研究人类学。在他们那个年代，学术界大力提倡跨学科思维，他俩深受启发，躬身力行。他俩是第二次世界大战结束后的梅西控制论会议[①]成员，会议的主要目的是寻找将人文科学和其他科学以及工程联系起来的模型。他们负责的是行为科学、人际关系和儿童发展等新兴领域的学科间交互方式。我曾经问过母亲，我长大有望从事什么领域的科学研究。母亲脱口而出："胚胎学或结晶学。"她的轻率让我嘲笑了她许多年。但现在我觉得，她并非暗示我将来会对胚胎或晶体感兴趣，而是暗示我要擅长运用抽象思维分析结构和模式。所以，她说的并不是"什么"领域，而是"如何"研究；并非是如何进行考察和实验，而是如何进行思考和分析。"模式"一词在我们家享有重要地位。我们家一直重视对模式的观察与描述能力。但是母亲认为人类行为的模式是与生俱来的，所以我觉得她给我的回答是在暗示我的思维方式与父亲更为接近。

其实，直到十几岁的时候，我才意识到父亲热衷于观察人类行为。他与我

① 梅西控制论会议（Macy Conferences on Cybernetics）指的是 1946—1953 年在纽约召开的跨学科科学会议，旨在促进社会行为和科学的跨学科研究方法。——译者注

的相处模式深受他童年经历的影响。父亲家中兄弟三人，他是最小的。祖父是一名德高望重的遗传学家，为孟德尔遗传学的传播做出了重要贡献。实际上，“遗传学”一词正是祖父所造。说到父亲，我脑海中立刻浮现出他研究岩池、收集甲虫、制作鱼缸的身影。与父亲相处的日子里，我们一起摄影，一起冲洗照片，一起玩智力游戏，一起破解难题。他耐心地向我解释什么是孟德尔比率。那时，圣诞树的灯饰使用的还是旧式的串联电路，他会画出各式各样的电路图，向我讲解如何判断具体是哪只灯泡失灵。多年来，他很少写信给我。就算写，他的文字也是平淡如水。信里倒是有很多分解图，有甲虫的足部、鱼类构建的气泡巢，还有植物发芽的过程。我继承了父亲的抽象思维方式，热衷于对整体结构抽丝剥茧，之后学习数学、物理学以及最后的语言学时也是如此，并乐在其中。

父亲三番两次地改变研究领域。他曾研究过新几内亚岛的古老仪式、巴厘岛的育儿方式，之后转向家庭结构、精神分裂症、酗酒问题、海豚的交流方式和章鱼的相关研究，可谓是五花八门。他擅长观察和理论研究而非实验研究。他的工作重心是研究思维与交流的具体模式，总结思维中断、传播失败的具体成因，记录并比较自然发生的行为。在巴厘岛拍摄斗鸡比赛的画面时，他没有拍下惊心动魄的野蛮场面，而是将重点放在主人与斗鸡之间的情感联系上。照片里，主人斗志昂扬挥着手臂，指挥着自己的斗鸡上前作战。后来，他拍摄了大量治疗精神疾病的影像资料，观察并分析家庭成员之间的互动模式，成为该领域的研究先驱。

在我 7 岁时，父亲搬了出去。他先住在纽约市的斯塔腾岛（Staten Island），后来又搬到了加利福尼亚州定居。每次去看望他时，我们会一起外出，进行与博物学相关的野外考察。我们的主要目的是观察动物，尽可能地拍下它们的照片。父亲身手敏捷，能干净利落地抓蛇，还能爬上树干寻找蝙蝠。在内华达山野营时，我们用熏肉和鱼肉制成诱饵并铺在林间小道上，之后我们整晚坐在车里，手里紧握相机绊线，准备随时拍下闻香而来的动物。在烟雾迷蒙的天气里，我们会坐在加利福尼亚州海岸边的小屋里，举着相机拍摄水鸟。这些活动都要耐心等待，在等待的间隙，他会给我讲点生物学的知识，如变形虫如何分裂繁殖，或出一些经典悖论和数学谜题来考验我。

他也会谈及昆虫和植物。但是比起浮游生物，小孩子当然对海豹、鲸鱼这些活生生的、能叫出名字的动物更感兴趣。我自然也不例外，我最关注的动物就是脊椎动物。但是，生态学理解的本质，就是要了解自然环境的变化模式、生物与环境之间的关系模式。有些模式变化缓慢、无迹可寻，例如，碳循环与氮循环、水流与气流、土壤中的微生物。为了让我了解生态学，父亲为我制作了一个水族箱。这是一项烦琐的任务，需要搜集植物和废物，考虑光照，还需要保持一个水族箱的水自然清澈。由于一个水族箱空间有限，即使如此大费周章，也养不了太多的鱼。如今，大多数水族箱已经可以人工打氧、过滤，不仅可容纳更多的鱼群，也无须放置水生植物。大多数热带鱼爱好者喜欢的是外来物种的美丽外表，喜欢看它们摇曳生姿的身影。父亲则不同，令他兴致盎然的是水族箱内的生态系统及关系模式。他要研究如何保持鱼缸之内的生态平衡，平衡生态系统内多种因素之间的互动作用（我也是其中一个因素），以及如何对这个生态实现“物我合一”。

母亲对我的人生规划与父亲截然不同。她注重培养我发掘人类的多样性和无限潜能。她一直带我体验不同的文化，接触不同民族的人群，体验不同的宗教活动，认识来自世界各地的客人。我见过第一支访问纽约的巴厘舞蹈团，也见过麦迪逊广场花园年度汇演上载歌载舞的印第安舞蹈团。在第二次世界大战之前，母亲研究的是南太平洋六大文化圈的育儿模式。因此，她对于我和同龄人的成长经历了如指掌。与我交谈时，她有意识地培养我的反思人生的能力。她教我如何对自己的生活进行参与式观察，总结生活中的模式以及关注语境对语义的影响。她提醒我留意每家每户的家风家训，教我“入境随俗”。当成人做出出人意料的回应时，她引导我分析个中缘由。例如，当遭到辱骂时，一些人若无其事，而一些人会羞愤难当。她让我关注遣词和语境的重要性，以免一不留神出言不逊。我记得有一次在一个家风彪悍的人家，我卷入了一场争吵。我冲着女主人大喊“witch”（妖妇），她的反应并不大。那一刻，我突然想到在人际交往中，对言语稍做改动，可能就会产生意想不到的结果。出于好奇，我故意对她大喊“bitch”（贱妇），只见她勃然大怒！太奇妙了！当时我并不了解其中道理，直到大一时，我接触了基础音韵学，才知道了这背后的原因。

母亲通常从伦理的角度看待事情。她经常教育我，如果我们既能理解人类的行为模式，又能系统地理解语义，我们就可以改善人际关系、提高沟通能力。母亲有一位朋友常来照看我。因为脑瘤，她丧失了周边视觉。每次她牵着我走在市区都让我心生忐忑。母亲向我解释了她的病症，并指出我这样想对她很不公平。我们学校有些学生是难民，他们学习英语十分吃力，难以适应新的环境，经常因为说话结结巴巴遭到同学的取笑，当道理讲不通时，他们多半也会拳脚相向。我和母亲经常讨论他们的遭遇，以及如何对他们施以援手。从母亲身上，我学会把成人当作独立的个体，有各自的生活背景、性格特征，而不仅仅是权威、资源。6岁时，我和朋友一起去劳伦斯·弗兰克（Lawrence Frank）家玩耍。路上，我因赤脚走路割伤了脚，朋友问我是回家还是坚持去玩。弗兰克是一名社会学家，待我十分亲切，在他家就如同在自己家一样轻松自在。想了一会，我做出了决定：“爸爸熟悉自然，但是弗兰克叔叔更擅长处理伤口。”

参与式观察是文化人类学最基本的研究法。所谓参与式观察，就是在日常生活中观察人类行为模式。父亲因为太过挑剔，总是觉得观察到的东西乏善可陈，因此很少进行记录，而母亲则是迫切希望不放过任何一个细节。和大多民族志学者不同，母亲会把实地见闻小心翼翼地记录下来，并结合情境进行分析。她把这些文字记录当作研究工作的重要成果。如果说最终的研究文献是人类学家对一个民族群体的诠释，那么文字和图像记录就是后世能获取的一手史料，其重要性与复制实验[①]不相上下。父母二人参与观察的风格也截然不同。父亲重视维持组织模式，只有在出现明显问题的时候，才会极不情愿地干预和改变。而母亲则主张通过观察和比较，积极地推动模式变化。然而，她对于那些仅服务于意识形态的政治议程是嗤之以鼻的，认为它们并不是在观察比较的基础上制订的。母亲言传身教，引导我反思人生，教我参与式观察，令我受益终生，最终引领我走上了社会学研究和写作之路。

参与观察自己的生活是怎样的体验呢？最有趣的一次经历发生在我小学二三年级的时候。母亲帮我约了一个同龄男孩一起玩耍，那个男孩在学校遇到了些麻烦。路上，她提醒我这名男孩难以相处，他的父母为此愁眉不展。结束后，母亲来接我回家，问我感觉如何。我说等回到家我再把具体问题说给她听。回家以后，我对母亲说："如果还有其他孩子要和他一起玩耍，他们就知道有多痛苦了。"那时，我已经意识到，观察与反思对自己和他人都大有裨益。那我对父母的思考方式是否有所贡献呢？怎会没有？！父亲十分重视我提的问题，因为可以帮助他厘清正在纠结的概念。而母亲则会向我提问，期待我为她提供一个新的视角。

① 复制实验指的是实验或测试被其他研究者独立复制的能力，是科学研究的主要原则之一。——译者注

我 16 岁那年，也就是 1956 年，我随母亲前往以色列。她在那里讲授移民同化的课程，并为当局提供咨询。尽管以色列移民的背景、信仰甚至体格都大不相同，但是他们都是犹太后裔。在以色列，我发现我的兴趣爱好与父母对我的培养方式密不可分。我厌倦了高中生活，对美国青少年的生活方式不屑一顾，大声抱怨他们的肤浅和随波逐流。现在想来，那时我如此桀骜不驯、离经叛道，一定让母亲心烦不已。在以色列待了两周之后，我表示希望留在这里学习希伯来语，就读当地的学校，参加全国性统一入学考试，在当地申请大学。母亲并无异议。以色列为何对我有如此这般吸引力？因为我在当地看到了一群有理想、有信仰的人，他们心怀宏图伟业、意气高昂，想要建立一个新的国家。在以色列期间，我参与当地的日常生活，观察当地的生活状况，了解当地的文化（这个过程十分艰辛），像极了一名人类学家。

以色列有很多金发碧眼的犹太人，但是外国国籍的学生寥寥无几。我如饥似渴地学习希伯来文，进步飞快。作为一名来自异域他乡的女孩，我喜欢问东问西，从社会主义青年运动到三明治的配料。我打听最多的就是学校的课程设置，包括希伯来文学、犹太历史和圣经课。幸运的是，我遇见的人都是热情而耐心的。从小，母亲就一直教育我重视多元文化，父亲一直教育我观察事物的模式。他们希望我抓住机会接触形形色色的文化，了解各种各样的模式。现在，时机已到。

学习希伯来语虽然极具挑战性，但也让我十分兴奋。之后我又学习了阿拉伯语、中东研究和语言学。阿拉伯语和希伯来语十分接近，但更具挑战性。我在学校学过拉丁语，拉丁语可以培养一个人的思维方式。但是阿拉伯语和希伯来语都属于闪米特语，这一语族的思维方式与拉丁语截然不同，更加注重过程意识、抽象关系。闪米特语的词族由词根及词式构成。词根无法单独发音，一般由三个辅音组成。词式则由元音及词缀两部分组成。举个例子，一个表示“结合”的词根可以构成表示“紧扣”“合并”“黏合”等行为动作的词，或者构成“朋友”“社会”“联盟”“作文”“笔记本”等词。上述所列举的每一个词都包含了“结合”的意思，也都能通过与词式结合表达不同的意义，体现出某种过程及关系。闪米特语的词根与词式交替构成，干净利落，就像紧扣的十指。这种构词方式就像通过为公式中的 x、y、z 赋值，让公式表达出一个特定的过程和关系。闪米特语法让我想到了父母的著作中提到的“控制论”。“控制论”是一个分析系统，用于分析不同组织或情景之间的相似模式。例如，我们可以把学校、国家甚至是鱼缸比作是一个生态系统（如森林）。学习希伯来语对我来说就像当时听父亲讲解孟德尔比率那般兴致勃勃。当然，两者的难度也不相上下。然而，学习希伯来语不仅让我学会了用一种全新的角度审视世界，还让我学会灵活变通，变着角度审视世界。

然而，如果没有以色列的人文环境，我可能也不会对希伯来语这般如痴如醉。在以色列度过的那些岁月，让我从自然科学转向了社会科学。在我获得了语言学和中东研究的博士学位 10 年后，我认识到乔姆斯基时期的语言学研究关注的是结构模式，而我想研究的是建立在人类交际基础上的语言现象。我将自己重新定义为文化人类学家，也算是继承家业。父亲对语言学几乎一无所知，但是他教会我如何分析结构和模式；母亲对中东研究几乎一无所知，但是她教会我在与人相处的过程中要学会反思，教会我如何进行参与式观察。这些为我日后的研究奠定了基础。

12 CURIOUS MINDS

深山里走出的科学家

古人类学家

蒂姆·怀特（Tim White）

加州大学伯克利分校整合生物学教授。蒂姆通过分析各个阶段的人类化石及其周围的动物种群和环境（古环境）资料，对我们了解人类的进化过程产生了深远的影响。他提出的关于阿法南方古猿化石的解释框架至今仍影响着古人类学领域的研究。

如果把人生比作一次旅程，我就是那名享有特权的乘客。

——蒂姆·怀特

CURIOUS MINDS

小时候，我完全没有展现出如今所从事工作的天赋；现在，我是一名在非洲沙漠搜索并研究远古祖先化石的科学家。我出生于1950年8月，当时父母住在加利福尼亚州圣贝纳迪诺山脉（San Bernardino Mountains）的箭头湖（Lake Arrowhead）附近的山林小屋。那是我的第一个家。但我对它毫无印象，我最早的记忆只能追溯到我们住的第二座房子，那里名叫“天空森林”（Sky Forest），是18号国道附近的一个小型居住区。18号国道是一条柏油路面的双车道环山公路，沿着圣贝纳迪诺山脉的主断层陡坡蜿蜒而上，被当地人称为“世界之环”。父亲先是在当地县区路政署工作，之后转到了加利福尼亚州路政署。对我这个幼童来说，我家宽敞，而且乐趣无穷。我们的房子位于贝纳迪诺山脉国家森林的边界地带，建于公路之下的悬崖峭壁上，看似摇摇欲坠。从我家出发，沿着下山的道路驱车行驶1小时，便可到达南加利福尼亚州的内陆帝国[①]。房屋四周有一片广袤的橘树林，煞是好看。这套房子也因这片橘树林而出名。在晴朗的日子里，你可以从“世界之环”上眺望太平洋上的圣卡塔利娜岛（Santa Catalina Island）。但是好景不长，南加利福尼亚州日渐车水马龙、熙

① 内陆帝国（Inland Empire）是南加利福尼亚州的一个大都会区，毗邻洛杉矶，包括圣贝纳迪诺县和河滨县。——译者注

熙熙攘攘，因此天气晴朗的日子越来越少了。橘树林也慢慢消失了。在这个过程中，我也长大了。

我对童年时光的记忆很是深刻。记得在我6岁时，一架飞机在阴影山（Shadow Mountain）坠毁，引发了山林大火，让我们的房子处于险境。当时，火势沿着陡壁迅速蔓延，直逼我家的房子。漫山遍野的熊熊烈火夹杂着呛人的焦味，令人心惊胆战。由于情势危急，我们只得从山上撤离，直到一周之后才回来。所幸的是，房子保住了，但是烟熏火燎的气味却很难去除，我们在这种环境下生活了几个月。

我家位于森林的边界地带，因而我可以尽情地拥抱大自然，享受大自然带给我的无限乐趣。我和弟弟斯科特从山上抓来了许多野生动物，想把它们驯化成宠物，包括松鼠、浣熊、鸽子、蓝松鸦、花栗鼠、乌龟、蛇和蜥蜴。但是响尾蛇是个例外。父母允许我们杀死它，但是不准我们把活的响尾蛇带回家。我们家的后院放着大大小小的容器和笼子，就是为这些动物准备的。到了冬天，我们会把这些宝贝移到地下室，让它们安静地冬眠。我和弟弟还有一只名叫宾博的驴子，是邻居借给我们玩的。我们拿着玩具枪，戴着牛仔帽，骑着宾博围着院子绕了一圈又一圈。可惜后来，宾博死在响尾蛇的毒牙之下，我们为此悲痛万分。金秋时节，我们会前往附近的苹果园采摘苹果。有时，我们会惊奇地发现树干上还有新鲜的熊掌印。采摘完毕后，我们会把苹果送到邻居家中榨汁。我们这里经常狂风大作，有时是干燥炎热的圣塔安娜风，有时是风雪交加的冬季风暴。在夜幕时分，我和弟弟总能听到狂风从松林之间呼啸而过，在灯光闪烁的山谷上空久久盘旋不去。冬季风暴过境之后，山上必然冰天雪地。这正是滑雪的好时节。每晚，山间积雪的表面会形成坚硬的冰晶层。我身材瘦小，可以踩着雪橇沿着白色的雪道飞驰而下。但是有一次滑雪时，我距离道路边缘太近，而下方就是百丈悬崖。我一路疾驰，玩得忘乎所以，险些坠下山崖。所幸在险要关头，我一把抓住了路边小橡树的树枝，才幸免于难。我担心父母知道以后会没收我的雪橇，一直没敢把这事告诉他们。

在天空森林的那段岁月如白驹过隙，转眼我就到了上小学的年纪。我和其他常住在这里的一些孩子去几千米外的学校上学。每到“五一劳动节”或“美国阵亡将士纪念日”时，这里会迎来许多旅游观光客或回家度假的人。夏季是洪水多发的季节。一到夏季，父亲就要深入沙漠抢修道路，一去就是两三个星期。因此，对于我们全家来说，每年夏季都是一段极其煎熬的日子。父亲每次回来会给我们带回“来自沙漠的礼物”，有的是有生命的，有的是没有生命的。因此我和弟弟日日翘首以盼，十分渴望父亲早日归来。他带回的乌龟、蜥蜴、奇花异草和嶙峋怪石，让我走进了一个向往却又遥远的沙漠世界。在加利福尼亚州路政署，父亲由一名道路维修工人升职为重型设备操作员。父亲工作的场地大多荒无人烟，如贝纳迪诺山脉的东北部。当时那里是一片人迹罕至的原始森林，只有几条乡间小径和泥土路。在工作中，父亲对那个地区的了解与日俱增。每逢周末，全家人就会驱车去那里领略自然风光，探索历史遗迹，观察地貌特征。每一次的旅行都让我们获益颇丰。

父亲一直对加利福尼亚州历史兴趣浓厚。尽管圣贝纳迪诺山脉的历史并不久远，但是丰富多彩。印第安人最先抵达这里，接着是西班牙传教士和农场主，紧接着一批摩门教徒也定居此处，随后又有伐木工和矿工陆续抵达这里。他们在此开垦拓荒、兴建家园，每一批人都留下了自己的痕迹。他们的施工规模日益扩大，甚至开始筑堤蓄水造湖，所以才有了今天的箭头湖。等我和弟弟长大时，他们已建成了高尔夫球场和乡村俱乐部。

我从年幼时起就对这段历史着迷不已。每周，我都会恳求父母带我去探寻更多的遗迹。我们还曾启程前往莫哈韦沙漠（Mojave Desert）和太平洋探寻历史遗迹。在天空森林住了4年之后，我们搬到了雪松格伦（Cedar Glen）的一栋房子里，离箭头湖更近了。随后，我们的生活便与这个湖紧密相连。夏日的夜晚，当湖面风平浪静时，我们乘着自己的电动小船，泛舟湖上，尽享湖光风景。有时，我们也会帮助来此度假的人清理码头或岸边的水草。这些晚上或许并不愉悦，却能有一笔可观的额外收入，还能锻炼意志。因此，我们也乐于做这类工作。那么我们的工作具体是如何开展的呢？首先，父亲会带着一把镰刀潜入湖中，从根部附近割断水草。待水草飘至湖面，我负责用耙和叉子把这一团团湿漉漉的植物推到岸上。之后，我们会把它们拖走，连附着在水草之上的小龙虾也一并收入囊中。冬天是赚钱的大好时机。每逢大雪时节，父亲必须坚守在工作岗位上，清除高速路面积雪，保持道路畅通。这时，我和弟弟便帮助别人铲除车道的积雪，或者为游客的汽车轮胎安装保护链。有些游客抵达这里时还穿着漏膝的百慕大短裤，自然不会携带防寒手套了。当然，我们俩在助人为乐的同时是要收取费用的。这里没有什么可以花钱的地方，因此我们把大部分的钱攒了起来，打算以后上大学的时候用，尽管当时大学对我们来说只是一个模模糊糊的概念。

周末常有游艇在湖面横冲直撞，不宜泛舟。这时，我们一家会乘坐电动小船行至箭头湖北岸。那里的湖岸人迹罕至，环境静谧舒适。弟弟在湖中游泳，父母坐在湖岸晒太阳，我则从岩石缝中抓蜥蜴，收听洛杉矶道奇队的比赛直播，或者沉浸在书本里。我读了不少书，祖母送我的《时代生活》博物史系列最令我爱不释手。我本就对自然世界无比着迷，而书上的文字和图片让它变得触手可及。其中有两本我翻来覆去地读了好几遍，最后书页都脱落了。一本是《进化论》（*Evolution*），另一本是克拉克·豪威尔（Clark Howell）

的《早期人类》(*Early Man*)。顺便提一下,后来我就职于加州大学伯克利分校,成了豪威尔的同事。《进化论》解释了自然世界的运行规律。在达尔文的进化论中,万事万物都有了合理的解释,包括小乌龟撒尿事件。我们曾在旅行中抓了一只沙漠龟,刚把它带进车里,它就在弟弟的腿上小便。《早期人类》则展示了远古时期石器是如何制作的,史前遗址和古代文物是如何保存下来并重见天日的,以及如何探寻消失的文明。我还记得,父亲曾带回家一只远古时期的石碗,据说是施工人员在鲍德温湖①加宽路面时发现的。我曾恳求父亲带我去那里碰碰运气,看能不能挖掘出更多的宝贝。

在我 9 岁时,玛丽·利基(Mary Leakey)在东非的奥杜瓦伊峡谷(Olduvai Gorge)发现了原始人类的头骨。我们在《国家地理》(*National Geographic*)上读到了大量相关报道。但对于一个住在深山的孩子来说,这件事实在有些遥远。非洲对我来说简直是另一个星球。而比起考古学,我对棒球和爬行动物更感兴趣。和那个年纪的许多孩子一样,我对恐龙情有独钟。那个年代,儿童恐龙读物不如今天这般普及。但是没关系。与书本中的恐龙故事相比,我更希望亲自寻找恐龙化石。但是圣贝纳迪诺山脉大多是岩浆岩,附近没有任何化石。一个周末,父母经不住我的苦苦哀求,开车带我去巴斯托(Barstow)附近的莫哈韦沙漠寻找"化石床"。我们都不知道自己究竟在做什么。反正,弟弟在沙漠中一直是闷闷不乐的,更不要说我们还空手而归了。

我们一家四口一起去大峡谷旅行,在圣贝纳迪诺山脉的偏远地区露营。我

① 鲍德温湖(Baldwin Lake)位于加利福尼亚州圣贝纳迪诺县圣贝纳迪诺山脉的大熊谷中,是一个天然的间歇性碱湖。——译者注

们沿着深溪（Deep Creek）追寻美洲狮的踪迹，观看河狸在小溪旁筑坝。但是这个自然世界在日益缩减，山上的常住人口却在不断增加。人类毫无节制地开发国家森林以外的自然资源。成千上万的新房拔地而起，山间道路变得四通八达，越来越多的人搬到了山上。父亲也从重型设备操作员转为操作监管人员，管辖的范围也从内陆帝国延伸至科罗拉多河。

初中时，我曾向学校指导老师咨询未来职业问题。我说以后我想去寻找恐龙化石。母亲尚且对我这一志向不以为然，更不要说指导老师了。老师建议我研究海洋生物学，这样才比较实际。我的父母都没上过大学，对该专业并不了解。老师也反复强调，山里的孩子考入加州大学的可能性微乎其微，几乎没有成功的先例。我最终成功考入加州大学河滨分校，这是做梦也想不到的事。在大一的物理与化学考试中，我虽然考了个中等偏下的成绩，但仍旧感觉喜出望外。直到大三时，我才决定要奋起直追，在学业上有所突破。

高中时，我开始阅读考古学方面的文章，对考古学的了解与日俱增。还有什么地方比圣贝纳迪诺山脉更适合研究考古学呢？当地没有进行过考古调查项目，但圣贝纳迪诺县博物馆当时正在一个叫印第安岩（Indian Rocks）的营地进行考古挖掘。该营地因发现了大量的圆状基岩凹坑及一个史前废物堆而引发轰动。我有一位朋友曾在那里挖掘过，我俩也一起探索了深溪的排水系统，试图寻找其他的遗址。功夫不负有心人，我们寻到了十来处古代遗址，收集了大量历史文物。后来我们把收集到的所有文物，连同精心保管的资料，一齐交给了县博物馆。在探索的过程中，我自学了一系列考古必备的技能，如如何识别地形图，如何辨认石器，如何制作石器以及如何在荒郊野岭生存。我这一路上还抓了许多蛇。

1968年，我考入加州大学河滨分校时，原本打算从事与海洋生物学相关的职业。然而，我的人生却并未按照这条轨迹运行。弟弟才是对茫茫大海念念不忘的那个人，最终他得偿所愿，定居夏威夷，与世界第一大洋朝夕相对。而我内心向往的地方，始终是苍凉的沙漠。大学毕业时，父亲送了我一辆1966年的雪佛兰皮卡。这辆车视野开阔，现在我可以驾着它深入莫哈韦沙漠，搜寻深埋地下的古物，还能顺路抓几条响尾蛇。大学时，我因为在寝室养蛇差点儿被逐出校园。我本科的专业是生物学，主要研究陆地野生生物学。我师从威尔伯·梅休（Wilbur Mayhew）教授，他在野生生物学方面的造诣极高，是南加利福尼亚州这一领域的标志性人物。

大学4年，我始终对考古学兴致勃勃。但直到大三，我才选了一门人类学的课程。导论部分是一位研究生教的，主要向我们讲解教科书上的考古遗址分类系统，但是我的亲身经验告诉我，真正的考古遗址并不能这么分类。在我向他提出了质疑之后，他变得专横跋扈。见此状况，我收拾书包，礼貌地表示不想再浪费他的时间，向教室门外走去。同学们目瞪口呆地看着我，也有少数同学朝我微笑。在体质人类学、田野考古学和古脊椎动物学方面有了更深入的了解之后，我决定把人类学作为我的第二专业。大学毕业后，我继续深造，于1977年在密歇根大学获得了博士学位，之后受邀成为加州大学伯克利分校的客座讲师。最后，我终于荣升教授。

父母告诉我，幼时的我活泼好动，喜欢独来独往，搜寻有趣的东西，沉浸于户外活动，对自然万物兴味盎然，不论是岩石，还是响尾蛇、土豚、斑马等各类动物。我在深山长大，山上的自然世界在日益缩减，我对它的了解却与日俱增。

那么，一个在深山长大的孩子如何走上了科学之路？这要感谢父母给予了我充分的自由。在职业道路上，父母从未向我施加任何压力，我对此感激不尽。我还继承了他们反对宗教时的那种怀疑精神、对历史和自然的热爱之情以及好奇心。我能够在大山的自然环境中成长，全是因为父母在年轻时不安于现状，敢于冒险，乐于追求新鲜、有趣的生活。可以说，我是世间最幸运的孩子。如果把人生比作一次旅程，我就是那名享有特权的乘客。

如今，我重返山里时，那个曾经让我充满好奇的世界几乎消失殆尽。山坡上郁郁葱葱的树林已经无影无踪，取代而之的是一户户深宅大院。它们零星分布在山腰上，每家每户都拥有私家车道。这里的野生动植物也所剩无几，那份与世隔绝的孤独感也消失了。我认为，在绝大多数孩子的世界里，空间、文化、时间的维度都是同步增加的。但是我很幸运，我在童年时，既能享受前人给我带来的便利生活，又能享受现代社会可望而不可及的自然乐趣。

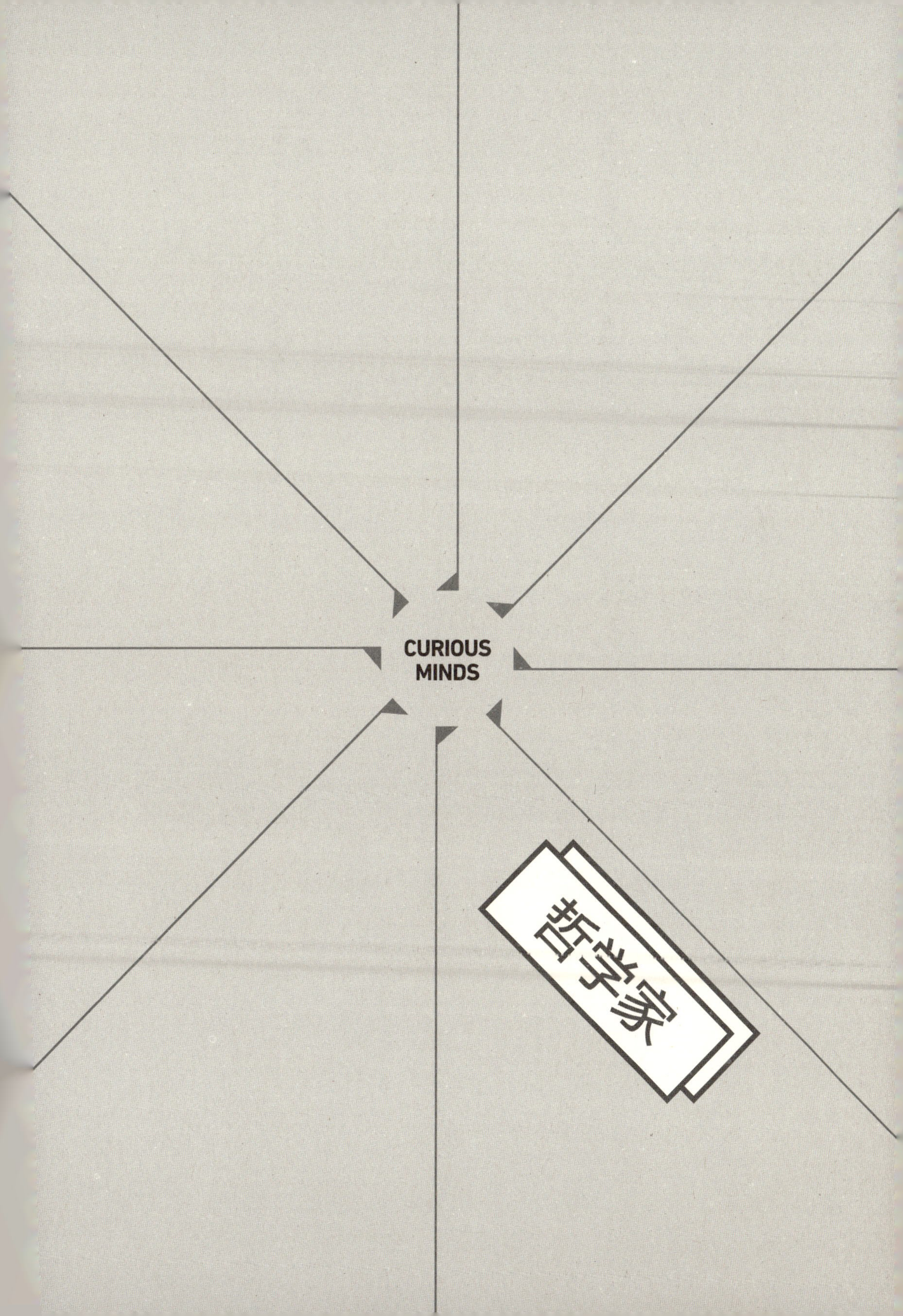
CURIOUS
MINDS
哲学家

13 CURIOUS MINDS

成为科学家，意料之外，情理之中

哲学家

丹尼尔·丹尼特（Daniel Dennett）

世界知名哲学家、认知科学家，美国艺术与科学院院士，塔夫茨大学教授。2001 年荣获被誉为“心灵哲学诺贝尔奖”的让·尼科奖。2010 年当选圣塔菲研究所首届米勒学者，跨学科开展认知科学和进化生物学研究。

丹尼特以对人类的认知与意识的研究而闻名。他精通多个知识门类，致力于基础观念的澄清和革新，他比任何人都更接近传统意义上的伟大哲学家。

代表作有《直觉泵和其他思考工具》（*Intuition Pumps and Other Tools for Thinking*），《丹尼尔·丹尼特讲心智》（*Kinds of Minds*），《意识的解释》（*Consciousness*）。

我爱上科学时已经不是小孩子了，虽然那时我依然觉得自己像个孩子。现在我很好奇，等我“长大”以后，会从事什么工作呢？

——丹尼尔·丹尼特

在童年时期，我有过许多奇遇，但它们都不足以为我日后的科学生涯奠定基础。我有许多导师，但他们当中没有一位是科学家。我人生的首次顿悟在我研究生时期才姗姗来迟。我的家族成员大多是历史学家、英语教师和医生，别人都以为我未来会从事人文学科领域的相关工作。我父亲是哈佛大学的历史学家，曾在克拉克大学有过短暂的工作经历，研究方向是伊斯兰史，他能说一口流利的阿拉伯语。第二次世界大战时期，父亲的一身才华派上了用场，他受聘成为美国战略情报局（Office of Strategic Services，OSS）的情报特工，基地位于黎巴嫩首都贝鲁特。当时他伪装成美国大使馆的一名文化专员，托他的福，我们全家在那期间都被笼罩进了一轮外交光环。

你见过哪个 4 岁的孩子能养一只宠物羚羊吗？我就养过。我为它取名巴巴尔，是我那时最爱的书中角色的名字。我们家有一个很大的花园，四周围着高高的栅栏，巴巴尔就在花园中来回跑跳。巴巴尔可能是贝都因（Bedouin）的某位酋长赠予我们的礼物，没准儿就是某天我和父亲去沙漠登门拜访的那位酋长。就在那一天，我回到家时，耳朵上多了两个耳洞。事情的起因是这样的：那里的人从未见过金发碧眼的孩子，所以当他们看到我时，感到十分新奇，因此给予我特殊待遇，专门为我打了耳洞。母亲看到后则大惊失色，立刻取下了我耳垂上的细绳，但我的耳垂上永远留下了细微的刀疤。我们的保姆名叫玛丽，是一位年轻的亚美尼亚女孩，她总是鼓励我画蜡笔画。而我们的司机是一名黎巴嫩的年轻小伙，为人和善。平日里他几乎没有什么驾驶任务，就帮我一起制作小木桌、小木椅和风筝。我还记得，他向我和姐姐示范如何在山上放风筝。贝鲁特的夏天酷热难耐，每到夏天来临，我们就去山中避暑。父亲无须外出参加“教育项目”，或者说秘密任务时，他就会邀请他在贝鲁特的亲朋好友、美国大学的同事、英国和法国的外交官以及当地外籍人士一起聚会。当时我年少无知，直到后来我才意识到，这样别开生面的聚会是何等的快事。那时，我上的是贝鲁特美国大学教育系开办的托儿所，同学之间用阿拉伯语和法语交流。每次父母的朋友问我有没有上学，我都会回答：“已经上学了，上的是贝鲁特美国大学。”我的回答让他们忍俊不禁。

1947 年，我 5 岁时，父亲在一次飞机事故中去世了。在父亲过世几周之后，我的妹妹夏洛特·丹尼特（Charlotte Dennett）在贝鲁特出生了。目前，她正在写一本书，一部分介绍父亲在战略情报局期间的英勇事迹，另一部分是关于 20 世纪 40 年代石油争夺背景下的中东局势。妹妹利用《信息自由法》（*Freedom of Information Act*）从政府方面获取了一些信息，又从一些上了年纪的特工那里打听到了一些信息。从这些信息中，她逐渐挖掘出了有关父亲死亡的一些细节，我也是最近从她那里才得知了这些。

父亲过世以后，母亲带着我们搬回了马萨诸塞州。她在波士顿的一家教科书出版社找了一份编辑工作，负责审阅社会研究方面的高中教科书。在去贝鲁特之前，她曾在自己的家乡明尼苏达州教授英语。到了贝鲁特之后，她也在当地的美国社区学校教书。因此，她擅长遣词造句。她几乎每天回家都要讲述她为某位作者审稿的经历。这些作者通常是重点大学的历史系教授，但是他们文笔堪忧，文字软弱无力，表达含糊不清。母亲不得不绞尽脑汁地修改，或索性换上自己简短有力的表达。那些作者对她感激不尽，有时甚至因为无以为报而羞愧难当。但即使有些人靠着版税赚得盆满钵满，他们最多也就给母亲送几瓶酒，或给我们送些玩具。即使在那个时代，历史或社会研究这类教科书如果得到大规模的采用，作者也是可以日进斗金的。

那时候，母亲承担起赚钱养家的责任，每天在两地来回奔波。而我们的管家承担起了母亲的角色。她是一位年龄稍长的女性，我们小孩都管她叫“厨娘”。起初，这不免令她有些沮丧，毕竟她每天做的事情远不止买菜做饭。她视我们如己出，每天像妈妈一样监督、管教我们。管家与母亲经常意见不合，晚餐时间，她们会争论不休。此时，我们小孩也会兴致勃勃地加入她们的讨论。我们在餐桌上有一条规矩：吃饭途中不得擅自离开餐桌，除非各方在争论期间僵持不下，需要去查阅《世界图书百科全书》（*World Book*）等参考资料。于是我们经常在吃饭途中查阅资料。我们家的图书和杂志堆积如山。地下室专门用来进行大规模的木工施工、金属加工，而阁楼卧室存放着绘画、雕刻的工具，还有几大箱拼装玩具和一些备用的机器零件。放学后，我要么读书，要么去地下室或阁楼卧室画画或做手工。在动手拼装玩具模型时，我拒绝参考任何图纸或说明，我喜欢通过自己的摸索，拼出独一无二的模型。从5岁起，我就喜欢拆拆修修，但从没想过当一名工程师。对我而言，成为工程师是遥不可及的未来，这种感觉就像我不曾想过当一名驯兽师。

动身前往贝鲁特的前夜，父亲曾拜托他儿时起的朋友谢尔曼·罗素（Sherman Russell），倘若自己将来遭遇不测，请他代为照顾他的家人。他们自幼一起长大，感情深厚，因此谢尔曼答应了。父亲过世以后，他帮助我们搬回美国，还给我们找房子住。之后，他成了我的代理爸爸，照顾了我们多年。他终生未婚，我过去曾问母亲什么时候嫁给他，惹得她面红耳赤。他是个古怪的人，但才华横溢，品味出众，我非常喜欢他。他是一位专业骑师，十分喜爱猎狐运动，曾在爱尔兰担任莫莉·库萨克夫人（Lady Molly Cusack）的御马总监。他自命不凡，喜欢博人眼球。谢尔曼会穿一身粉红衣服，背着马鞍，就这样从波士顿的洛根机场飞往爱尔兰的香农机场。他没有正式工作，依靠家人的资助维持生活，住的还是小时候的老房子，过得十分节俭。他乐于助人，是社区的"及时雨"。当左邻右舍急需帮助时，他总会伸出援助之手。我对马球和猎狐没有什么兴趣，但每到圣诞节，谢尔曼都会来帮我组装电动火车，和我一起拼装最新的玩具模型。他总能拼出些新鲜玩意儿。事实上，他也没有教过我什么实用的东西。记得有一年圣诞节，我和他在客厅地毯上全神贯注地搭建一座巨型吊桥。他年迈的母亲坐在一旁看了我们半晌，突然转头对我母亲说道："我们俩的小孩能在圣诞节一起玩，多好啊！"

我每年都去参加新罕布什尔州的夏令营。13 岁时，我遇到了两位营地辅导员，一个会敲架子鼓，一个会弹颤音琴。在他们的影响下，我发现了爵士乐的无穷魅力。因此我换了钢琴老师，还打听到了在哪可以买到传闻中的盗版乐谱。这个所谓的盗版乐谱，外表看上去是一本活页笔记本，但是里面包含了 1 000 多首爵士乐和流行歌曲。当然，这是严重侵犯版权的行为。这本盗版乐谱所标记的内容包括音调、和弦和歌词，有了它，演奏时就有了参照的标准。因此，弹爵士钢琴的人几乎人手一本。这本乐谱使用率极高，每过几年我就得检查它是否完好，再用活页夹把它们夹好。由于这本乐谱有将近 400 页，因此检查一遍需要很长的时间。我的梦想就是做个可以不问世事的花花公子，窝在家里演奏一曲甜蜜又复杂的爵士民谣。身旁最好还有像米歇尔·菲佛（Michelle Pfeiffer）这样的标致女郎，娇柔地靠在我的肩上，深深地陶醉在音乐中，一副泫然欲泣的表情。不过我这个年纪的人，梦中女神应该更接近多丽丝·戴（Doris Day）这种类型的。

1961年，在巴黎的一个夜晚，我迎来了爵士乐生涯的高光时刻。我在哈佛大学有一位同学名叫罗纳德·布朗（Ronald Brown），他是位出色的爵士钢琴演奏家。那晚，我和他去了巴黎的一家爵士乐俱乐部。凌晨3点左右，我们与切特·贝克（Chet Baker）一起上演了一场即兴演奏会。但是我只演奏了一曲，便明智地退场。罗纳德一直演奏到了黎明时分才作罢。一年之后，他结束了自己的生命，我一直不知道他为何要做出这个决定。关于他那晚演奏的记忆永远定格在了我的脑海里，那是我理想的音乐时刻。高中和大一时，我加入过不同类型的乐队，为小型乐队和合唱团队编曲。但是我最终意识到，如果我要成为真正的音乐家，非得付出艰苦卓绝的努力不可。我可做不到那么努力。

那时，我倒是有望成为一名艺术家。我曾经是一名鹰级童子军，我的团长保罗·巴特沃斯（Paul Butterworth）是一名商业艺术家，他的线条画画得极好，让我羡慕不已。我在为童子军周报绘制漫画的时候，就曾尝试模仿他，但是效果却并不理想。在蜡质模板上画线条画是何其困难，但是保罗就能做到。我的漫画风格可能更贴近加里·特鲁多（Garry Trudeau），画工一般，但创意十足。有一天，保罗对我说："你很有创意，创意在艺术领域里至关重要。"自那以后，他的这句话一直在我脑海中回响。

那时，我也有望成为一名雕塑家。我十分崇拜英国雕塑大师亨利·摩尔（Henry Moore）和现代雕塑教父康斯坦丁·布兰库西（Constantin Brancusi）。雕塑家要把轮廓线之外的过剩部分凿去，直到雕塑轮廓看上去恰到好处。我有幸在一次夏令营期间学会了轮廓线的雕琢技巧。这里，我要感谢我的另一位营地辅导员加兰·塞耶（Garland Thayer）。这位阿巴拉契亚人不但极具领导才华，而且是一位能工巧匠。在得知我有意学习雕塑之后，他很快给我送来了各种型号的凿子和其他雕刻工具。之后，我还接触了软石膏、钣金和其他雕刻材料。我对雕刻的喜爱贯穿了整个高中和大学时光。1961 年，在大学二年级的那个暑期，我来到了位于罗马的彼得罗·康萨格拉（Pietro Consagra）的工作室学艺。不久前，康萨格拉的作品刚获得在威尼斯双年展中亮相的机会。他手下有一群意气风发的雕塑家，其中巴萨尔代拉（Basaldella）兄弟，以及阿纳尔德·波莫多罗（Arnaldo Pomodoro）令我印象最为深刻，可以说至今难忘。我非常喜欢罗马的生活方式，但也感到有些压抑和愤怒。我曾在奇尼奇塔（Cinecittà）电影城有过一次不算愉快的经历。有一天，在吃晚餐时，有人把我介绍给一个叫费德里科·费利尼（Federico Fellini）的人。我问他："你是做什么工作的？"他回答道："电影导演。"之前，我从未听过他的名字。这个人也能当电影导演？暑假即将结束，当我离开罗马准备返校时，我发誓我再也不想回到那个令人堕落、痛苦的地方了。但是几年之后的一个夏天，我和妻子打算在意大利找一个地方度假。我们驾车一路南行，终究还是抵挡不住罗马的诱惑。我们在特拉斯提弗列（Trastevere）租了一套精装修的公寓，住了下来，之前对罗马的一切不满都烟消云散了。不同的是，之前在雅典度假时，我获得了一大块潘泰列克大理石，每天早上敲下一小块用于雕刻。而几年后，我的志向已然改变。在罗马度假时，我正全力以赴成为一名哲学家，忙着写博士论文初稿，雕塑变成了我的一个业余爱好。

在温切斯特高中（Winchester High School）的第一年，我们学了两个学期的古代历史。授课老师都是在高中实习的哈佛大学教育学院的在读研究生。他们虽然是实习老师，但是非常善于调动课堂气氛，在教学中循循善诱。我因此对历史产生了浓厚的兴趣，曾废寝忘食地写了一篇关于柏拉图的学期论文，封面上还画着法国雕塑艺术家罗丹的名作《思想者》。我承认古代历史很有底蕴，只可惜我一窍不通。更重要的是，当时我已经下定决心要投身教育事业，只是还没有确定具体教授哪一科而已。这里，我要感谢凯瑟琳·拉瓜迪亚（Catherine Laguardia）和迈克尔·格林鲍姆（Michael Greenebaum），不管你们现在身在何方。我在菲利普斯埃克塞特学院（Phillips Exeter Academy）完成了高中的最后两年的学习。那是一个百花齐放的学术殿堂。在那里，文学杂志编辑比足球队队长更有威望，学生会读大量非课业的书籍。在那里，我真正学会了写作。在高中的最后一年，我有幸上了乔治·贝内特（George Bennett）的创意写作课，他在我们学校可是传奇人物。上了他的课之后，我文思泉涌，竟然一口气在我的打字机上打出了长达数百页的文章。值得一提的是，我的打字机和古代史老师格林鲍姆的那款一模一样！那时我还根本不懂哲学。或许那时我也有可能成为一名小说家。

我当时有意成为一名老师，但绝对不想成为科学老师，这一点我很肯定。高中第一节化学课，老师教我们如何用本生灯烧弯玻璃管。我傻傻地把一只烧得滚烫的试管递给老师，老师居然一把接过，还非常不巧地握在了玻璃管弯曲的位置，后果可想而知。而我高一的生物老师是一位初中足球教练，教学方法无趣至极。他会给我们各种各样的解剖图，让我们在图上标出蛤蜊、青蛙和蠕虫不同部位的名称。他还讲过基础的生物分类有界、目、纲、门、属、种 6 个分类等级，但他从未提过为什么要遵循这么死板的分类方式。这明显就是对杜威十进制图书分类法的生搬硬套，只是分类对象换成了生物体而已。下一次他会让我们背电话簿吗？还真不好说。

尽管如此，我还是从 12 岁起就开始订阅《科学美国人》（*Scientific American*），订了好几年，每期必看。通常我只是看看书上的图表、图画，读读标题。我喜爱科学，但从未想过成为一名科学家。直到在牛津大学读研究生时，我才开始认真考虑加入科学探索的行列。结果，我自学成才了。或者更确切地说，在我所有感兴趣的领域，都有来自该领域的顶尖人物免费为我提供指导，这真是三生有幸。我爱上科学时已经不是小孩子了，虽然那时我依然觉得自己像个孩子。现在我很好奇，等我“长大”以后，会从事什么工作呢？

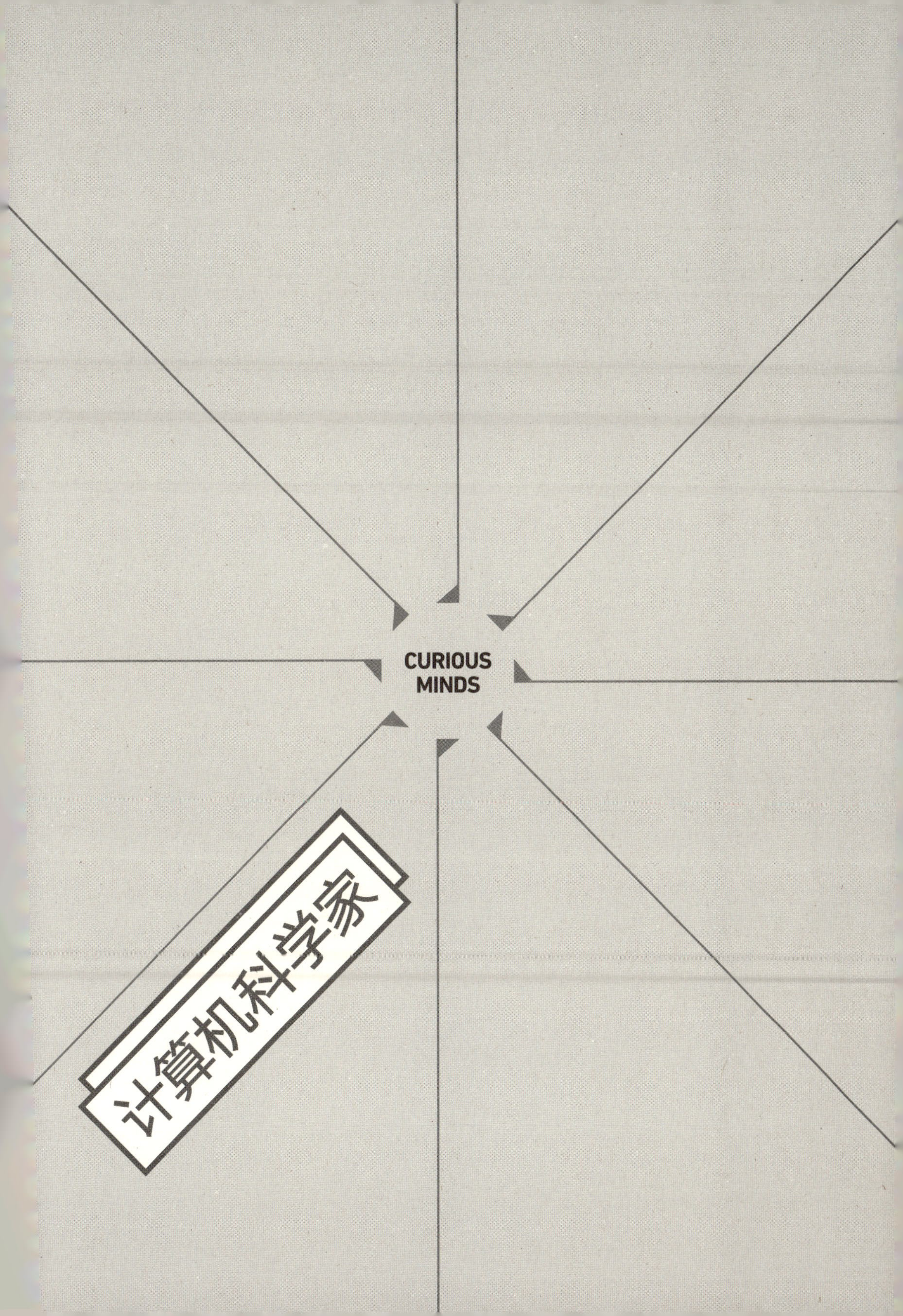
CURIOUS
MINDS
计算机科学家

14 CURIOUS MINDS

穿梭于不同现实之间的童年

计算机科学家
杰伦·拉尼尔（Jaron Lanier）

“虚拟现实之父”，同时也是作曲家和视觉艺术家。拉尼尔首先提出了虚拟现实的概念，即利用电脑模拟创造一个三维虚拟世界，提供使用者关于视觉、听觉、触觉等感官的模拟。他还发明了虚拟相机，设计三维图形电影，也推动了网络的发展。

相对于目前虚拟现实技术大面积应用在文娱社交方面，拉尼尔更希望这项技术能够尽快应用在医疗上，如手术建模、模拟解剖等，以此做到真正意义上的造福人类。

当虚拟世界成为建立人际关系的重要场所时，人类将创造出一种全新的表达方式，与语言有着同样重要的地位。

——杰伦·拉尼尔

CURIOUS MINDS

如果没记错的话，我很晚才了解到物质世界的存在。我幼时的记忆充满天马行空般的想象，我只是依稀知道，在精神世界之外，还存在着一个自然世界。

我知道，想让人接受我的心境是一件非常困难的事。我举个例子来说明好了：皓月当空，两位游客在新墨西哥州的山脊路上安步当车。山谷积了一层新雪，在清辉之下晶光闪耀。其中一位游客崇尚浪漫主义，而另一位擅长理性分析。这时，前者会忍不住惊叹道："诗情画意，多梦幻啊！" 而后者则会说："夜间能见度很高，就是有点冷。" 那位崇尚浪漫主义的游客与我的精神世界非常契合，幼时的我无比浪漫，完全沉浸在"诗情画意"的梦幻世界里，很难想到用"能见度"这样专业的概念去描述雪夜的场景。对幼时的我而言，感官大于形式，体验大于诠释。"情绪"一词常被用来表示个人心情，而我有时用它去表示环境的氛围。

我是家中的独子。20 世纪 60 年代，父母带我从纽约搬到了格兰德河北岸的一座城市，位于得克萨斯州、新墨西哥州与墨西哥边境交汇的地方。这个城市鲜为人知，几乎可以说"与世隔绝"，人迹罕至，法律也相对落后。我 9 岁时，母亲在车祸中丧生，我的人生从此发生了天翻地覆的变化。她是奥地利维也纳人，在大屠杀中幸存下来。后来她移居美国，希望能在这里享受舒适、便利的生活，不曾想到竟然惨遭横祸。

母亲去世之前，我每天早晨都要越过边境，去墨西哥的华雷斯城（Juarez）上小学。我还记得小学课本的封皮上印着精美的阿兹特克神话插画。虽然那段不堪回首的童年记忆已经渐渐模糊，但我依然记得，我曾发现一个新天地，并感到它是真实存在的。就像纳尼亚传奇故事中的魔衣橱，打开一扇小小的暗门，你会发现暗门之后别有洞天。我说的这扇暗门，就隐藏在一本艺术画册里。而我说的这个新天地，就是著名画家耶罗尼米斯·博斯（Hieronymus Bosch）的名画《人间乐园》。

在我欣赏这幅名画时，感觉周围的环境是虚幻的，只有《人间乐园》的场景才是真实存在的。如果能一边欣赏佳作，一边听着巴赫的名曲《d 小调托卡塔与赋格》，再吃上一块巧克力的话，那简直是无与伦比的享受。令我惊讶的是，我想要的这些学校里都有。就在这一刻，我发现了物质世界。于是我的狂喜已经无关紧要，重要的是我发现物质世界和突然而至的情绪并非彼此冲突，而是相互联系的。

我花了很大力气才学会和物质世界共处。母亲过世以后，我长期处于自我封闭的状态。祸不单行，那年我还患上传染病，大部分时间只能躺在医院里，对外部世界一无所知。但是，我在医院偶然读到了一句至理名言和一篇励志传记，这让我重新振作起来。那句至理名言是犹太民族的训诫真义：选择生活。这句训诫真义包含着多个层面的意思，让我极为震撼。首先，这句话合情合理，不管你如何选择，死亡都是不可避免的，因此好好活着是十分明智的选择。其次，选择生活还意味着你要接受生活中的疑虑，如果你能坦诚面对这些疑虑，那么你就能快快乐乐地生活。这句训诫真义更深层次的含义让我豁然开朗：你可以做出自己的选择。在充分了解了人类意志的潜能之后，我将主观能动性和沉浸性氛围结合起来，为自己开创了全新的二元精神世界。但这个精神世界的不同之处在于它可以把我拉回物质世界，让我意识到他人的存在。

而那篇励志传记讲述了一位新奥尔良的铜管乐演奏家的故事。他通过吹奏竖笛战胜了童年的呼吸道疾病。于是，我也效仿他吹奏号角。果然行之有效！后来我开始沉迷于收集、学习新乐器，这个爱好一直持续到今天。我的每处住所里都陈列着各种各样的乐器。这不仅是选择生活的方式，也是选择情绪的方式，是沉浸式的美妙体验，而且完全受我的身体和自主选择的控制。

出院之后，我重返校园，只是由墨西哥的小学转到了得克萨斯州埃尔帕索市（El Paso）的小学。我对新学校并无好感。一名墨西哥裔同学在学校游泳池里被“意外”淹死了，是学校的白人同学干的，他们对自己的行径不但毫不掩饰，反而还到处炫耀。更令人气愤的是，学校把此事定性为意外事故。学校接连不断出现的种族歧视、暴力事件让我意识到学校的丑陋。学校的处理方案并不比那些孩子的行径好到哪里去。我因此过得战战兢兢，不愿结交朋友，害怕一切陌生人。我如此惶惶不安，并不是因为我有什么可怕的经历。我怀疑这多半遗传了母亲的性格，在纳粹统治欧洲的惨痛经历让她胆小多疑。

当时我并未意识到我应该战胜社交恐惧，勇敢地与人交往。所幸，我们居住的地方虽然极其偏僻，却住着形形色色的人，我与其中一些人相处得极其愉快。例如，布利斯堡（Fort Bliss）的一位年轻士兵带我感受到电子乐器的魅力。之后，我在文章中读到有一种电子乐器叫“特雷门琴”。弹奏者无须接触琴的任何部分，只要在天线附近的位置移动手指便可弹出声音，仿佛是在与一个虚拟世界进行接触。这种感觉真是妙不可言！于是我深深地被这种乐器吸引了，为此我还学着自制特雷门琴。许久之后，在研究虚拟现实时，我有幸遇见了特雷门琴的发明者莱昂·特雷门（Léon Theremin）。当时他已经90多岁高龄。得知我在研究虚拟现实，他激动得浑身颤抖，好像一只正在发动的引擎。

我对利萨茹图形也很感兴趣。这种图形是利用音乐符号和示波器形成的一种半透明的发光影像。我用一台旧电视机改装成了一台简易版利萨茹示波器。在我11岁那年的万圣节之前，我在脑海里酝酿了一个计划，我要用这台示波器打造出一个奇妙的“鬼屋”，吸引志同道合的朋友。我在门前狭窄的走廊四周挂上纸片，并用一只放大镜将利萨茹图形从示波器投射在纸片上。随着天色渐暗，纸片上发光的人形影像越来越清晰。看着四面八方翩翩起舞的影像，我心花怒放。来访者的一举一动都会改变影像的形状，仿佛手握操纵悬丝木偶的丝线，这与特雷门琴的演奏有异曲同工之妙。我不知道会不会有女孩喜欢它。女孩，实在是难以捉摸的生物。但是，又有谁会不喜欢呢？然而令我失望的是，虽然我乐在其中，但不管男孩还是女孩都纷纷绕道而行，我的“鬼屋”无人问津。我坐在这个梦幻自由的殿堂中，眼睁睁地看着他们一个又一个地拒绝进入我的“鬼屋”，拒绝与我为友。我当时没想过，他们可能只是被我的设计吓坏了，我只觉得他们简直不可理喻。

母亲很早就开始进行远程投资了，比互联网的普及、炒股热潮的兴起早了数十年。她过世以后，家里断了主要的经济来源，父亲与我过得十分拮据。我们别无选择，只好搬到新墨西哥州南部地价便宜的空地。我们父子一齐上阵，花了7年时间，亲自动手打造了一幢童话屋。房屋整体由水晶玻璃打造，闪闪发亮。屋顶错落有致，呈网格球形状。父亲鼓励我亲自设计房屋，但这实非明智之举。我在房屋的一侧设计了一个悬挑的七面体结构，它的重心超出了基底平面的范围，这导致部分房屋最终倒塌。所幸，倒塌之时，父亲已经迈出了大门。这也是没有办法的事，毕竟我那时还小，也没学过张量计算。要知道，我的好友斯莫林在运用张量计算进行穹顶设计时，已经是一名高中生了。

虽然新墨西哥州的学校不像得克萨斯州的学校那么令人心惊胆战，但是我的社交能力毫无进步。大病出院之后重新适应社会对我来说实属不易，我对人际交往实在一窍不通。如果人们对我总是一副鄙夷不屑的态度，我该怎么办呢？究竟有什么秘诀能改变他们对我的态度？我只能慢慢地刻意去学习社交技巧。一天晚上，当地的电话通信系统大面积崩溃。拿起电话听筒，你可以听到许多人在说话，数百个声音同时在耳边回荡，有的听起来近在咫尺，有的听起来远在天边。那是我生平首次经历的虚拟社交空间。电话那边的孩子们很快就形成了一个社交圈，就像《蝇王》[①]里讲的那样，比学校里的社交圈强多了。孩子们对彼此都很好奇，语气十分友好，我与他们的沟通十分顺畅。但是第二天来到学校时，没有一个人提起这件事，就好像一切都没有发生过似的。我环顾四周，想知道前一天晚上是谁在和我通话。有没有可能在我们的对话方式有所改变时，这些平日举止粗鲁的同学突然变得彬彬有礼、和颜悦色？

大多数沙漠居民深信存在其他人群无法看到的奇异现象。新墨西哥州南部混杂着印第安人、福音派基督徒，以及天主教徒。此外，当地人还迷恋飞碟文化。孩子们会带着所谓的“飞碟碎片”来到学校，包括老师在内，从没有人质

① 《蝇王》（*Lord of the Flies*）是威廉·戈尔丁发表于 1954 年的寓言体长篇小说。小说讲述了一群被困在荒岛上的儿童在完全没有成人的引导下如何建立起一个脆弱的文明体系。——译者注

疑过它们的真实性。全球最大的导弹试验场就坐落在我家附近，经常有不明碎片从天空掉落。尽管我从不相信飞碟的存在，但是我发现必须“入乡随俗”，因为共同的信仰可以将人们紧密地团结在一起。我本以为这样做别的孩子就能接受我了，结果却发现只是徒劳。20 世纪 50 年代，罗斯韦尔市[①]因飞碟坠毁事件而备受关注时，我仍然会不由自主地感到愤愤不平：我们这里的飞碟坠毁事件才更加值得关注！

父亲有段时间对通灵现象很感兴趣，于是带我结识了一群稀奇古怪的灵学家，他们待我十分友善。我因此发现，原来别人未必会把我拒之门外啊！他们中的有些人比我们父子俩还要古怪。有一位来自墨西哥北部铜峡谷[②]的萨满巫师，戴着一只玻璃义眼，身穿绸缎长袍。虽然，这群异于常人、热情洋溢的灵学家让我收获了友谊与陪伴，但与他们在一起时，我隐约感到几分不适，有一种被人利用的感觉。当那位萨满巫师声称与我去世的母亲进行了通灵时，我勃然大怒，这简直是往我伤口上撒盐！学校那群白人儿童夺人性命，罪无可恕，但至少他们说的话是可信的。表面友善的人也可以心怀鬼胎、卑鄙无耻。这给我上了一课！

当地的沙漠居民受教育程度普遍偏低。所幸，我家附近的兵工厂有一大批优秀的工程师，他们为我黑暗的世界撒下了一束光。他们待我就如通灵师那般亲切友好，但不像通灵师那样动机不纯。著名的天文学家克莱德·汤博（Clyde

① 罗斯韦尔市（Roswell）以 UFO（不明飞行物）景点而闻名，有许多与飞碟有关的事情。——译者注

② 铜峡谷（Copper Canyon），当地流传着许多神秘的传统，为美国著名作家卡洛斯·卡斯塔尼达（Carlos Castaneda）提供了灵感。卡斯塔尼达著名的《唐望》系列图书中记载了他在当地拜巫士唐望为师的经历。——译者注

Tombaugh）也住在我家附近。这位可爱的大叔在年轻时发现了冥王星。我认识他时，他正在白沙导弹试验场（White Sands Missile Range）研究光传感器。他邀请我去他家后院用他自制的巨大天文望远镜欣赏浩瀚星空。我看到了璀璨的球状星团，宏伟壮丽，此生难忘。那一刻，我仿佛置身寰宇，而星团近在咫尺、触手可及。那种感觉无比真实！我在茫茫宇宙中找到了归属感。说句题外话，冥王星被九大行星除名，降级为柯伊伯带矮行星，我对此未曾感到一丝遗憾。冥王星轨道与太阳系内其他的行星轨道极为不同，经常偏离太阳系平面。对于每一位感到自己格格不入的孩子来说，冥王星又何尝不是一种启示和激励呢？就让它永远做一颗与众不同的行星吧！

我 14 岁时，当地高中有条规定，高中生可以申请在本地一所学院修读化学课程。我参加了这门课程的学习，但是又迟迟不想填写烦琐的申请表格。因此，我无法高中毕业，却可以一直留在学院学习。这是我逃避现实、逃避恐惧的一种方式。而在学院学到的知识让我兴奋不已。虽然我依然畏惧与人交往，但是一旦学到了奇妙的新知识，我就会情不自禁地在大街上拦下陌生人，一股脑地说给对方听。“快看，这就是阿贝尔群定理！你不想让我给你演示一下如何运算吗？”尽管乐在其中，但我总觉得这个技术世界少了点什么，那就是氛围。氛围是我人生中第一个，也是最坚定的朋友。我也曾感到恐惧、孤单，但从不贫瘠。我可以彻夜不眠，待在数学系教学楼里，孤身一人在计算机上制作有催眠效果的色谱，在暗夜中，仿佛纸盒里微微发光的萤火虫。数学系的教学楼毫无生气，理工科的世界正如这座教学楼一般死气沉沉。当时，我很担心其他的“理工男”无法感受到令我如痴如醉的沉浸式氛围。要知道，我之所以时不时地从氛围中回到现实世界，就是为了能和这群“理工男”有些共同之处。如今，我依然处于这种状态，穿梭于虚幻与现实之间。

我日后的科技探索之路与儿时的经历何其相似！VR 实验室与我小时候打造的“鬼屋”简直异曲同工，人体哪怕只做出一些轻微的举动，也能被感应器检测到。3D 显示器等先进设备随即生成相应的画面、声音和感观效果，打造出一种全方位、立体式的体验。20 世纪 80 年代，我从事 VR 的技术研发时，心中燃起了一个大胆的想法：有朝一日，VR 技术不仅可以让我重温“鬼屋”带给我的欢乐体验，还能让我重温那年电话那端的友好氛围。或许未来，子孙后代可以打造出一个虚拟空间，唤醒人类蕴藏的无穷潜力。互联网问世已久，尽管它是一把双刃剑，但到目前为止我依然坚信它有望助我如愿以偿。

我最渴望的是有朝一日孩子们可以利用 VR 技术打造出属于自己的“鬼屋”，并且得到其他孩子的理解，而不是畏惧。我坚信，当虚拟世界成为建立人际关系的重要场所时，人类将创造出一种全新的表达方式，与语言有着同样重要的地位。我希望未来随着科技的发展，孩子们可以传达出越来越多的内心世界。社交网络游戏的飞速发展让我对这一愿景充满期待。

但是如今，科技文化的贫乏仍然让我深感不安。我所面临的困境和童年时期一模一样。喜爱主观想象、注重环境体验与环境氛围的人很容易陷入一个极端。就像那位萨满巫师，他很可能与我一样，是个无比浪漫的人，却自私自利，甚至乘人之危。而今，不论是工程师还是科学家，都面临着激烈甚至残酷的竞争，但不可否认的是，我们都生活在同一蓝天下，人人都有权利成为科学家或工程师。如果你觉得发展科学技术只是西方国家的事，那真是令人沮丧。

那到底为什么会有那么多人抵制科技呢？他们拒绝西药，崇尚占星术之类的迷信，推崇“宗教激进主义”①。最直接的解释就是他们畏惧死亡，相信来世的存在，因此容易被人利用。但我认为还有一种更加直接可信的解释：随着科学技术向人类生活的各个领域全面推进，那些觉得难以适应社会变化的人可能正是与我一样注重主观体验的人，他们感到科学技术的发展大大弱化了自己的体验感。现实世界中的我们更加平等，因为现实世界是属于全人类的，但是它会淡化我们的个体主观体验感。没了主观体验感，还有什么个性可言？还有什么感官体验可言？人生的意义又何在？但如果太过注重主观体验，我们又会陷入反向的极端。回想起来，这正是我在童年时期就遭遇的困境，正是这种困境造成了我童年的孤独感。

现在的我，依然未能摆脱这种困境。

① 宗教激进主义（religious fundamentalism）一般提倡对宗教的基本经文或文献做字面的、传统的解释，并且相信从这些阐释中获得的教义应该被运用于社会、经济、政治生活的各个方面。——译者注

15 CURIOUS MINDS

创意塑造我，改变我

发明家
雷·库兹韦尔（Ray Kurzweil）

他曾发明了首个光学字符识别软件、首台针对盲人的文字转语音识别机器、首台平板图像扫描仪、首台文字转换语音合成机器以及首台能够再现三角钢琴和其他管弦乐器（科兹威尔电子键盘乐器）的音乐合成器。同时，他还首创了连续语音识别系统并成功将其推向市场。

1999 年，时任美国总统克林顿为他颁发了国家科学奖章。

经常有人问我：你出身艺术世家，为何小小年纪就立志于投身科学？原因在于，我们家人都认为科学艺术不分家，都与知识创造有关，都是从简单的材料中发现重要的规律。

——雷·库兹韦尔

CURIOUS MINDS

20 世纪 50 年代中期，祖父从欧洲归来。后来他告诉我们，在欧洲有两段经历让他永生难忘。一是他受到了奥地利人和德国人的盛情款待。但事实上，祖父在 1938 年被迫逃离维也纳，也是拜这两个国家的人所赐。二是他居然接触到了达·芬奇的原稿，这可是千载难逢的机会。祖父的这两段经历都让我产生了触动，尤其是后一段经历，我经常细细回味。当祖父描述这段经历时，总是带着崇敬，仿佛触摸到了上帝的手稿。受家庭氛围的熏陶，我一直对人类的创造力、思想的力量怀着一颗虔诚之心。我从小到大就生活在这样的信仰中。

虽然史蒂芬·平克对人类早期经历的影响力表示怀疑，但我亲眼见证了它能够改变人一生的力量。5 岁时，我就立志要成为一名科学家。虽然我使用了“科学家”一词，但对于那时的我来说，科学家就是发明家。我曾一连几个月每天专心致志地用玩具模型和其他材料制作太空飞船。要知道，对 5 岁的孩子来说，把各类材料组装在一起绝非易事。我绞尽脑汁，反复地摸索尝试。我依然记得，当我产生了制作飞船的想法时，突然有了一种超越的感觉。这种感觉比手头那些不听话的零部件更有真实感。那一刻，我突然有了一种强烈的使命感：我要把想法变为现实，让全人类受益。正是在这种使命感的驱动下，我才将这个项目坚持了数月之久。

长大以后，我的使命感一如既往的强烈。每当我脑海中闪现一个想法，它会立刻占据我的生活。我也不知道为何如此。我可以结合知识和理解的重要性，运用高深的理论来解释这一点，但这不过是事后所做的迁强解释而已。更为重要的是我的使命就是把个人的确切想法变成现实，让其他人也能看得见、摸得着。

我的飞船模型从未发射升空，所以我开始动手拼装一些更具操作性的模型，如卡丁车和小船。然而我制作的卡丁车惨遭恶霸邻居的毒手，被摔得粉身碎骨。制造的小船倒是"一帆风顺"，可以在水中航行，我需要做的就是在岸边利用线绳对它加以控制。每当其他小孩对未来的人生理想大声表达疑惑时，我就颇为自负地暗想：我可十分清楚自己想成为什么样的人。8 岁时，我已经能制造出精巧复杂的模型，如机器人剧场、棒球玩具和魔术箱。我制作的机器人剧场能利用联动装置让人物和背景画面出现、消失；棒球玩具是一套机械型玩具装置；魔术箱内则放置了数面镜子，可以让里面的物品看起来像消失了一样。这些模型相对来说可操作性更强。

在我成长的过程中，我产生了一种想法：发明创造可以改变世界。那么这种乐观主义态度是从何而来的呢？这要从我 8 岁那年说起。那年，一套《汤姆·斯威夫特》（*Tom Swift*）小说走进了我的生活。该套丛书包括 33 部小说，当年只出版了 9 部。每部小说的主线大致相同：汤姆身陷险境、命悬一线；汤姆与他的朋友乃至全人类的命运岌岌可危；汤姆来到地下实验室，思考如何解决问题。故事的寓意十分简单：思想的力量是无穷无尽的，只要找到了正确的思路，不管形势多么凶险，也能化险为夷。我对这套丛书爱不释手，并想方设法地买齐全套。尽管如今从网上也可以买到这套小说，但它们已经不是我当年读的版本了。时至今日，我仍然坚信，不管遇到什么样的困难，比如商业难题、健康问题还是社会关系问题，我们总有办法摆脱困境。而一旦我们想出办法，必须付诸实践。

我的父母都是艺术家。父亲是一位钢琴师，也是一位管弦乐队指挥家。当年，父亲能成功逃离维也纳，多亏了一位美国的艺术赞助商出手相救。母亲则是一位才华横溢的视觉艺术家，今天依然活跃在行业内。经常有人问我：你出身艺术世家，为何小小年纪就立志于投身科学？原因在于，我们家人都认为科学和艺术不分家，都与知识创造有关，都是从简单的材料中发现重要的规律。

我的外祖母是欧洲第一批获得化学博士学位的女性之一。她在欧洲接受教育，并继承了曾外祖母的衣钵，经营一家 19 世纪创立的女子学校。我的外祖父则是一名医师，是弗洛伊德的同事。弗洛伊德的孙子沃尔特还向我母亲求过婚呢。姨妈是一名心理医生，最近在撰写一本关于纳粹对犹太人大屠杀的书。祖父是一名工程师。伯父是一名天赋异禀的发明家，他发明的机械结构精密、功能强大，为实现欧洲工厂自动化生产立下了汗马功劳。母亲的表亲乔治·帕克（George Parker）是美国贝尔实验室一名卓尔不凡的电气工程师。他的弟弟弗兰克也才智过人，现在是纽约的一名律师。我的家人个个都是行业翘楚，因此每次家庭聚会时，他们讨论的内容对于年纪尚幼的我来说简直深不可测。他们的谈话永远围绕着新想法、新观点，以及那些我闻所未闻的有识之士。我若想获得他们的关注，在他们的谈话中插上一两句，唯一的办法就是提出一个有创造性的想法。倘若这个想法能有一个具体成果，成功率会更高一点儿。

除了发明创造，我还热衷于收集信息。六七岁的时候，我十分喜欢《纽约长岛论坛报》（*Long Island N. Y. Tribune*）上的《问安迪》（Ask Andy）科学问答专栏。专栏中对一系列科学现象提供了专业解答，如为何飞机能够起飞？飓风眼为何反而风平浪静？我会把这个问答专栏剪下来，并装订成册。多少年过去了，我依然留着这本剪报册，如今它的纸页已经泛黄。我最珍贵的收藏是一叠关于美国各州和其他国家的卡片，上面有各国各地的经济发展和人口分布数据。10 岁时，我写信向各州政府索取各地相关的信息，结果收到了几袋表格。我将这些数据视作珍宝。我认为信息是弥足珍贵的，因为我可以从海量数据中总结出重要的规律。

12 岁时，我开始沉迷于开关和电灯之类的装置。我制造出了自己的回路开关，这种控制开关可以将输入连接到 10 个输出中的任意一个上。我还创建了一个计算系统，对输出电路进行一系列运算，并利用小型灯泡将这些数值一一呈现。然而，美中不足的是我不知道如何实现计算系统的自动化。直到后来，乔治叔叔把贝尔实验室多余的继电器送给了我，并向我解释了工作原理，我才明白：原来继电器可以对接收的信号形成记忆，它与其他电器一起，可以连成程序控制线路，从而实现自动控制电路。

认识继电器于我而言是一个顿悟时刻。我们可以把继电器接入一个大规模的电路中，从而实现记忆储存、逻辑计算。只要连入足够数量的继电器，我们就可以建立自检电路。如果用适当的方式把继电器连接在一起，它们还能引起中继信号的连锁反应。

自那以后，我开始在曼哈顿的坚尼街四处转悠，从林林总总的电子产品商店搜罗我需要的零部件，打算设计自己的计算装置。回到皇后区上课的时候，我把教科书立在桌面上，假装在认真学习，私下却在设计中继电路的结构图。我的水平日趋增长，笔下的电路结构图日趋复杂。最后，我成功地设计出了中继电路系统。它的亮点在于可以解决逻辑问题，比如指挥电子机械鼠在迷宫中寻找出路。不可思议的是继电器连锁反应稳定下来的过程与人类的思考极为相似。

了解继电器没多久之后，我又发现了“计算”这一新概念。计算机能通过内存存储数据，也能调用处理器进行逻辑运算。我们可以通过编写程序去驾驭计算机的存储和运算两大功能。这与我设计计算装置的思路何其相似啊！

我的这一思路来源要从一次暑期工作说起。高中时的一个暑假，我在位于东哈莱姆区的一家医院打工。我和十来个人协同工作，为“启蒙计划”（Head Start Program）的研究数据进行统计分析。我们利用电子—机械计算器和电子数据表进行统计测试，做四向方差分析。之后我发现医院有一台真正的计算机——IBM 1620①，是早期的“迷你计算机”。我获得了下班时间这台计算机的使用权。作为一项试验，我写了一个运算程序来执行我们团队正在进行的运算统计。结果，我只用了几个小时就完成了团队几个星期才能完成的统计分析，这让团队导师大为震惊。我立刻把工作重心转向了计算机编程，利用编程执行尚未完成的统计测试。

由于统计测试的模式太过规律，没过几周，我就厌倦了。我开始在下班时间用那台 IBM 1620 寻找音乐元素中的规律模式，以此为基础进行音乐创作。父亲对我的编程计划产生了浓厚兴趣，我们经常讨论计算机是否有望成为真正的音乐创作者。父亲对 20 世纪 60 年代罗伯特·穆格（Robert Moog）发明的模拟合成器颇感兴趣。同时，他也认为比起合成器，计算机更适合音

① IBM 在 1959 年 10 月 21 日宣布了 IBM 1620，并作为廉价的“科学计算机”进行销售。在总共生产了大约 2 000 台机器之后，它于 1970 年 11 月 19 日被撤回。——译者注

乐创作。他肯定，有朝一日我会从事计算机音乐创作的相关研究。20年后，他的预言果然成真。我认为，人的创意至关重要，实现创意更是意义重大。父母不仅大力支持我的各种创意，且十分赞成我的观点。我的研究项目日趋高端先进，投入的资金也与日俱增。不幸的是，父亲患上了严重的心脏病，全家都陷入了悲痛之中。为了给父亲治病，家里花了不少钱，生活一度十分窘迫。尽管如此，父母依然为我提供充足的资金支持，让我心无旁骛地推进项目研究。

音乐创作试验是我首次尝试利用计算机进行模式识别。后来，我着迷于让计算机模拟人脑的识别过程。人们普遍认为计算机擅长识别有规律的逻辑序列，但我很清楚，计算机也能模拟无规律的过程，如识别设计、识别现实世界的事物关系。我周围的人在思考问题时总是天马行空，因此我很确信人类思维的本质就是无拘无束与自我组织①的有机统一。

我开始尝试了解人工智能、模式识别和神经网络，了解了这三个领域就可大致知道生物神经元的工作原理。在我对这些领域产生了一些认识和见解之后，分别向麻省理工学院的马文·明斯基（Marvin Minsky）及康奈尔大学的弗兰克·罗森布拉特（Frank Rosenblatt）致函。前者是人工智能领域的奠基者之一，麻省理工学院人工智能实验室的联合创始人，也是人工神经网络的先驱。后者是当时自组织系统理论的主要倡导者，在1957年发明了一种神经元网络的感知器模型。他俩都给我回了信，热情洋溢地邀请我去他们的大学参观。我接受了邀请，并从与他们的交往中获益良多。1965年，我被麻省理工

① 自我组织（self-organizing system）也称自组织，是一系统内部组织化的过程，是从最初的无序系统中各部分之间的局部相互作用，产生某种全局有序或协调的形式的一种过程。——译者注

学院录取，师从明斯基教授。直到今天，我们还是亲密的同事与朋友。

虽然我的研究兴趣是逐步觉醒的，但在高中时，我就认为计算机可以模拟人类的思维，而且还能模拟人类的视听能力和周围环境。当时我已经预见，随着计算科技的发展，总有一天，我们的发明创造不仅可以模拟人类的思维过程，还能模拟自然界的其他复杂过程。

创意一如既往地为我的思维和工作注入无限生机。我将自己看作是创意思想的仆人，也因此收获了丰厚的回报。例如，20 多年前，我被诊断患上了 2 型糖尿病。当年，父亲罹患严重的心脏病，在 20 世纪 70 年代就早早离我们而去，2 型糖尿病正是元凶。所幸，我的病情得到了有效控制，这还要得益于医学界的重大突破。针对这一疾病的治疗方案，医学界曾经有过巨大的争执，但如今已经形成了主流观念。事实上，父亲非常爱惜身体，甘愿为了身体健康改变生活方式。早些年，他知道吸烟有害健康，便毫不犹豫地戒了烟。如果那时他能获悉有效的治疗方案，可能今天还活着。

在过去 25 年里，我开始逐渐相信一句至理名言：创意的力量越来越大，正在加速改变世界。我相信，不会有什么人对这句话表示异议，但很少有人能够真正领悟这句话的深层含义。如今我们绝大多数人仍有机会克服千古难题。我深信，在未来的数十年间，人类有望无限期延缓衰老，还能大大提高身体素质、提升心智能力。几十年过去了，我依然对创意的力量深信不疑，同时也一直在吸取它的无穷力量。

16 CURIOUS MINDS

志向也可以没那么远大

机器人专家

罗德尼·布鲁克斯（Rodney Brooks）

麻省理工学院计算机科学和人工智能实验室（MIT AI Lab）负责人，工业机器人公司 Robust. AI 联合创始人兼首席技术官。

布鲁克斯是一位充满幻想的科学家，富有创新精神的企业家。他从不相信传统的成规。他反对“机器人必须先会思考，才能做事”的信条，研制出一系列异形机器人。这些机器人没有思考能力，但却无所不能，比如能偷桌上的苏打罐，穿越四周发烫的地面等。

我发现原本我也是个志存高远的人，但是随着年纪的增长，我开始“自甘堕落”。8 岁的时候，我的志向是制造智能游戏机。30 岁的时候，我开始研究昆虫的行为。现在的我竟然研究起了一只蠕虫！

——罗德尼 · 布鲁克斯

CURIOUS MINDS

我一生所经历的两次顿悟为我的科学生涯埋下了伏笔。

我在澳大利亚阿德莱德市长大。该地所处地理位置偏僻，但却是一个宜居的城市。设立该市的主要目的就是为方圆几百千米的人口提供粮食。历史上，它曾是不毛之地。在我出生前后那段时间，英国正在这里进行核试验。阿德莱德以东约 800 千米处坐落着较为繁华的墨尔本，以西约 3 000 千米处坐落着更加偏僻的珀斯。这中间荒无人烟，往西走甚至连像样的路都没有。

尽管我的父母只有中学文化水平，但是这个教育程度在当时已十分不易。在我印象中，父母的朋友都没有念完高中。我的家庭环境十分普通，父亲是电话公司的技术员，母亲是美发师。在哥哥出生之后，母亲便在家相夫教子。在这样的家庭环境里，我 4 岁时，就已经是家中的“教授”了。我的算术能力好得惊人。例如，我可以瞬间算出 5347 便士相当于 22 英镑 5 先令 7 便士[①]。我深深地陶醉在算术的规律性中。所谓的规律性，即数字的组合有“律”可寻。稍动脑筋，我就可以设计出一套计算方法，在头脑中对那些数字进行加减乘除。

① 1 英镑 =20 先令，1 先令 =12 便士。——编者注

可惜我的计算能力这么强，却没什么用武之地。

有一天，父母在房屋一侧修建了车库，正是那次经历让我迎来了人生的第一次顿悟。在这之前，我们家花园的最里面搭了一个专门用来停放汽车的金属棚。在车库建好之后，金属棚的空间便可另作他用了。原本，花园只能容纳一张工作台。忙完了一天后，哥哥克里斯和我只能在一张桌上清理实验留下的木材废料。现在，没了金属棚，花园可再多容纳两张工作台。左边的归我，右边的归哥哥。哥哥对化学和制造有毒气体兴趣浓厚。为了优势互补，在我7岁左右时，家人们经过协调，一致认为应该培养我在电气方面的兴趣。我的新工作台其实是一张木制餐桌，我将在这张桌子上进行电气实验。

在了解了如何利用电池和手电灯泡连成电路之后，我就一直琢磨着连接一个逻辑电路。我从易拉罐上剪下几根长条，和钉子一起，制成按钮开关。我设计了两种逻辑线路。一种在同时按下开关甲和开关乙的时候，灯泡发出亮光；另一种在按下开关甲或开关乙的时候，灯泡会发出亮光。一想到这，我就激情澎湃，因为这个实验体现了机制的重要性。如果我想建立一个能够模仿人脑运算过程的思维机制，掌握逻辑线路的工作原理就是关键。8岁时，我立下决心，我要让机器从事人脑才能胜任的工作，我要“训练”机器做我擅长的事情——算术运算。

别人给了我一本美国人写的书，书名叫作《电子巨脑》(*Giant Electronic Brains*)，这本书详细介绍了二进制数字系统以及为何计算远胜珠算。那时，我还从未见过机械计算器，更不要说一台真正的计算机了，但运算过程机械化的想法实在太具吸引力，因此我立志设计能够完成逻辑运算的逻辑电路。很快，我就发现逻辑电路极其复杂，超出了我的预算范围。我每周的零花钱一共只有 6 便士，这点钱在零售市场买两只电灯泡是够用的，但是根本买不起其他元件，因此我不得不暂时放弃连接逻辑电路。于是我转换思路，将重心放在研制会打游戏的机器上。在 10 岁左右时，我几乎可以肯定，人类是具备思维方式的机器。若要驱动机器模仿人类智慧，最大的难题就在于它的线路设计。毕竟，我读过相关的文章，对神经元有所了解，也知道神经脉冲是一种可扩布性电位变化。我知道，我正在制造的零部件与人脑的构造别无二致。

制作井字棋游戏机的过程可谓其乐无穷。这台机器可以与人类博弈，且战无不胜。12 岁时，我发现了一台多余的电话交换机。随着交换机上的 3 位开关上下拨动，这台交换机最多可以让 4 组用户同时通话。井字棋游戏使用的是九宫格棋盘。于是，我用了 9 枚开关，每一枚代表棋盘上的一个小方格。我还给开关的位置按照井字棋的符号进行了编码，开关的中间位置用“空白”表示，上面的位置用“X”表示，下面的位置用“0”表示。这台机器就是我的“计算机”了。如果“计算机”第一步想画“X”，与它对弈的人类棋手把相应开关移到上面，这时指示灯会亮。如果他下一步打算画“0”，则把另一个空格的开关移到下面，以此类推。为了设计出相应的电路，我必须总结出该游戏的博弈树①，也就是所有的走棋方法。之后，我再把所有的走棋策略进行编码②，以确保随着游戏的展开，机器每走一步棋都能做出正确的决定。如果机器处在一个事先没有经过编码的位置，哪怕此刻距离胜利仅有一步之遥，它也会不知所措。我知道，人在下棋时是不可能出现这种情况的。但在当时，这对我来说

① 博弈树（game tree）是人工智能领域一个重要的研究课题。它检索游戏中所有可能性，并确定最佳策略。——译者注

② 在数字电路中，用预先规定的方法，将一些逻辑信号转换成二进制数代码，这个过程就是编码（encode）。——译者注

并不重要。因为那时的我十分关注这项工程项目的各种影响因素，例如成本高低和技术能力不足。那时，虽然一切都由我自主设计、独立开发，但我还没听说过人工智能这个术语。不过现在看来，当时我的理念与人工智能的主流意见居然惊人的相似：机器模仿人类的智能行为时，使用的方法与人类是否相同是无关紧要的。只要从表面看，机器的智能行为与人类别无一致，我们就大功告成了。我的“计算机”在井字棋方面是绝顶高手。至于它是否到了其他领域就变得一无是处，它其实对九宫格甚至二维棋盘连个基本概念都没有，这些我毫不关心。现在看来，当年人工智能的主流派与我的终极追求如出一辙。许多研究人员也不过是渴望把机器培训成自己擅长领域中的高手而已。

在少年时代，我一如既往地沉迷于制作智能机器，还掌握了晶体管电路的设计方法。进入澳大利亚弗林德斯大学时，我买了 7 400 种集成电路，组装出功能更加复杂的计算机[①]。我的技术水平与日俱增，最终成功地造出了我的第一台移动机器人。但比起我在大学的重要经历，这一切就显得相形见绌了。在大学里，我第一次亲眼见到了 16 KB 的大型计算机，又在图书馆里找到了人工智能方面的著作，我如获至宝。在夜深人静的时候，我可以“独享”计算机。我就利用这个大好机会，坐在计算机前一点一滴地摸索传统的人工智能技术。俗话说，皇天不负有心人。我不断努力，终于成了斯坦福大学和麻省理工学院人工智能主流研究领域中的一员。

我的第二次顿悟到来的时间就相对较迟了。我先是在美国东西海岸之间来回奔波。几经辗转后，我成为麻省理工学院的助理教授。1985 年 1 月，我趁着

① 第 1、2 代计算机仅有运算功能。——译者注

假期，先回澳大利亚探亲访友，之后又去了一趟泰国，此时我经历了人生的第二次顿悟。在这之前，我已经下定决心，要造出移动智能机器人。在探亲期间，我有充裕的时间思考如何设计出能在普通办公环境下四处行走的机器人。

我当时最新的研究方向是如何让机械臂从事简单的流水线工作。机器人在开展工作之前，必须先掌握以下信息：所有零件的位置、成形的过程、允许的位置误差以及尺寸误差。毕竟从当时的计算机视觉的发展水平看，机器人的视觉还无法感知如此复杂的信息，因此流水线上的每一部分的设计都要非常细致。和我早期设计的井字棋游戏机一样，机器人只能按部就班地完成工作。一旦出现了意料之外的情况，它就会变得不知所措。

那么如何让我的移动机器人在办公室这种布局相对复杂的环境空间中行动自如呢？难道也要事先记录下机器人可能遇到的所有情况吗？我意识到这是不可能的。之后，我观察了蚂蚁的劳作过程，并分析了它们的神经结构。我灵机一动：我们或许可以从蚂蚁的劳作方式中获得启示，以此设计出一种与过往模式截然不同的人工智能系统。但究竟是怎样的系统，我们目前无法理解。有一点是可以肯定的，有机体将成为智能系统中的重要组成部分。不管是生物有机体，还是硅基有机体，只要有了有机体，新的人工智能机器人就能对环境的变化做出即时反应。即使此刻棋盘上的对角线上有两个“X”，第三个方格是空白，机器人也能应付自如。机器人也不会再机械地往前直走。如果此刻充电室的门是敞开的，它会走进充电室自我充电。它会拥有一个适应能力无比强大的机器脑，比我们现在用的任何软件的功能都要强大。就像昆虫失去了一条腿，也能很快适应生存，而一个人得了轻微的中风，大脑中其他细胞也能让部分受损的能力恢复如常。以上就是我在泰国期间的顿悟。

尽管几十年时间已过，我依然坚信，如果想让机器具备模仿部分动物行为的能力，我们就要重新设计人工智能系统。如今，在美国各地数以千计的零售店都可以看到机器人工作的身影。没有我在泰国期间的顿悟，这些机器人可能就不会存在。在那之后的几年里，我又提出了一个设计理念，并被运用到一台登陆火星的机器人的编程中。但是，今天的机器人的生命力远不能和动物相提并论。以寄生在珊瑚礁上的扁虫为例，这种小型生物的脑可以在不同个体之间互相移植，且移植之后的脑细胞彼此之间会重新连接起来，移植受体的许多功能也能恢复。更令人大开眼界的是，在植入受体内部时，即使将移植脑上下颠倒，或将移植脑后置，移植受体的功能依然能恢复到七八成。目前我们的计算机芯片的硬件和软件都不具备这种程度的灵活性和适应性。

现在，我在等待着第三次顿悟的来临。那就是我们如何在硅基有机体中进行机器构件的分布，从而让机器自我引导、自我发展，并且可以像扁虫那样的低级动物一样拥有强大的生命力？我们是不是对人脑工作机制，如神经系统的信息处理机制，还存在一些误解？因此，我们对生物体的行为机制的认识是否还有待完善？毕竟，生物体的行为产生于亿亿万万个定域分子的相互作用，其复杂程度可想而知。

回望我这一生，我发现原本我也是个志存高远的人，但是随着年纪的增长，我开始“自甘堕落”。8 岁的时候，我的志向是制造智能游戏机。30 岁的时候，我开始研究昆虫的行为。现在的我竟然研究起了一只蠕虫！这真是不可思议。

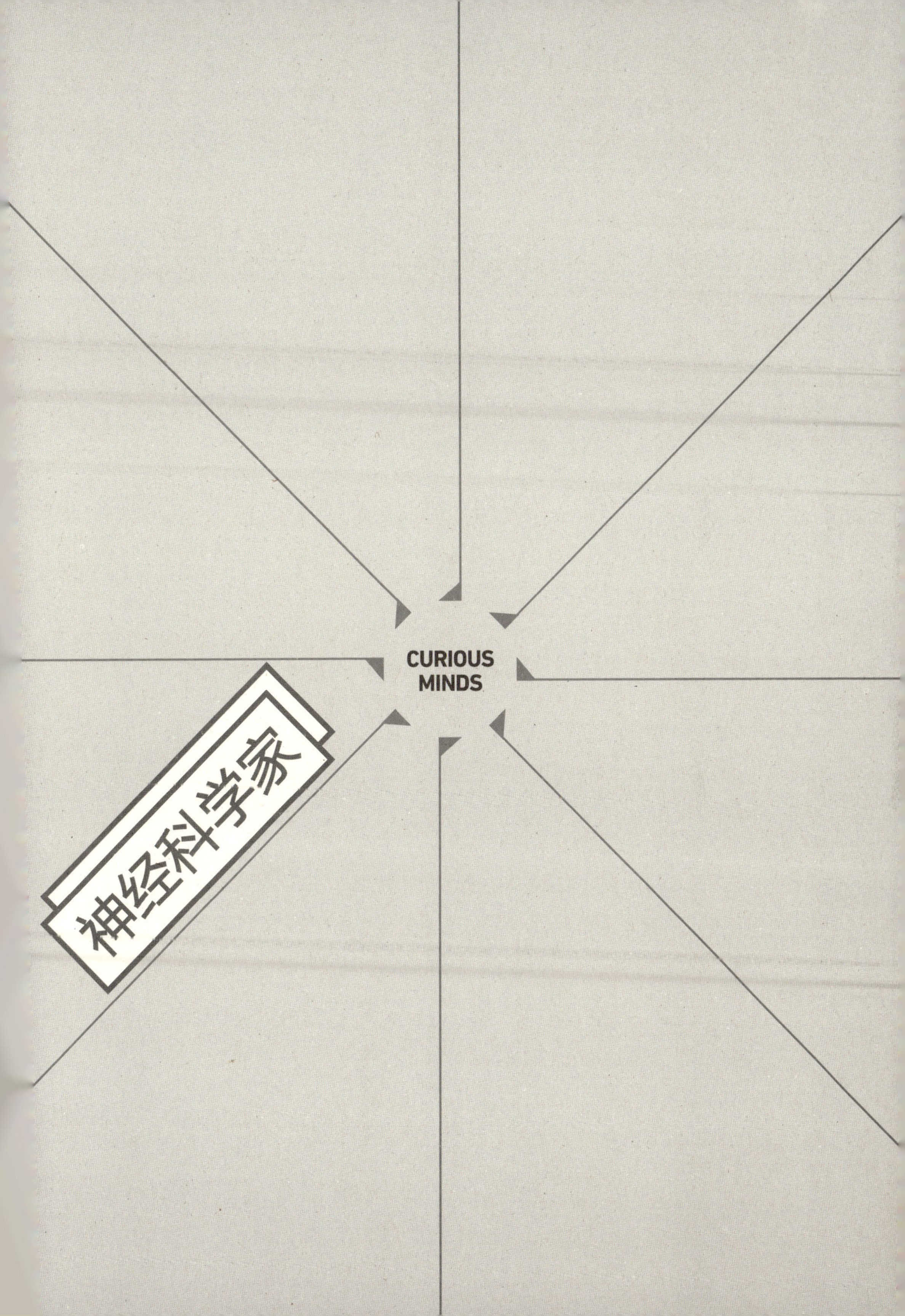
CURIOUS
MINDS
神经科学家

17 CURIOUS MINDS

半路出家也能抵达终点

神经科学家

约瑟夫·勒杜（Joseph LeDoux）

纽约大学神经科学中心教授，美国国家科学院院士，纽约大学情绪大脑研究所（The Emotional Brain Institute）和内森·克莱恩精神病学研究所（Nathan Kline Institute）负责人。

勒杜因针对杏仁核的开拓性研究而知名。杏仁核通常被称为“大脑的恐惧中心”，但勒杜认为，杏仁核与恐惧的产生完全无关。恐惧是一种对情境的认知解释，是一种与记忆和其他过程相联系的主观体验。

他还著有多部兼具公众教育意义和学术价值的图书，其中《重新认识焦虑》（*Anxious*）一书获得 2016 年美国心理学会威廉·詹姆斯图书奖。

不是每个人在年幼时都能清楚地知道自己的人生理想，但寻找自我在任何时候都为时未晚。

——约瑟夫·勒杜

CURIOUS MINDS

孩提时代的我，万万不曾想过有朝一日我会成为科学家。不是每个人在年幼时都能清楚地知道自己的人生理想，我那时就对此一无所知。我出生于美国路易斯安那州南部城市尤尼斯（Eunice）。包括我父亲在内，我生命中的重要人物都是牛仔。成长于如此普通的环境，我却成了一名从事大脑机制研究的神经科学家。我是如何做到的呢？

父亲在少年时期以参加骑牛比赛为生，之后，他在屠房找了一份工作，这才算安定了下来。工作之余，他一有机会就会去郊区的农场上干活和骑马。他会调教马匹赶拢牛群，并进行马术训练，以迎接每周末举办的赛马比赛。每次驯马时，总有一群老老少少前呼后拥地跟着他。他们中有的是职业牛仔，有的则是希望从中偷师。但令父亲失望的是，我无意成为牛仔。我并不抵触这个行业，但我并不向往。我是家中独子，对马术又没有一星半点的兴趣，因此我常和母亲待在一起。闲暇时间，母亲常带着我一起去看望她的姐妹，有时候还去野外垂钓。

除了希望我成为一名牛仔外，父亲还想方设法地教我屠宰动物，以便我子承父业。如果说有什么童年经历为我日后的科学事业埋下了种子，我能想到的就是每周六父亲带我去屠房学艺的经历。不难想象，对于一个小男孩来说，每个周六天不亮就得爬起来去做如此血淋淋的工作，简直是“惨无人道”。所幸我家楼下就是菜市，无须“长途跋涉”。屠房里还有三四个男人，看上去贼眉鼠眼。他们自称经常寻花问柳，还喜欢喝得酩酊大醉。他们的故事让我大开眼界。除此之外，我还学到了一点儿屠宰技术的皮毛。

平日里，我还要负责两项家务活。一项是清洗猪蹄，再用自行车驮着四处兜售。每个猪蹄的价格是 5 美分，这些钱够我收集篮球卡片了。另一项是清洗牛脑，这与我现在的研究有异曲同工之妙。

牛脑就是一团软乎乎的糊状物质，像果冻一样，表面还覆盖着一层硬膜，与粗糙长袜的质地极为相似。硬膜起到了保护牛脑的作用，因此很难剥离。但只要有足够的耐心，完全可以把它完好无损地撕下来，连缝隙之间的硬膜也不在话下。接着，你需要在果冻质地的牛脑中上下搅动摸索，取出那枚射入牛脑的子弹。当年，屠宰厂的牛都是一枪毙命的，或许今天依然如此。牛脑拿到市场出售之前，必须先取出子弹。因为消费者若在享用美味时突然被一颗子弹硌了牙，那可就大事不妙了。

搅动牛脑时，你必须变得“无情无义”，摒除任何杂念。你不能在心里念着它曾是牛的思维场所，把它当成一块肉就好。试想一下，如果让你从胰腺中取出一颗子弹，你是不是会心安理得？那为什么换成了牛脑就会于心不忍呢？在屠夫的手上，动物的各个器官都只是刀下的一块肉，大同小异。但是在打理不同器官时，屠夫的心理活动也是大不相同的，至少对我而言确实如此。我在清理牛脑时，总会情不自禁地想：当子弹穿过头脑时，牛都经历了些什么？它的脑海中会闪现生前的记忆吗？还是在展望死后的生活呢？

每个周六上午在屠房打理牛脑时，我总会有这一番思索。但这并不是因为哲学家的气质在我身上初现端倪，而是因为我当时是一名虔诚的天主教徒。南路易斯安那州的人大多信奉天主教，我的父母也不例外。他们还把我送去了天主教会学校。学校宗教气氛浓厚，不遗余力地宣传“神父”是无比理想的职业。我曾一度对此深信不疑，但后来，随着我的青春期的到来，我的想法也发生了重要改变。

每个少男都有两大喜好：少女与吉他，我也不例外。自此，我不再对宗教信仰死心塌地。那时，我还有一个笃定的理想：逃离尤尼斯！我知道，唯一的办法就是上大学。那时，我已经到了上大学的年龄，路易斯安那州立大学又在尤尼斯开设了分校，去尤尼斯分校上大学本是顺理成章的事。但我极力劝说父母，位于巴吞鲁日市（Baton Rouge）的主校区能提供更加优质的教育。父母居然同意了。这是我早期人生的一项光辉成就。但是他们要求我必须学习商务专业，毕业后要回到本地从事金融业。虽然当时感到万念俱灰，但我还是答应了他们。

我按照父母的要求，选择了商务专业。但是我对这个专业没有半点兴趣。那时正是20世纪60年代，拉尔夫·纳德[①]的影响力如日中天。民众普遍认为商人唯利是图，而消费者的权益亟待保护。我的专业是消费者心理与营销。毕业时，由于不愿去遥远的越南工作，我选择在本校继续深造，获得了营销硕士学位。从当时的情形看，我与神经科学研究正渐行渐远。但事实上，我正在不知不觉间逐步迈上正轨。

---

① 拉尔夫·纳德（Ralph Nader），美国消费者权益倡导者、律师、作家。——译者注

本科学习时，我不仅要研究营销与消费者行为的关系，还要学习心理学课程。最后，我索性辅修了心理学专业。有一门心理学课程名叫“学习与动机的心理”（The Psychology of Learning and Motivation），主讲教师是著名脑神经科学家罗伯特·汤普森（Robert Thompson），那时，他已是路易斯安那州立大学驻院临床生物心理学家。他对他的导师、神经心理学创始人卡尔·拉什利（Karl Lashley）无比崇拜，一心想要完成他导师的遗愿，也就是大鼠脑回路的记忆功能分区研究。我对汤普森和他的研究十分感兴趣，自告奋勇去他的实验室工作。他手把手地教我，鼓励我申请生物心理学的博士学位。在他的帮助下，我成功地被纽约州立大学石溪分校录取，最终获得了心理学博士学位。

我的博士生导师迈克尔·加扎尼加（Michael Gazzaniga）与我亦师亦友。在他的引导和启发之下，我迈出了研究生涯至关重要的一步。我以做过脑癫痫手术的患者为研究对象，撰写博士论文。这些患者是绝佳的研究对象，为了治疗癫痫，他们接受了切除半脑的手术。我可以借机了解他们的情绪、思维、行为、意识发生了何种变化。这也让我对情绪如何在不受意识控制下转化为记忆产生了兴趣，它也是我目前的研究领域。在博士后研究期间，我在康纳尔大学医学中心神经生物实验室接受了一系列在职培训，学习了解剖学、生理学和脑化学（brain chemistry），掌握了神经科学家必须掌握的技能。该实验室是由已故教授唐纳德·赖斯（Donald Reis）创立的，他也是我的授业恩师，从他那里，我受益良多。

立志献身科学事业的年轻人，我并不推荐你们像我这样“半路出家”。这一路走来，我有太多的东西要学、要理解。但这也是一条极其有趣的旅程，所幸我如愿以偿地到达了目的地。我想，寻找自我在任何时候都为时未晚。几十年过去了，我还念念不忘地在吉他中寻找自我呢。

18 CURIOUS MINDS

极致的好奇是科学家的成功之道

神经科学家

V. S. 拉马钱德兰（V. S. Ramachandran）

加州大学圣迭戈分校脑与认知中心（Center for Brain and Cognition）主任，心理学系与神经科学教育项目教授，索尔克生物研究所（Salk Institute for Biological Studies）兼职教授。1997 年入选《新闻周刊》“世纪俱乐部”“21 世纪百位最值得注意的杰出人物”，2011 年又入选《时代》杂志全球 100 位有影响力人物。

拉马钱德兰的著作都写得十分有趣、引人入胜，像侦探故事，他因此被称为“神经科学界的福尔摩斯”，代表作《脑中魅影》（*Phantoms in Brain*）已成为科普经典作品。

当你回首一生时，只有两个问题是重要的：我为这个世界带来了哪些影响？我乐在其中吗？

——V. S. 拉马钱德兰

CURIOUS MINDS

神经科学家

V. S. 拉马钱德兰 18

科学家最重要的品质是什么？人们通常会认为是“好奇心”。但是在我看来，仅仅有好奇心还不够。毕竟，每个人多少都有好奇心，但是要想成为科学家，这种好奇心要无比强烈，甚至达到“病态”的程度。正如英国著名科学家彼得・梅达瓦（Peter Medawar）所说的那样，“当你感到迷惑不解时，身体会出现不适”，好奇心会主导你的生活。

所谓科学，就是对自然的热爱。人在坠入爱河时，难免神魂颠倒，心中充满了强烈的渴望，这与研究科学时所表现的“恋爱”状态如出一辙。那么我们内心的渴望来自何处呢？尽管这是一种与生俱来的特质，但从某种程度上来说，它与我们早期的人生经历关系极为密切。我很早之前就意识到，成功的诀窍在于“人以群分”。如果你身边的人是激情四溢、斗志昂扬的，那你极有可能受到他们的鼓舞与感染。在这方面，我非常幸运。小学一至四年级，我在曼谷的一家英国学校上学，学校有两位非常出色的科学教师。一位是瓦尼特女士，另一位是巴拿舒拉女士。她们会给我发一些化学品，让我带回家做实验。在马德拉斯（Madras）的斯坦利医学院（Stanley Medical College）读书时，我的生物学教授拉奥会亲自演绎孟德尔在天主教修道院里培育豌豆的场景，他的目的是生动地向我们展示孟德尔在实验中得出著名的遗传学定律的那一刻有多么心潮澎湃。而家中，叔伯们都对科学研究很感兴趣，而我弟弟拉维则十分热爱诗歌文学，尤其是莎士比亚的作品。我耳濡目染，也受益良多。事实上，科学与诗歌的相似之处，远远超出我们的想象。不管是从事科学研究还是诗歌创作，不仅需要思如泉涌，也要拥有浪漫情怀，二者缺一不可。

父母也帮了我许多。他们不断鞭策我力争上游，坚持激发我的好奇心。母亲知道我对科学很感兴趣之后，就从世界各地为我搜罗了贝壳和其他动物标本，甚至包括一个小小的海马标本。她还帮我在家里楼梯下建了一个化学实验室。我 11 岁时，父亲给我买了一台蔡司研究用显微镜。更为重要的是，父母给我灌输了两个看似相互矛盾的概念：第一，我是天选之子，卓尔不凡；第二，我还不够优秀。这是一个成功秘诀，虽然听起来有点神经质。我建议读到这篇文章的家长不妨尝试一下。

大约 11 岁时，我开始对科学产生了兴趣。童年时，我是个独来独往的孩子，但我始终感到自然万物陪伴在我左右。在我看来，社交生活令人局促不安，繁文缛节令人思维麻木，而科学是我远离世俗尘嚣的“世外桃源”。在我收集贝壳或采集地质标本时，自然世界是我的私人乐园，是我的平行世界。在这个世界里，生物学界的泰山鼻祖达尔文，古生物学领域的先驱乔治·居维叶（Georges Cuvier），著名生物学家托马斯·亨利·赫胥黎（Thomas Henry Huxley）及理查德·欧文（Richard Owen），法国著名历史学家让·弗朗索瓦·商博良（Jean François Champollion）和著名语言学家威廉·琼斯（William Jones）与我为伴。对我来说，他们比我在现实生活中认识的大多数人更有真实感，也更有存在的意义。每当我退到自己的世界中时，便不再觉得自己是一个孤独或古怪的孩子，我超越了一成不变的“俗世生活”，摆脱了单调乏味。英国哲学家罗素曾经说过：“对我们大多数人而言，现实生活就是在理想与现实之中不断地做出妥协。但是纯粹理性的世界是容不下妥协的。既然如此，我们可以至少冲动一次，让自己暂时逃离这单调乏味的凡尘俗世，哪怕一次也好。”

有些学生、同事和记者经常问我为什么会对大脑研究产生兴趣，又是何时产生兴趣的。追溯个人学术生涯的发展历程绝非易事。我先谈一谈我个人的兴趣爱好吧，有的是专业兴趣，有的则只是业余爱好。我热爱考古学，尤其是对古印度历史、考古及艺术的研究。我甚至曾经和博士后时期的同事埃里克·阿特舒勒（Eric Altschuller）尝试一起破译印度河流域的文字。当然，我们并非是首次做出尝试的学者。印度河文字是世界上尚未破译的重要文字之一，成千上万的语言学者和狂热分子想要破解它，却无功而返。早期研究证明，在苏美尔语中，“0”这一文字符号代表着“山羊”或“绵羊”，发音为“Udu”或“Audu”。令人惊讶的是，在南印度 / 德拉威（泰米尔语）语中，“山羊”一词的发音也是“Audu”。不仅如此，我在博物馆的目录上还发现，有的印度河印章上雕刻的文字符号也与苏美尔人印章上的一模一样，旁边还都刻有羊的图案。我意识到，这应该不是一个巧合。这说明苏美尔文明、印度河流域文明和德拉威文明可能在 5 000 年前使用同样的语言文字。瞬间，一个失传已久的字符重现生机，这真是太有趣了。但我要声明一点，我们的这一发现目前还未得到权威印度学专家的证实。

我一直在尝试种植兰花，但到目前为止均以失败告终。我也热爱人类学与民族学，对古生物学则是沉迷其中、无法自拔。我常在野外搜集化石，令我印象最为深刻的是我在南达科他州的一个悬崖上发现的一个 3 000 万年前的高齿羊头骨。高齿羊是一种已经灭绝的食草动物。每次想到我是第一个与它“对视”的人类，我就忍不住沾沾自喜。我也喜欢涉猎比较解剖学、畸形学（对生物畸形的研究）和博物学。哺乳动物用来放大声波的听小骨最初由爬行动物的腭骨进化而来，这让我觉得十分有趣。年少时，我曾写过关于动物腹足纲分类学研究的论文。我十分热爱无机化学，经常把不同的化学物混合在一起，再观察它们之间的化学反应。例如，将一条燃烧的镁带投入水中，它还会吸收水中的氧气继续燃烧。我也十分热爱植物学，我曾向捕蝇草的“口”中投入各类食糖与氨基酸，目的是观察究竟哪些物质会触发它合拢叶片并分泌消化酶。我注意到，当我忘记给植物浇水时，它们先是有一片叶子完全干枯掉，而不会出现整株植物逐渐枯萎的情况，难道这是植物为了生存而减少水分消耗的方式吗？我也喜欢搜集昆虫，曾梦想有朝一日可以成为印度首屈一指的昆虫学家。我还对蚂蚁做过实验。众所周知，蚂蚁爱吃甜食，也会囤积甜食。我的实验目的是观察它们是否爱吃糖精以及囤积糖精。糖精能骗过人类的味蕾，但它是否也能骗过蚂蚁的味蕾呢？这都是我喜欢关注的问题。

我感兴趣的领域五花八门，看似没有任何共同之处。但是在维多利亚时期，这些领域可是大受欢迎的热门领域。所以，我经常感到自己已经与这个高科技时代格格不入了。我带的研究生还在我背后说我是个食古不化的人呢。

只有在学术自由、经费独立的环境下，科学事业才能蓬勃发展。无怪乎每当社会繁荣稳定、教育投入有所保障时，科学就会迎来它的巅峰时刻。例如，逻辑与几何诞生于古希腊时期；我们今天熟知的数字系统、三角学和相当一部分代数出现在公元前 5 世纪印度的黄金时代——古普塔帝国（Guptas）时期；维多利亚时代是达尔文和亨利 · 卡文迪许勋爵（Lord Henry Cavendish）这样的绅士科学家的时代。如今，我们有幸享有终身任职制度及教育拨款带来的各项福利。但与此同时，这些福利往往便宜了那些阿谀奉承之人，却惩罚了真正的有识之士。正如神探福尔摩斯曾对华生说：“平庸者看不到比自身更高明的人。赏识天才需要天赋。”通常，我们会把大部分经费用于务实和“安全”的科研项目，而把小部分经费用于风险较大的研究项目。

不可否认，当代科学确实取得了显著成就。但为何我和许多同事无比向往维多利亚时代的科学氛围呢？这里我想深入谈谈其中的原因。我缺乏使用高科技设备的耐心，这可能是其中一个原因。每当原始数据和研究结果相差十万八千里时，我就会坐立不安，不可避免地产生篡改数据的冲动。如今，研究方法和技术才是至关重要的，而要解决什么问题是其次的。我想，还有部分原因可能要归结于现代科学过度依赖高科技设备。这导致科学界极度缺乏进取、冒险的精神，即科学精神。爱迪生曾经说过：“天才是百分之九十九的汗水。”这句话经常被用来鼓励学生积极面对沉重枯燥的学业负担，但是我不以为然。我有时甚至怀疑，科学发现的重要性和影响力与投入的时间、精力是成反比的。当然，这句话并非百分之百的正确，但适用于许多研究。例如，21世纪的重大生物学发现——DNA 结构，是沃森和克里克在不到半年的时间里完成的，所用的材料不过是一些铁丝和塑料碎片而已。当然，我们也不可否认，重大的科学发现通常是厚积薄发的结果。但是我们要记住一点，相对来说，重大或本质的科学问题，并不一定需要投入大量的时间和精力；而那些无足轻重的问题，也不一定就能轻而易举地解决。毕竟，大自然不会刻意隐藏自己的秘密。因此，我们最好还是把时间用在“刀刃”上。

在维多利亚时代，科学是一场伟大的冒险，为我们开辟了全新的世界。试想一下，当早期的科学家证实人类的近亲类人猿的存在时，该是何等的欣喜若狂。再想一想，还有什么惊天动地的重大发现？我来简单说几个吧！博物学家阿尔弗雷德·罗素·华莱士（Alfred Russel Wallace）亲眼见证天堂鸟的存在。人们发现了一种叫作长颈鹿的异兽，虽然它的颈椎骨数量与麻雀无异，但却拥有非比寻常的高度。达尔文发现了一种新型品种的兰花，花距[①]长度可达 30 厘米。他推测，应该还有一种专门为此花授粉的蛾子，它们的口器与花距等长。后来，他的推测果然得到了印证。人类学家首次发现身高不足 120 厘米的侏儒，不可思议的是，他们就住在距离图西人不到 200 千米的地方。要知道，图西族人可是世界上身高最高的民族。还有迈克尔·法拉第（Michael Faraday）发现把磁铁放入线圈会产生电流，从而证实了电磁感应。

科学技术固然重要，思维能力也不容忽视。显微镜和望远镜当然是探索科学所必不可少的工具，气泡室[②]和计算机就更不必说了。但是，观看仪器的那双眼睛同样重要。伽利略并非首个透过望远镜观察物体的人，但他是首个利用望远镜观察天体而不是陆地上物体的人，这一选择改变了一切。PET 和 FMR 这两种新型脑成像设备的横空出世，对脑科学研究产生的巨大影响不亚于望远镜之于天文学。但是脑科学研究真正需要的是伽利略和法拉第这样的科学家。我想如果理论物理学家詹姆斯·克拉克·麦克斯韦（James Clerk Maxwell）生在我们这个年代，会感到生不逢时。不过也许我在加州大学圣迭戈分校的同事特伦斯·谢诺夫斯基（Terrence Sejnowski）会证明我此言差矣，因为他喜欢从事理论研究。

处于起步阶段的科学是最有意思的。在起步阶段，研究人员总是心怀好奇、兴致勃勃，因而他们的工作充满了乐趣。然而，对很多已经取得丰硕成果

① 某些植物的花瓣向后或向侧面延长成管状、兜状等形状的结构，它是植物进化的结果，也是植物分类的特征之一。——译者注

② 1952 年美国物理学家唐纳德·A. 格拉泽（Donald A. Glaser）发明了气泡室，是用以探测高能带电粒子径迹的一种有效的仪器。——译者注

的科学领域来说，它们研究的乐趣已经所剩无几，这一点可以从粒子物理学和分子生物学上洞见端倪。在《科学》(*Science*)或《自然》(*Nature*)这类学术期刊上，一篇论文有30位署名作者的情况已是常见的现象。这种“流水线式”的工作方式让研究工作变得索然无味，于是我开始被行为神经学吸引。它是一门非常古老的学科。在这个学科里，你可以就基本原理提问一些幼稚的、学生可能会问的简单问题，但足以令专家哑口无言。你也可以像法拉第一样，仅用几步简单的操作，就能得出意想不到的结果，并产生深远的影响。在维多利亚时代，神经学领域曾涌现了大批开拓者，例如“神经病学之父”让·马丁·沙可(Jean Martin Charcot)、英国精神病学家约翰·休林·杰克逊(John Hughlings Jackson)和亨利·黑德(Henry Head)、神经心理学的奠基者亚历山大·鲁利亚(Alexander Luria)和机体论心理学的创始者科特·戈德斯坦(Kurt Goldstein)。我和许多同事都认为，未来行为神经学领域极有可能重现往日荣光。

我选择研究神经学的另一原因是好奇心。生而为人，我们对自己的好奇程度远超于其他一切，而行为神经学恰好可以回答“我是谁”这一核心问题。10年前，在医学院里，我首次给患者做了检查后，就沉浸在神经学研究中无法自拔。当时，我的患者罹患了中风后假性延髓性麻痹，他无法控制自己的表情，一会大哭，一会大笑，表情变化很快。我感到十分震惊，为什么一个人可以反反复复地又哭又笑？他是强颜欢笑还是假装伤心？或者说他就是感到悲喜交加，但是为何这比躁狂抑郁症患者的情感转换间隔的时间短？

科学研究领域的人大多渴望功成名就，我也不例外。但至少目前来说，这并不是我的主要追求，因为我可以确定两点：第一，科学研究带给我的乐趣远远超出我的预期。也正因如此，一位奉行新教派苦行禁欲主义的同事甚至向我提出质疑："你这么乐在其中，我真怀疑你研究的是不是真正的科学。"第二，我在知觉心理学和神经学领域进行了大量的实验，这些实验至少对我同事的思维产生了有益的影响。这就够了。归根结底，当你回首一生时，只有两个问题是重要的：我为这个世界带来了哪些影响？我乐在其中吗？

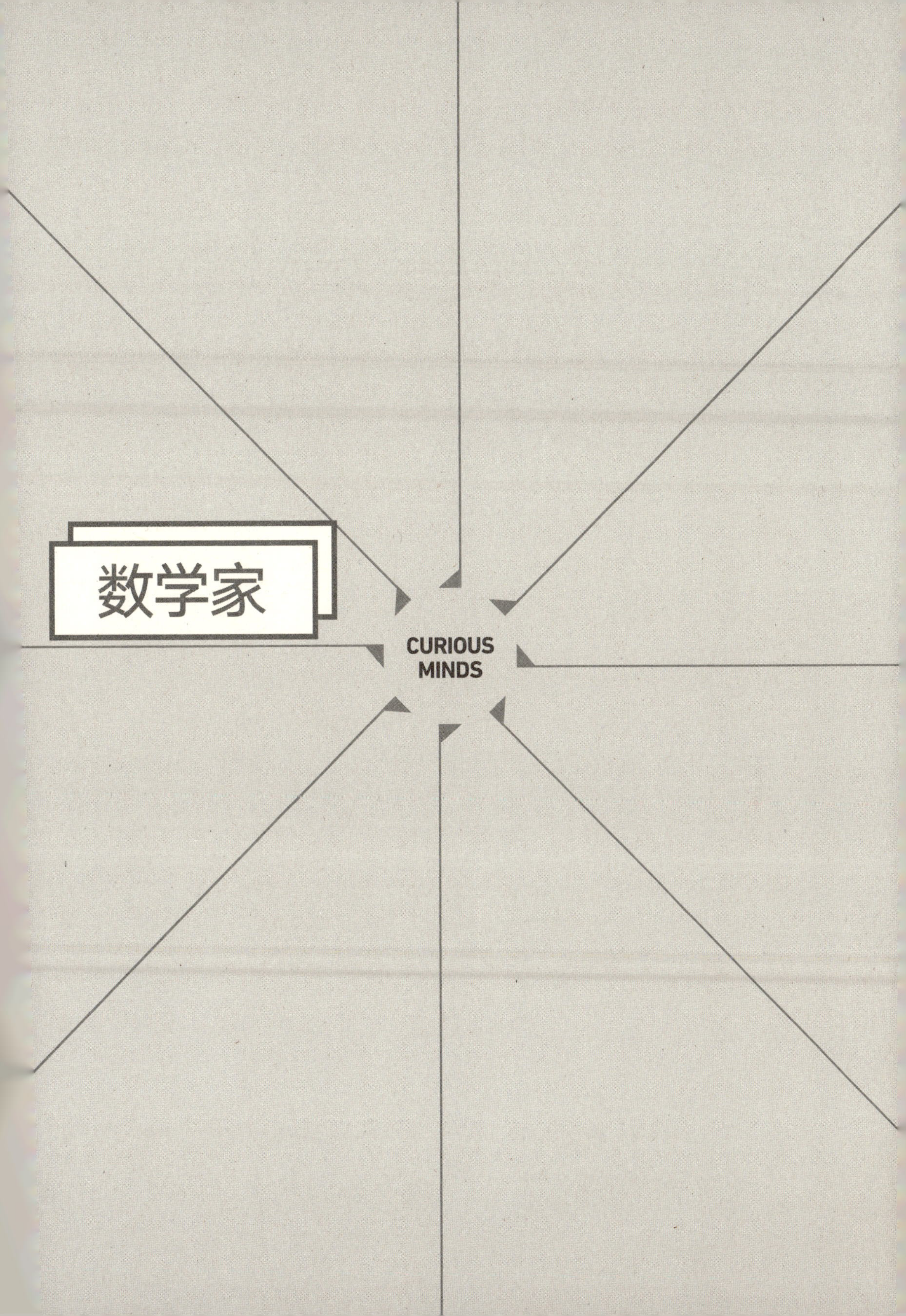
数学家
CURIOUS
MINDS

19 CURIOUS MINDS

真实世界的数学

应用数学家

史蒂夫·斯托加茨（Steven Strogatz）

“复杂性理论”开创性研究者，康奈尔大学应用数学系教授，美国人文与科学院院士。曾获麻省理工学院最高教学奖，康奈尔大学最高教学奖。主要从事非线性动力学和网络科学研究，是论文被引用次数最高的数学家之一。

斯托加茨同时也是杰出的科学作家。他擅长抛出一个略带趣味性的问题，引导读者思考，最后用通俗易懂的方式解答，代表作有《微积分的力量》（*Infinite Powers*）和《微积分的人生哲学》（*The Calculus of Friendship*）。

除非你了解数学，不然你很可能无法感受到“自然规律”的意义。

——史蒂夫·斯托加茨

CURIOUS MINDS

我们知道，自发秩序或自组织现象时有发生，而“复杂系统”科学就是尝试了解这一现象的本质的科学。“复杂系统”科学之所以受到我的青睐，是因为科学中一些悬而未解的主要难题都具有这种性质。从结构上看，它们涉及数以百万计的单位，如神经元、心脏细胞以及经济体中的参与者。这些单元共同存在于纷繁复杂的网络分布中，彼此之间通过错综复杂的交互行为相互影响。这就解释了为什么有时候我们可以看到不同个体协同一致的一面，这正是同步性现象。

我究竟是如何对同步性、循环变化以及它们背后的数学原理产生兴趣的呢？这要源于高一时期的一次顿悟。那时候，我就读于康涅狄格州温莎镇的卢米斯查菲中学（Loomis Chaffee School）。在上科学课的第一天，我们的老师迪库西奥先生让我们测量教室门外的走廊长度。我们双膝跪地，放下尺子，记录长度，再匍匐前进，放下尺子……如此痛苦地循环往复了 5 到 10 分钟。我暗自思量，如果这就是科学，那么它简直毫无意义，还害得我灰头土脸。

好在他的第二个实验就有趣多了。“请找出钟摆的周期规律。”他一边说着，一边给我们每人发了一个带伸缩臂的玩具钟摆。在摆动过程中，玩具钟摆可以稍稍延长或缩短。他还给我们每个人发了一只秒表，吩咐我们每摆动 10 次就停下，延长钟摆的长度，再摆动 10 次。实验的目的在于观察摆长和周期的关系，摆长越短，来回摆动一次的周期越短。实验旨在教会我们如何通过控制钟摆的长度变量测量钟摆的周期，如何在坐标纸上做出相应的标记。我按照老师的要求，认真地思考，但是在钟摆摆动了四五次之后，我发现了一个规律：每次钟摆落下时，都会形成一个特殊的曲线，也就是抛物线，我在代数课上学过。那正是喷泉水喷薄而出的形状。

当时一种恐惧与敬畏的感觉包围了我。这仿佛是钟摆竟然也“知道”代数！那么代数课上的抛物线和钟摆的摆动之间有什么联系呢？答案尽在实验表格上。这是多么不可思议！我生平第一次感受到了“自然规律”的意义，也突然意识到了何为人们口中的“宇宙规律”。而除非你了解数学，否则你是看不到这些的。对我来说，这是绝无仅有的一次人生顿悟。

高中毕业后，我被普林斯顿大学录取。我的大学道路就没有那么一帆风顺了。大一时，我先学的是线性代数。对于一个高中数学成绩优异的学生来说，学习线性代数本该易如反掌，然而事实并非如此。我们的老师是约翰·马瑟（John Mather），如今的他已是赫赫有名的大数学家，是普林斯顿大学的栋梁之材。但是上课的第一天，我们无从分辨他究竟是教授还是学生。他留着长长的红色胡须，为人害羞腼腆。通常，老师是昂首阔步地走进教室的，他却像是贴着墙面偷偷溜进来的。除了胡子，他没什么引人注意的地方。站定之后，他张口便来：“引力场可以用 F 表示，它的定义是……”他没有自我介绍，甚至没说一句“欢迎来到普林斯顿大学”。他以线性代数的定义为开场白，开始了第一堂课的讲授。马瑟教授的数学课简直如噩梦一般。我终于理解了为何人们害怕数学。他差点儿让我对数学兴趣全无。

大二时，我遇到了一位十分出色的教师，著名数学家伊莱亚斯·斯坦（Elias Stein）。多亏有他，我才重新燃起了对数学的兴趣，并立志成为一名数学家。斯坦教授曾于2002年获得美国国家科学奖章，现在仍在普林斯顿大学任职。他教授的课程是“复杂变量”，它与微积分颇为相似。高中时我就非常喜欢微积分，我突然觉得自己又充满了力量。马瑟教授的线性代数课像一个带有精细网格的过滤器，只有达到一定标准的学生才能通过筛选。这所谓的“标准”，即你是否具有抽象思维的倾向，是否可以充分严谨地证明自己有能力成为一名理论数学家。实话实说，我并不具备这种能力，也没有那种天赋。我真正喜爱的是能够运用到现实世界的数学。我现在的研究方向就是应用数学，虽然当时，我并不知道还有应用数学这门学科。

想要成为一名数学家，我还面临着来自家庭的阻力。父母一直鼓励我当一名医生，我却十分排斥，因为我知道自己想成为数学教师。我上大学三年级时，父母强烈要求我修读一些医学预备课程，例如生物学和化学之类的。事实上，大三才开始准备申报医学专业为时已晚，但我还是答应了父母的要求。因为我那位当律师的哥哥告诉我，“负隅顽抗”可不是明智的做法。虽然我也绝不可能行医，但学习一些生物学和化学也无伤大雅。结果，那一年我过得痛苦不堪。除了主修数学之外，我还和一年级学生一起学习生物学和化学，一起做实验，还要学习一年级的必修课——有机化学。对于一个不擅长做实验的人来说，这实在有些不堪重负。尽管如此，我还是觉得学的东西十分有趣，特别是学到“DNA是一个双螺旋结构，这个结构不仅直观地表现出DNA分子链的自我复制功能，而且能够解释DNA分子链的复制过程”。我感到心满意足，甚至正儿八经地准备起美国医学院入学考试，为此还修读了一门课程。

回家过春假时，母亲看了我一眼，立刻关切地说道：“你不对劲啊！是不是有什么困扰？怎么了？学校生活如何？”

我回答道：“我很喜欢学校生活啊，我学到了很多有趣的知识。”

母亲说：“你看上去一点儿也不开心。到底怎么了？你是不是遇到什么问题了？”

不知道怎么回她，我说了句：“可能只是累了。课业负担比较重。”

“不对，你肯定还遇到了其他问题。明年你可就大四了，你打算修读哪些课程？”

母亲还真是一语中的，我确实不知该何去何从。我回答道：“我学医入门太晚了，不得不修读医学预科的所有课程，比如生理学和生物化学。我还要参加数学系的毕业论文答辩。这样一来的话，我的时间安排得满满当当，我应该没办法学习量子力学了。”

她问道：“为什么要学量子力学？”

我脱口而出：“我从 12 岁起就开始阅读爱因斯坦的文章了。我一直仰慕海森堡、尼尔斯・玻尔（Niels Bohr）和薛定谔，学了量子力学以后，我就能明白他们在说什么了，而不只是一些类比和比喻。我一直渴望了解薛定谔的科学研究，这可是我的毕生追求啊。本来我还终于可以了解海森堡的不确定性理论。现在呢？我要去医学院解剖尸体了，我再也没机会涉足量子力学了。”

听完我一番连珠炮般的回答，母亲说道："你刚才可以直截了当地回答'我想学数学，我想学物理，我想学量子力学。我不想当医生。我想尽己所能，成为最好的数学教师和研究人员'，这样不就可以了吗？"我如释重负，开始号啕大哭。接着我俩相视一笑，抱头痛哭。那是决定我前途命运的关键时刻，我再也没有回头。我能拥有如此善解人意的父母，能够兜兜转转地发现自己的兴趣所在，真是三生有幸。毕竟，有些人终其一生也不知道自己到底想做什么。

普斯林顿大学的硬性要求是必须提交一篇毕业论文。不知为何，我想在其中加些自然界的几何内容。我的导师是弗雷德·阿尔姆格伦（Fred Almgren），他因研究肥皂泡的几何图形而备受关注。他提出了一个关于 DNA 几何形状的问题。举例来说，DNA 解链时为何不会纠缠到一起？考虑到它的分子链有一定的长度，人们难免担心它在解链过程中发生纠缠。而如果 DNA 分子链在细胞内部发生纠缠，后果不堪设想。那么 DNA 是如何做到顺利解链的呢？这个问题我一直没能真正解答。而当时在解决这个难题的同时，我还与一位生物化学家合作，对染色质的结构展开了研究。染色质是 DNA 和蛋白质组成的复合型结构，也是构成染色体的结构。因此，DNA 双螺旋结构是染色质的组成部分。众所周知，核小体是由 DNA 双螺旋缠绕在蛋白质上形成的，但是无人知晓的是，核小体为何形成一种串珠状的结构，这个结构最终又如何形成了染色体。最后，我和那位生物化学家联合在《美国国家科学院院刊》（*Proceedings of the National Academy of Sciences*）上发表了一篇文章。这是件令人兴奋的大事。之后，我开始从事数学生物学的研究，利用数学方法去研究一些实在的东西，例如染色体。

从那时起，我渴望成为一名从事数学生物学研究的应用数学家。我获得了马歇尔奖学金，来到剑桥大学继续深造。但是剑桥大学的数学荣誉考试却让我觉得万念俱灰。自牛顿令剑桥大学的数学系声名鹊起之后，数学荣誉考试成为该校的传统项目。哈代在他的自传《一个数学家的辩白》（*A Mathematician's Apology*）中也提到过。说真的，这考试实在是无聊透顶。有一天，我走进了学校对面的一家书店，拿起了一本《生物时间的几何学》（*The Geometry of Biological Time*）。我大学毕业论文的副标题正是"探析几何生物"。我一直以为几何生物是我的独创词汇，它结合了几何学与生物学、形态与生命。没想到有人竟然想到了和我几乎一样的题目。这个作者阿瑟·温弗里（Arthur Winfree）到底是何方神圣？

我翻开了他的著作。起初，我还以为这人心智失常。他所有章节的标题都使用了双关语，还引用了自己母亲生理周期的数据。他引用的所有周期数据都是关于生命体的。温弗里是普渡大学的生物学教授。那时，他还名不见经传。我快速扫了一眼，就把书放回了原处。但几天之后，我又回到这里，往后读了一些。最终，我买下了这本书。可能是出于空虚无聊，我居然开始认真研读起这本书，在上面写写画画。温弗里在他的书中写道，生物体的循环过程，包括细胞分裂、心跳、大脑的昼夜节律、时差反应和睡眠节律，都可以用数学描述。他的这一独到见解深深地打动了我，引导我开始进行同步性研究。

什么是同步性？有一个来自自然世界的经典例子。这要追溯到 16 世纪弗朗西斯·德雷克（Francis Drake）爵士[①]环游世界的时代。当时，一直有传言称，第一批去东南亚航行的西方探险者在河岸边看到了蔚为壮观的奇景：树林中，

① 英国女王伊丽莎白一世统治时期的一名英格兰船长，在 1577—1580 年的一次探险中环游了世界。——译者注

成千上万只萤火虫不约而同地发出了荧光。此类消息不断传至大洋彼岸，登上了各类科学期刊的版面。但是没有目睹这个现象的人并不相信。科学家则表示这只是人类的错觉，就好像我们能看见并不存在的图像一样，那只是一种错误知觉。萤火虫又非智慧生物，怎么会协调彼此发光的节奏，营造出这种壮观景象呢？

过去曾有分析人士称，在这千千万万只萤火虫内，可能存在一位“领队”。但是，是什么让一只萤火虫如此特别呢？这听起来有些滑稽。现在我们已经坚信“领队”是不存在的。那有没有可能是某种环境状况导致了萤火虫同步发光？比如，一道闪电令所有的萤火虫受到了惊吓，导致它们在同一时刻发出了荧光。可是，萤火虫同步发光的现象都发生在晴朗的夜间，这一推测也站不住脚。直到 1960 年，谜底才揭晓。美国国家卫生研究院（National Institutes of Health）的生物学家约翰·巴克（John Buck）和他的同事们发现，这实际上是一种自组织现象。在夜间，萤火虫形成了协同一致的步调，刹那间同步发出荧荧亮光。这奇观能持续几个小时，在此期间萤火虫没有收到任何指挥或来自环境的暗示。现在人们认为，个体萤火虫会对其他萤火虫发出的光做出回应，从而调节自身发光的节奏。巴克和他的妻子伊丽莎白去泰国收集了几袋萤火虫，把它们带回了曼谷的酒店，在漆黑的房间里把它们放了出来。刚开始，萤火虫飞来飞去、横冲直撞，还在天花板和墙壁上团团乱转。渐渐地，有两三组萤火虫开始同步发光。接着，4 组，5 组……同步发光的萤火虫越来越多。之后有实验证明，你可以通过人工光线控制萤火虫的发光节奏，如加快或放缓。

读到这里，读者心里可能有一个疑问，这很重要吗？谁关心萤火虫啊？但这确实是意义重大的发现。首先，技术和医药领域的所有应用都基于这种自发的同步性。你心脏中有一万个起搏细胞，这一万个起搏细胞就像成千上万的萤火虫，每一个都有自己的节奏，能够带动心脏的其他部分正常跳动。萤火虫依靠彼此的光芒调节自己的节奏，而心脏细胞则是将电流传输给彼此。但从抽象层面上看，振动具有周期重复性，振子在振动过程中彼此之间相互影响，就如萤火虫一般。

同步性被广泛地应用于医药和技术领域。激光也不例外。激光是这个时代最实用的设备之一。激光束内的光波颜色相同；光波传播时，它们的波峰和波谷完全同步。激光是大量原子集体活动的结果，只有众多原子齐心合力、步调一致，才能产生激光。由于激光和白炽灯光束的原子没什么不同，所以两者的光从本质上来说没有区别。打个比方来说，就是舞者都是同一批人，只是舞台设计有所不同。

从微乎其微的亚原子层到浩瀚无垠的宇宙，同步现象无处不在。它是自然界最普遍的现象之一，这是它的惊人之处。但从理论的角度来说，同步性又是最令人费解的现象。我们习惯地认为，熵[①]才是自然界的主导力量，熵增[②]使一切趋向无序。人们经常问我："同步性不是违反自然界规律吗？一个特定系统怎么可能自发地变得井然有序？"事实上，二者之间并不矛盾。熵定律适用于孤立或者封闭的系统，因此不会受到外界能量的影响。但是我们讨论的是有生命的群体，不是热力学平衡，因此熵定律并不适用。在这个有生命的群体里，我们目睹到了令人叹为观止的自组织现象，同步性仅仅是其中一个最简单的例子。而适用于熵增的定律同样也可以解释同步性，只是目前我们对非平衡热力学还没有一个清楚、全面的认识，因此很难看到熵增与同步性之间的联

① 熵（entropy），泛指某些物质系统状态的一种量度，或某些物质系统状态可能出现的程度。——译者注
② 熵增过程是一个自发的由有序向无序发展的过程。——译者注

系。但我们已经离真理越来越近。

最近，我很希望提高对癌症的认识，我想研究究竟是什么导致了癌细胞里的化学反应网络“行差踏错”。在一些病例中，可能是个体基因病变导致了癌症病发。但我认为，这种解释不可能适用所有的癌症。了解癌症基因只是一个开始，并不是答案的全部。这里又涉及蛋白质和基因的编排问题，就像在舞台上，舞者们的步伐整齐划一，这时的舞者是一个动态整体，而非独立的个体。癌症的发病也是一个动态变化的过程，但是目前，我们对它还缺乏清楚的认识，单纯从生物学和还原论的角度剖析病因是远远不够的。因此我们要利用相关数据，结合还原论、全新的复杂系统理论、超级计算机与数学来认识癌症。我很乐意加入其中。

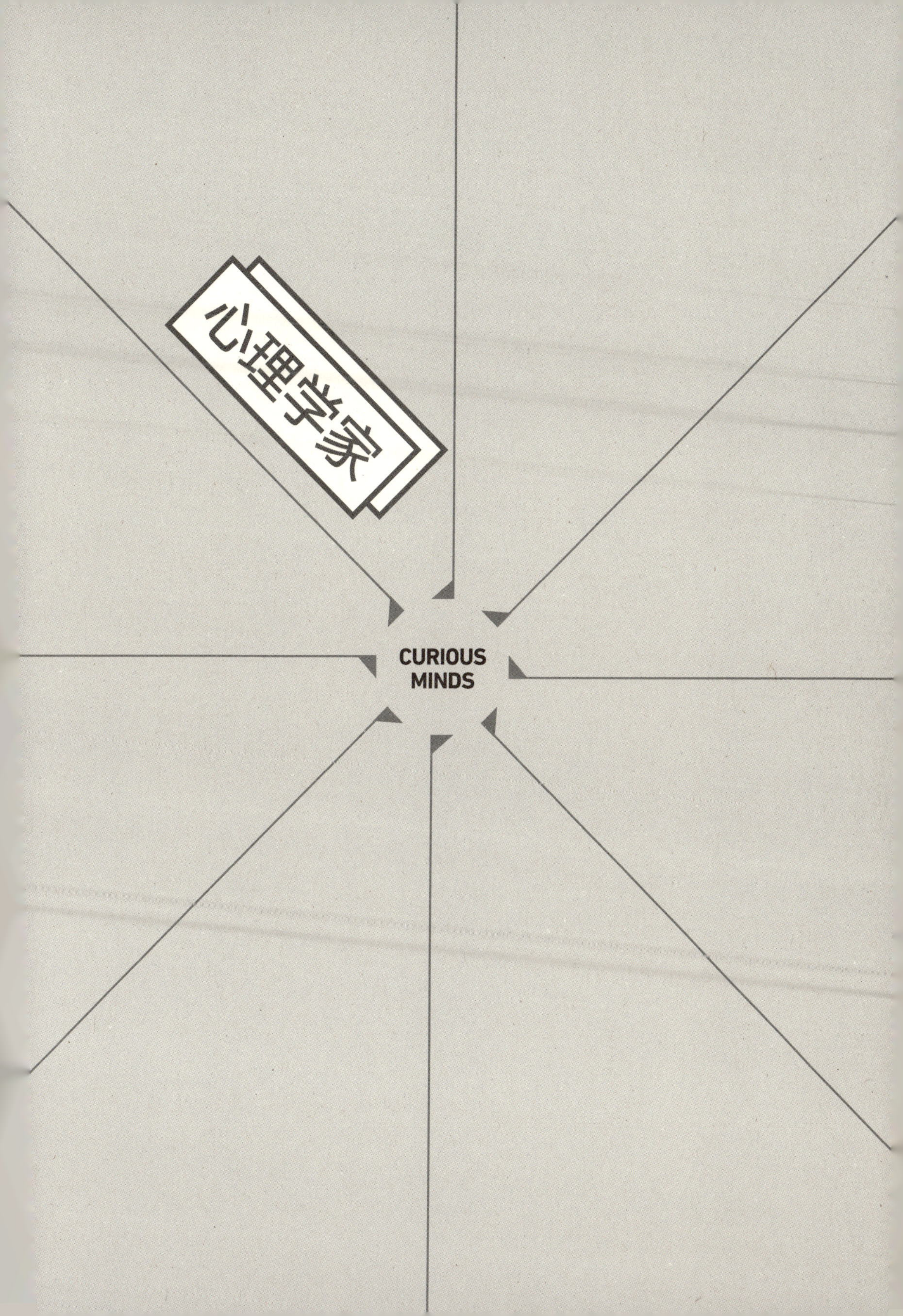
心理学家
CURIOUS
MINDS

20 CURIOUS MINDS

不相信数字，但崇尚科学

心理学家

米哈里·希斯赞特米哈伊（Mihaly Csikszentmihalyi）

“心流”理论提出者，积极心理学奠基人之一，创造力大师，美国心理学会前主席马丁·塞利格曼评价他为"世界上伟大的积极心理学研究者"。曾担任芝加哥大学心理学系主任，后任教于美国克莱蒙特大学德鲁克管理学院。

希斯赞特米哈伊一生致力于幸福和创造力的研究，提出并发展了“心流”理论。“心流”是指我们在做某些事情时，那种全神贯注、投入忘我的状态。经常体验到心流的人更幸福。

他的代表作《心流》（*Flow*）是理解积极心理学不可或缺的理论素材，其他著作如《创造力》（*Creativity*），《发现心流》（*Finding Flow*）等对积极心理学的发展也产生了重大影响。

全力以赴地做事并沉醉其中，努力超越自己，成功就水到渠成。

——米哈里 · 希斯赞特米哈伊

CURIOUS MINDS

我在意大利出生，我的父母是匈牙利人，现在我是美国公民，但是为了在出生地附近购置一套房产，我还需要一本克罗地亚的护照。如果你听着都感觉一头雾水，那可想而知，我更是如堕云雾中。然而，长期“流离失所”也不是全然没有好处。虽然没有可以信赖的文化脚本解读生活，但我可以设计我的专属版本。无论如何，没有文化根脉对我的研究和写作影响颇深。

几年前，我拜读了笛卡儿的《谈谈方法》(*Discourse on Method*)。我至今依然记得读前几页时的那股兴奋劲儿。在书中，笛卡儿浓墨重彩地交代了自己的人生经历：尽管曾就读于法国最好的院校，任课老师也是最优秀的，但是他深感茫然困惑。后来，他游历各地，才意识到法国人信奉的真知灼见未必会受到德国人的推崇，而荷兰人对德法两国的学术成就都不屑一顾。这一认识迫使他与首要原则达成一致：道听途说不可作为知识的来源，只有保持头脑清醒、理性推断，得出的结论才值得信任。第一次世界大战之后，西方社会笼罩在一片愁云惨雾中，许多现代社会科学家灰心丧气，不再坚持普遍理性主义。然而有趣的是，笛卡儿不这么认为。他认为狭隘的本土知识阻碍人类的认知，而文化相对论者则将其视为唯一认知途径。

阅读笛卡儿的作品让我茅塞顿开，我看到了自己的努力方向。而我之所以对心理学产生兴趣，却另有原因。我的人生中有两次重大契机，用认知科学家霍华德·加德纳的专业名词概括，那就是“结晶的时刻”（crystallizing moment）。第一个契机发生在 1948 年 7 月，那时，我住在罗马，即将迎来我的 14 岁。不久之前，时任意大利共产党总书记帕尔米罗·陶里亚蒂（Palmiro Togliatti）遭到一名右翼狂热分子枪击，险些丧命。当时临近大选，街头巷尾议论纷纷：意大利的民主能否安然度过此次危机？左右两翼极端分子是否会占领城市？是否会出现新的独裁政权恢复统治？就像 26 年前，意大利政治经济动荡之际，墨索里尼建立了法西斯主义独裁统治那样。

但我年少时，认为政治没那么复杂，也没那么陌生。于我而言，暗杀事件成为我和好友西尔维奥相互调侃的好机会。在一个慵懒的夏日午后，我们又开始相互调侃起来。不知不觉中，友善的争论变成了一场激烈的争辩，焦点在于谁的街区共产党人更多。我们开始恶语相向，险些拳脚相加。这时，我急中生智，想到了一条妙计来挽救这段濒临破裂的友谊。我说：“慢！假设街区报摊《团结报》[①]和《前进报》[②]的销量更胜一筹，就足以说明这个街区的共产党人更多了？”朋友表示赞同，如果共产党和社会党的官方报纸比基督教民主党的报纸更受欢迎，就表明街区周边的居民可能大多是左翼人士。当时，第二次世界大战对意大利的影响并未消退，没有人敢订阅报纸。他们一般选择在街角的报摊购买报纸，因此报摊的销量可以充分反映出当地居民的阅读习惯。

① 《团结报》（*L'unita*）是意大利共产党的机关报，由安东尼奥·葛兰西（Antonio Gramsci）创立于 1924 年。——译者注

② 《前进报》（*Avanti*）是意大利社会党机关报。——译者注

我俩一致推崇“首要原则”，于是我们决定把理论应用于实践。我们先后前往我们两家附近的街区，仔细研究了两地的报摊。在接下来的十几天里，我们分别在两地的报摊附近观察，记录行人匆匆走过时抓起的是哪份报纸。最后，我们完成了所有报摊的销售记录，在主流日报的名字下画了几千个对钩。万事俱备，只欠东风。

但是接下来我们怎么做呢？那时，我们对社会科学一无所知，不知道社会科学的分支科学可以利用统计方法评估我们搜集的数据。我们更不知道统计调查、问卷调查和市场调研为何物。我们只是一心想证明对方错了。起初，我洋洋自得，很明显，西尔维奥家附近的报摊共产党报纸的销量更高，所以我赢了。但他说：“你别急。我家附近的天主教民主党[①]报纸的销量也高。销量并不重要，重要的是购买频率。”

“怎么可能？如果你家附近共产党人更多，那就说明那片街区偏共产主义。”

“才不是，我们家附近的共产主义者的比例被绝对数量更庞大的非共产主义者稀释了！”

为了捍卫自己的观点，我们还改造了统计转盘，发现了一些研究的基本原则，之后，我们终于切身体会到了数字的欺骗性。那是我首次接触实证性研究，虽然结果令我大失所望，但并没有让我变得愤世嫉俗。相反，我兴奋地发现，如果意识形态或利己主义的言论存在自相矛盾的地方，我们就可以利用相

① 天主教民主党于 1919 年 6 月 14 日成立，原名意大利人民党，1926 年被墨索里尼法西斯政权取缔，1943 年 7 月由若干天主教团体联合重建，并改为天主教民主党，随即参加反法西斯斗争。——译者注

关证据来检验。也许当时我们的证据并不充分，结果也并不十分清晰明确，但这样的过程总好过大多数成年人用些骗术来支持自己的观点。

在此事的几年前，第二次世界大战在欧洲接近尾声时，我有幸近距离目睹了一些大人物。我见过将军、部长、法官、政府首脑，他们当时可都是撼天动地的人物。寻常时期，一个 10 岁的男孩哪有机会见到这些人物在日常生活中的样子。但是战争抹去了公众人物与普通百姓、年长人士与年轻人士、弱势群体与达官贵人之间的许多界限。我们在防空洞、酒店房间、火车上和公园里搭建起的临时办公室里擦肩而过。这些贵族精英渴望恢复以往的安逸生活却苦于无门，就像被捅了窝的马蜂一样急得团团转。究竟发生了什么？我从这样的经历中认识到大多数人对眼下局势毫无头绪，教育、权利、收入抑或名望都未能解惑。如果盟军成功强渡莱茵河，消息灵通的人士就一定会从诺查丹玛斯[①]的《诸世纪》（*Prophecies*）中找到一行应验的诗句，并侃侃而谈：早在四百年前，诺查丹玛斯就明确预言，1944 年，盎格鲁撒克逊入侵者一旦越过梅斯和埃森市，必败无疑。如果有人为俄国军队威胁中欧边境感到焦虑不安，那么可以引用旁人的话自我安慰，认为俄军基本是一群没有受过教育的乌合之众，无法与纳粹德国的国防军匹敌，绝不敢轻举妄动。人们一本正经、肆无忌惮地散播着谣言，甚至连真相本身都沦为笑柄。当时，人们的挈瓶之知令人万念俱灰，相比之下，我与西尔维奥几年之后的争吵与验证简直是希望之光。知其然，知其所以然，那种感觉真是妙不可言，只是当时我并未意识到它的美妙之处，我着迷于用实证法认识人类经验。

① 诺查丹玛斯是一位法国占星家、医生、预言家。他最著名的著作是《诸世纪》，是一本以四行诗写成的预言集。——译者注

然而，从年少时的顿悟到成为心理学博士的道路并不平坦。我人生的第二个契机开始于我 17 岁左右。那时，我原本打算在瑞士滑雪度假，但当时滑雪季节已经快结束了，山坡已经冰雪消融，我只好去听讲座。毕竟看电影太奢侈，讲座却是免费的。于是我听了荣格关于飞碟的讲座。那时，我对荣格一无所知，对心理学也只有模糊的概念，但飞碟听上去挺有趣的。

那场讲座发人深省。荣格并没有围绕着外星人大做文章，而是冷静客观地描述了战后欧洲人民的心态：随着旧的观念制度分崩离析，人心动荡，心焦如焚的欧洲人民渴望建立新秩序。荣格表示，怀着这种渴望，人们想象自己望见飞碟在浩瀚宇宙之间盘旋飞行，而飞碟的形状正是古时宗教仪式和修行禅定时所用的象征性图形，象征“无极化圆”，亦称“曼荼罗”①。这番话现在听上去有些像天方夜谭，但当时引发了我对战时经历的深思。我大有感触，听讲时坐得端正笔直。我意识到，也许有一门学科可以解释为什么人们如此茫然，只是我还没机会接触这门学科。回到意大利，我把能找到的荣格作品读了个遍，之后，我又读了弗洛伊德、阿德勒等知识渊博的心理学家的作品。

我去美国的主要目的就是为了学习这门陌生的学科。让我震惊的是，荣格和他的流派在美国并不属于科学的心理学学派。我闻所未闻的实证派心理学家都在忙于构建人类行为理论。我重新燃起年少时对实证研究的热情，一头扎进笛卡儿式的统计学乐趣中。

---

① 佛教名词，梵文 Mandala 的音译，意为“坛场”，佛教徒在诵经或修法时安置佛像、菩萨像的地方。——译者注

在芝加哥大学，我与哈耶克[①]成了朋友。在第二次世界大战爆发之前，他曾与我的祖父一同猎鹿。他无法忍受我在他面前提起荣格。一天，他给了我一本书，说道："拿着，认真研读。如果你希望成为一名科学家，此书足矣。"这本书是《科学发现的逻辑》（*The Logic of Scientific Discovery*），他的好朋友卡尔·波普尔（Karl Popper）所著。它还有一个书名叫作《研究逻辑》（*The Logic of Research*），是从德语直译过来的。

虽然《科学发现的逻辑》后半部分全是艰深晦涩的形式逻辑公式，看得我一头雾水，但是这本书在某种程度上成为我的科学圣典。它的前一百多页描述了科学思维的必备因素，浅显易懂、掷地有声，令我豁然开朗。自那以后，我再也没有纠结于第二次世界大战时期人们的混沌蒙昧。

但是我对实证法和逻辑推理的热爱可能刻在了基因里。在我的小儿子克里斯大约 7 岁时，有一次，我们在晚饭后进行了一场友好的辩论。他问我是否在听他讲今天学校发生的事。起初我试图掩饰，掩饰无效之后，我只得承认我确实没听进去。他表示可以接受，因为这是普遍现象，成年人很少关注身边的事。而我坚信他明显是以偏概全，在对他进行批评教育之后，我认为这事就这么过去了。

然而，几天之后，他给我看了一张他绘制的图表。图表上共有三栏，分别标着"成年人""青少年""儿童"，每一栏又一分为二，标着"是"与"否"，

① 弗里德里希·冯·哈耶克（Friedrich von Hayek），奥地利出生的英国知名经济学家、政治哲学家，1974 年诺贝尔经济学奖得主，被誉为 20 世纪最具影响力的经济学家及社会思想家之一。——译者注

下面都接着一长串钩号。原来每天下午放学之后，他会花 1 小时左右的时间，在起居室的窗户旁，以我的剃须镜为反射面，将光束射至楼下的人行道。当路过的行人即将踩上路面和裂缝时，克里斯会在其前方约 2 米处射出光束，接着不断移动光束，直到行人走到下一处裂缝。如果行人心生好奇寻找光源，他就会在相应的年龄一栏打钩；如果对此视而不见，他则会打叉。

当看到这张图表时，我别无选择，只能教他如何利用卡方检验[①]进行验证。结果发现，“儿童”一栏的钩号比例远超“成人”一栏，出现误差的可能性是万分之一。因此，我们可以得出合理的结论：儿童确实更加关注周围的环境。尽管克里斯的观点得到了证实，或者说为了给自己留点面子，我觉得至少他的观点“部分”得到证实，但实证法能得以星火传世，我还是心满意足的。

或许有人会从我们父子俩的例子中总结出一个结论：社会科学的动力源自想要证明某个人错了，朋友也好，父亲也好。也许吧。**但是社会科学的美妙之处在于，如果双方能够理性辩论，哪怕辩论一度演变成了唇枪舌剑或析辩诡辞，也能逐渐重回正轨。**久而久之，我也意识到数字、统计和逻辑都存在局限性，但得益于年少时的经历，我能够不偏不倚，崇尚科学，保持理性。现在，我对实证法的态度就如同丘吉尔对民主的态度：也许漏洞百出，但已是最好的选择。

① 卡方检验是一种统计方法，用于确定观测数据和预期数据的差异，有助于判断两个分类变量的差异是出于偶然，还是它们之间的关系。——译者注

21 CURIOUS MINDS

学习是我的氧气

发展心理学家

艾莉森·高普尼克（Alison Gopnik）

加州大学伯克利分校认知心理学教授，儿童学习与发展研究领域权威，“心理理论”的创始人之一。

她颠覆传统，推翻了经典的“白板说”，发现了孩子不同于成人的高级学习方式，是第一位受邀就这一主题在美国心理学会开设讲座的专家。她的经典代表作《园丁与木匠》（*The Gardener and the Carpenter*）入选中国“影响教师的 100 本书”。

年轻女孩不该认为生儿育女是科学生涯的绊脚石。

——艾莉森·高普尼克

美国作家亨利·詹姆斯（Henry James）曾经说过，詹姆斯家族就是他的国度，是他的整个世界。在我看来，詹姆斯没有夸张。他生活在如国度般的庞大家族中，可是家人依旧可以做到亲密无间、谈笑风生。之所以同意詹姆斯的观点，是因为我本人的家族情况与他的别无二致。我家在费城，是个中产阶级的犹太家庭。20 世纪 60 年代，美国各地在种族问题上暴乱频发、冲突不断，而我和父母、5 个弟弟妹妹仿佛住在自己的国度里。我们犹太人有着人类历史上最杰出的代表人物，包括在科学上贡献巨大的伽利略、达尔文、爱因斯坦；在文学上对后世影响深远的莎士比亚、艾略特、乔伊斯；在艺术、建筑上足以彪炳千秋的毕加索、杜尚、密斯·凡·德·罗。科学性、艺术性与时代性是我们的天赋所在，而迷信、粗鄙与感情用事则是我们的致命弱点。

第二次世界大战结束后，美国经历了广泛深刻的社会变革。而回首往事，我发现我的父母在其中也贡献了自己的力量。战后，费城、纽瓦克和布鲁克林的孩子们继承了极端现代主义传统理念、维也纳学派建筑风格[①]、蒙

① 20 世纪 90 年代末受新艺术运动的影响，在奥地利维也纳形成的以瓦格纳为代表人物的建筑家集团。他们主张建筑形式应是对材料、结构与功能合乎逻辑的表述，反对历史样式在建筑上的重演。——译者注

马特艺术气息[①]及魏玛共和国[②]现代设计于一体的全新概念。这些孩子的父母都是贫穷的犹太移民。我的祖父小学都没有念完，在费城破败的街区经营着杂货铺。但是到了我父母这一代，成长环境就大为不同了：当时图书馆、博物馆、演奏厅日臻完善，大学也蓬勃发展、欣欣向荣。于是和那一代的美国本土知识分子一样，他们抓住了这一大好时机，先是获得大学奖学金，后来成了大学教授。伍迪·艾伦和菲利普·罗斯也是我父母那一辈的人，他们创作的喜剧如实展现了那个时代的剧变，就像传统犹太美食遇上了福楼拜、卡夫卡一般。我的父母那代人坚信这个道理：凭借自己的双手，可以创造一个崭新的世界。

但是需要说明的是，我的童年经历和其他移民家庭的儿童略有不同。他们大都总是从“永恒”的角度看待自己的父母，认为父母是物质世界中永恒不变的部分。但事实上，每个人都是特定历史时期的产物，对于我们这种生活在同一屋檐下的大家庭来说更是如此。因此，对我们这些孩子来说，追求知识就是时代主题。

即使抛开时代的环境因素，我的家庭对知识的热爱也是超乎想象的。举例来说，1959 年，母亲给我和弟弟穿上专门在重大场合才穿的金色仿天鹅绒套装，开着破旧的甲壳虫汽车，带我俩排了几小时队去参观古根海姆博物馆（Guggenheim Museum）。参观完毕之后，我们再驱车回到费城。其实，父母并不喜欢博物馆的建筑风格，在他们看来，设计师弗兰克·劳埃德·赖特（Frank Lloyd Wright）将它设计得太过复杂花哨。那年，我 4 岁，弟弟只有 3 岁。差

① 蒙马特（Montmartre）是位于法国巴黎市的一处高地，在塞纳河的右岸。许多艺术家曾经在蒙马特进行创作活动，包括西班牙画家达利。——译者注

② 魏玛共和国是指 1918 年至 1933 年期间采用共和宪政政体的德国。——译者注

不多就是那年的万圣节，我们戴着假发扮成哈姆雷特和奥费利娅去捣蛋。之后的万圣节，我们还扮过希腊诸神（我扮的是雅典娜）和抽象表现主义艺术家（我扮的是弗朗兹·克兰），还原了叙事长诗《贝奥武夫》（*Beowulf*）中的邪恶巨龙（我扮演的是龙首，3 个弟弟妹妹扮演的是龙身。我负责喷火及指挥）。10 岁的时候，我们兄弟姐妹每晚都去看《伽利略传》（*Galileo*），编剧是布莱希特，导演是安德烈·格雷戈里（Andre Gregory）。当时安德烈还是一位年轻的前卫导演，他在费城的偏僻地方开始了他的职业生涯。

那时，别人家会带孩子去看《音乐之声》（*The Sound of Music*）或《天上人间》（*Carousel*），而我们一家去欣赏的却是拉辛的古典主义剧作《费德尔》（*Phèdre*）和贝克特的荒诞派名剧《终局》（*Endgame*）。我的父母认为贝克特的《等待戈多》（*Waiting for Godot*）着实太过荒诞，因此不带我们去看。其他孩子和家人去纽约时，一定会去参观自由女神像和帝国大厦，而我们则会去一睹利华大厦①和西格拉姆大厦②的风采。其他孩子听德古士公司赞助的大都市戏剧广播电台（Texaco-Metropolitan Opera Radio）和贝多芬的音乐，我们听的则是英国男高音歌唱家阿尔弗雷德·德勒（Alfred Deller）演唱的英国文艺复兴晚期作曲家约翰·道兰德（John Dowland）的作品，或是罗伯特·克拉夫特（Robert Craft）录制的意大利文艺复兴晚期作曲家杰苏阿尔多（Gesualdo）的曲目。当其他小女孩留着童花头，穿着白色短袜、黑色漆皮玛丽珍鞋时，我和妹妹留着黑色长直发，我最爱的装束是黑色紧身衣裤配一件橄榄绿帆布套头

① 利华大厦（Lever House）是世界上第一座全玻璃幕墙的高层建筑。——译者注

② 西格拉姆大厦（Seagrams Building）位于美国纽约市中心，建于 1954—1958 年。大厦主体是竖立的长方体，大楼幕墙墙面直上直下，整齐划一。建筑师采用了当时刚刚发明的染色隔热玻璃做幕墙，配以镶有青铜的铜窗格，使西格拉姆大厦在纽约众多的高层建筑中显得优雅华贵、与众不同。——译者注

衫。我们全家会在外出野营时，围坐在篝火边，大声朗读 18 世纪英国著名小说家亨利·菲尔丁（Henry Fielding）的经典小说《约瑟夫·安德鲁斯》（*Joseph Andrews*）。如果我们决定像其他孩子一样来一场表演，则会从英国著名社会风俗喜剧作家谢里丹的《造谣学校》（*The School for Scandal*）中挑选精彩片段。

我们家庭的艺术和文学生活的确是绚丽多彩的，简直可以说是一个戏剧之家。但是，科学在我父母高雅的文化视野中仍然扮演了不可或缺的角色，这是他们现代主义的标志。我们一直都是坚定甚至骄傲的无神论者，我们把伽利略被宗教迫害的故事奉为创世经典，“地球仍然在转啊”是我们的口头禅。我的父亲是一位英文教授，他曾在宾夕法尼亚大学师从纳尔逊·古德曼[①]。父亲会向我们讲述可验证性原则及归纳逻辑。母亲也就读于宾夕法尼亚大学，并参与了世界上第一批真正意义上的语言学项目，她的学长是革新了语言学研究的乔姆斯基。当做生意的表亲问母亲会多少种语言时，她冷冷地回复：“我的研究项目是形式语言学和语言学中的数学逻辑。”在我四年级时，老师把名词定义为“人物、地点或事物”，我忍无可忍，向她解释了结构语言学中的分布分析法和转换生成语法。我们兄弟姐妹都对学校不屑一顾，但是在这种情况下，我又不禁为老师们的遭遇表示同情，谁让他们班上有无所不知的高普尼克孩子呢。

毫无疑问，我们家族有些不同寻常，我们是所谓的“早慧儿童”“神童”。如果用当时的流量心理学观点来解释，我们也可能会被视作“心理扭曲”“神

---

① 纳尔逊·古德曼（Nelson Goodman），美国著名分析哲学家、逻辑学家、科学哲学家和美学家。——译者注

经质”。但是在我们的成长过程中，真正不同凡响的地方在于，父母居然能够让我们的“异于常人”看起来自然而然、水到渠成。在大家看来，我们过的就是正常、普通而快乐的生活。他们完全致力于培养孩子的知识素养，但他们的付出与21世纪追求向上流动的中产阶级父母完全不同，那些父母总是一门心思想着如何让孩子名利双收。

父母18岁时相识相知相爱，之后双双辍学，在接下来的11年里生了6个孩子。在我童年时，父亲常常同时身兼数份文职工作，母亲则负责专心照顾家庭。后来，他们重返校园，获得了博士学位。我们家并不富裕，甚至可以说十分清贫。然而，父母总是想方设法地让我们沉浸在艺术的熏陶中，即使家具，也会选择设计精妙的现代风格。在我5岁之前，我们一直住在费城的公租房里。之后，父母花了9 000美元在41街和洋槐街买了一座维多利亚式的老房子，虽然那个社区不怎么样。他们砸掉房子的外墙，露出里砖，重新粉刷。最终，我们的房子焕然一新、时尚美观。

我上的是费城普通的公立小学，从未参加过“天才班”，也没有参加过课后补习班或夏令营。上课时，我总会觉得百无聊赖，因此只好在课桌下放一本书偷偷阅读；回家后，我窝在复古的贝尔托亚椅上舒舒服服地阅读；夏天，我在花园中的躺椅上悠然自得地阅读。小学毕业之后，我成绩平平，但这并不是什么大事。我当时肯定是上不了加州大学伯克利分校的，现在我却在这里任教。**对我而言，学习不是获得成就的方式，而是我呼吸的氧气。**我从未感到自己的富足，但我的确注意到，有些孩子看起来简直一贫如洗。总的来说，我那时过得很开心、充实。

我从未想过要成为科学家。我确实想过要做哲学家，用毕生精力穷思极虑，并且想从事儿童方面的研究。最终，事实证明，成为一名发展心理学家是最好的选择。我们的家庭氛围和古德曼式分析哲学的缜密严谨不谋而合。后来，我的弟弟妹妹们一个成了《纽约客》(*New Yorker*）的专栏专家、美国国家科学院海洋研究委员会会长，一个成了近东考古学家、《华盛顿邮报》艺术评论家，还有一个做了公共卫生管理人员。我坚信，他们能有今天的成就，我们家百科全书式的家庭教育功不可没。

我在读书上是个杂家。一开始我尤其喜欢科学书，后来就什么都读。我读过乔治·伽莫夫的《物理世界奇遇记》(*Mr. Tompkins in Paperback*)。伽莫夫用奇幻生动、富有想象的方式介绍了量子论和相对论。直到今天，我脑海里还能浮现出物理世界的奇境画面，我依然把电子想象成赤身裸体、胡子拉碴的中年男子，在宇宙中四处回转。我读过很多遍艾芙·居里（Eve Curie）撰写的她母亲的传记《居里夫人》(*Madame Curie*)。我想在当今的科学界，应该没有哪位女性没有反复读过《居里夫人》吧？但我也不是那种能耐下性子去做化学实验、收集甲虫的孩子。虽然我喜欢居里夫人千辛万苦从巨型铀矿堆里提取微量放射性元素镭的故事，但我觉得这份工作太枯燥了。到了研究生阶段，我从哲学研究转向了心理学研究。在心理学研究中，我们运用变量控制和试点研究，这不正像是居里夫人的元素提纯工作吗？如此看来，居里夫人的工作其实很有趣啊。而我最爱的一本科学读物叫《探索科学方法》(*Discovering Scientific Method*)。这本书没有涉及特定科学领域，它阐释的重点是何为科学哲学，以及如何在日常生活中运用科学思维。

说来也怪，在我的记忆里，我与哲学的邂逅居然是在电视上。我在 10 岁时，恰巧和家人一起看了一部关于苏格拉底的最后日子的戏剧作品。尽管父母觉得其中的人物刻画得有些感性，但我对此兴趣浓厚。我一直好奇，苏格拉底是以怎样的形象出现在1966年的电视黄金时段的。于是就在我写这篇文章时，我给家人发了封电子邮件，询问他们是否还记得更多细节。我的作家弟弟亚当立刻回复了我的电子邮件说，我们看的其实是马克斯韦尔·安德森（Maxwell Anderson）的作品《赤足走雅典》（*Barefoot in Athens*），由彼德·乌斯蒂诺夫（Peter Ustinov）主演。他记得里面的情节，但我只记得那场辩论，彻底忘记了其中的文学性。这倒解释了我为什么一直觉得苏格拉底留着金色的胡子，有一口英国腔。与其说我喜欢英雄叙事，不如说我感兴趣的是这些人怎么每天什么都不做，一直在思考和交谈。

父母曾经给过我一套企鹅出版集团的经典作品《柏拉图作品集》。这套开胶脱页的平装书的封面上印着拉斐尔的经典名画《雅典学院》。让孩子读这类深奥难懂的书籍是我父母的一贯作风，他们不认为孩子驾驭不了。读过这套书后，我决定就要过这样的生活。在我眼里，和18世纪的伦敦、20世纪20年代的巴黎一样，古雅典的文明繁荣兴盛，像极了高普尼克家族。于是，我还在后院搭建了雅典卫城的模型，用木棍和石头摆成哲学家们群雄舌战的样子。

这次真正意义上的哲学邂逅也有一个小插曲。我印象最深刻的是作品集中的《斐多篇》（*Phaedo*），该篇文章反复探讨了苏格拉底对灵魂不朽及不言轻生的生死观。我当时只有10岁，即便真的少年老成，我也畏惧死亡。作为一名坚定的无神论者，我也完全有立场质疑他“灵魂不朽”的言论。苏格拉底表示，灵魂不会无缘无故地出现和消失，灵魂超越个体生命永存于柏拉图式的天堂之中。令我大为震惊的是苏格拉底居然完全没有提到儿童。在我看来，个体灵魂的创造，至少部分归功于基因，部分归功于思想。肉身会死亡，但基因和思想将星火流传。当然，这种现代科学观念不可能存在于苏拉格底那个时代。

但即使苏格拉底不知道基因，也该知道儿童吧？为什么《斐多篇》中提也不提呢？

通篇不提儿童是不是很奇怪？我的家人，尤其是我，都觉得孩子举足轻重且天真可爱。长姐为母，此话不假，我就是弟弟妹妹的半个家长。甚至弟弟妹妹说，我朝督暮责，可比父母严格多了。成家之后，我很快有了自己的孩子，现在最小的孩子才 15 岁。我一生都忙于照顾孩子，觉得婴幼儿总是让人喜出望外，他们是我最有意思的伙伴。

许多科学家表示，他们对自己研究方向着迷远远早于对科学的理解。他们在童年时期或凝望星空，或收集蝴蝶，或痴迷于恐龙。但我怀疑很少有科学家在童年时期会对婴儿爱不释手，因为那些喜欢婴儿的孩子大多最后成为幼儿园老师、儿童图书馆管理员，或者干脆成了全职妈妈。如果一个天资聪颖的女孩望着星空如痴如醉，她可能在成年后会勇敢地直面女性科学生涯中的重重阻碍。除此之外，她无能为力。但如果一个天资聪颖的女孩对小孩爱不释手，她只能循规蹈矩，甚至从未奢望过从事科学事业。的确如此。孩子实际上是女性科学生涯的最大阻碍，科学机构制度也让女性难以平衡家庭和事业。现在看来，我命中注定要成为哲学家和心理学家，研究心智发展及哲学意识。假如当初稍有差池，我可能就只能成为一个幼儿教师或教工家属，这会让我终日垂头丧气。

童年到底是何时结束的？这个问题对于一个少年老成的孩子来说实在不好回答。你可以说，这样的孩子是年纪虽小但心智成熟；也可以说，这样的孩子从小到大心智并无长进。对我来说，一个转折点是在我 12 岁的时候。那年，我们从费城搬到了蒙特利尔。在蒙特利尔，我进入了短暂而痛苦的高中生涯。

1970 年，15 岁的我被麦吉尔大学录取。由于我的父母当时就在麦吉尔大学任教，因此我一直就知道只要我够坚定，就可以选择任何喜欢的课程。大一那年真是精彩纷呈，我参加了研究生研讨班，主讲教师来自哲学系、计算机科学系、心理学系及语言学系[①]。之后，我获得荣誉生的殊荣，创办了哲学系学生联盟（Philosophy Students Association）并担任联盟主席，统管一切事务。麦吉尔大学并没有革新性的认知科学研究，但这里浓厚的学术氛围毋庸置疑，我有相当一部分本科同学之后都成了认知科学领域的权威人士。

作为一名研究发展心理学的心理学家，我经常要在各种场合对美国的科学教育改革发表意见。我在想，我自己的学习过程可能也存在不足之处。如果我能够更加自律、勤奋，不做“狐狸”而做“刺猬”，没准我现在可以更加出色。现在想想，如果那时能多做一些数学题就更好了。但总体而言，我认为现代教育应该让孩子多参加一些我当年那种非正式课程。我们兄弟姐妹并非天赋异禀，但是我们有大量的学习机会，并且父母高度重视我们的教育。我还认为年轻的女孩不该认为生儿育女是科学生涯的绊脚石。虽然我很幸运，但是儿童成长与科学事业的发展不能单凭运气。

① 麦吉尔大学的语言学是北美洲首个提供认知科学课程的专业。

22 CURIOUS MINDS

先想清楚自己想做什么，再选择职业

心理学家

霍华德·加德纳（Howard Gardner）

哈佛教育研究生院教育学教授、心理学教授，波士顿大学医学院精神病学教授，多元智能理论之父。

20 世纪 80 年代以前，几乎所有人都相信一个人的聪明程度和他未来所能取得的成就取决于智商（IQ）。1983 年，加德纳在他的代表作《智能的结构》（*Frames of Mind*）一书中提出了“多元智能”的全新理念，他认为人的认知能力绝不是“铁板一块”，而是多种智能的组合。这一理论打破了传统智力理论的基本假设，重新定义了“人类智能”，堪称“心理学界哥白尼式的革命”。

我们需要具备两大能力，长期自我约束的能力和创造力。前者能让我们深得要领，汲取知识，后者能让我们打破常规的思维方式，发现一个截然不同的新世界。

——霍华德 · 加德纳

CURIOUS MINDS

公司法和社会科学专业有一个共同特征，那就是均不被孩子们喜欢，几乎没有哪个孩子梦想长大后进入这两个领域。运动员、电影明星、医生甚至总统之类的职业明显更受他们的欢迎。在我看来，让孩子感兴趣的法律领域应该仅限于法庭审判，而多数孩子更喜欢的研究领域大抵是生物学或物理学这样的前沿学科。我是个例外。我从年轻时开始从事心理学研究，迄今已 35 年有余，现在我已进入花甲之年。我的研究范围包括普通儿童及早慧儿童的认知发展，大脑损伤对认知能力的影响，智能、创造力、领导力的本质特征，以及在市场化社会背景下职业伦理道德的走向。如果当初没有走上学术研究的道路，我现在极有可能在律师事务所工作，每天憧憬着退休之后的生活。我的职业选择能为你带来哪些启示呢？现在请让我为你慢慢道来。

由于希特勒对欧洲犹太人大肆迫害，大批犹太人从纳粹德国移民到“安乐园”[①]——美国。希特勒并没有想到，美国将在这批犹太人身上获益颇丰。我的父母出生于第一次世界大战之前的德国纽伦堡市。1938 年，父母随着大批

① 纳粹德国热衷于研究原子弹技术，但是由于其对犹太裔科学家的迫害，大批科技精英逃往美国。最终，在他们的努力下，美国成为世界上首个研制出原子弹的国家。——译者注

犹太难民由德国逃往美国，他们于当年 11 月 9 日抵达美国。就在这天夜里，德国纳粹党人对德国和奥地利的犹太人发起了大规模的袭击，这就是历史上臭名昭著的“水晶之夜”事件。不久，他们搬到了宾夕法尼亚州的煤炭城市斯克兰顿（Scranton）。5 年之后，他们生下了我。又过了 3 年，我的妹妹也来到了这个世界。

童年时期，两大阴影一直萦绕在我的心头。其一就是纳粹党人对犹太人的大屠杀。和许多幸存下来的犹太人一样，父母很少向我和妹妹及熟人提及这段伤心悲惨的历史。从我听到的许多故事可以清楚看出，他们其实一直在关注有哪些人幸运地逃了出来。我们的少数亲戚逃出来了，但不是每个人都那么幸运。直到最近我才发现，父亲一直在打探那些亲戚的下落。父亲在帮助亲人方面可谓倾尽全力，尽管我们在斯克兰顿的一间小公寓里蜗居，但是在父亲的安排下，许多无家可归的亲戚都曾挤在我们家过夜，有的甚至会在那里住上一阵子。

其二是我哥哥埃里克的死。哥哥出生于 1935 年，3 岁时随父母一起来到美国。初来乍到时，他一句英文也不会说，但他天资过人、聪明伶俐。然而造化弄人，哥哥在滑雪时因为意外事故死在了母亲的面前，父母因此悲痛欲绝。后来父母告诉我，当时如果不是因为母亲怀了我，他们可能会一死了之。令人费解的是，父母在我小时候从未说过我有个哥哥，我想可能哥哥的死是他们生命中无法承受之痛。他的遗照摆在家中非常醒目的位置，每次当我问起照片里的小男孩，他们就告诉我这是邻家哥哥。当然，这种事是瞒不住孩子的，我逐渐发现了真相。父母原本对天资聪颖的哥哥寄予厚望，失去了哥哥以后，他们把对哥哥的思念与期望全部转移到了我身上，这对我的发展产生了至关重要的影响。我花了很长时间才逐渐摆脱。

我和同事对各行各业的翘楚进行了一项调查研究，让他们回忆自己 10 岁左右时的样子。那么 10 岁的我又是什么模样？那时的我中等身材、微胖、黑色头发，戴着一副深度眼镜，有些笨手笨脚。我是手不释卷、勤学好问的那类孩子。我对事物充满好奇，总是问东问西，尤其喜欢问刁钻的问题，年长的孩子、老师、大人都是我的提问对象。我也热爱写作，在 7 岁左右就踏进了新闻传播行业，除负责学校报纸的出版工作外，还成立了自己的家庭报社。我也是从那时起开始学钢琴，我颇有弹琴天赋，再加上每天勤学苦练，弹得有模有样。十几岁的时候，我感到练琴太过枯燥乏味，便放弃了。如若不然，我大有可能成为一名音乐家。但是，倘若真的从事音乐行业，我可能也不会成为钢琴家，倒是极有可能成为作曲家。哥哥的意外身故让家里蒙上挥之不去的阴霾，父母不允许我进行户外运动。我患有先天性斜视，双眼视觉异常。我还患有色盲，视力模糊，无法辨认人脸。还好我有眼镜！不过父母并不反对我参加童子军夏令营。我连续 7 年参加了夏令营，热衷于童子军组织的各种活动，在各类比赛中屡战屡胜，13 岁时荣获鹰级童子军军衔。1956 年，我接受了犹太教成人礼，挥别了童子军生涯。

那么我是如何走上科学研究道路的呢？其实幼时的我并没有展现出任何科学研究的天赋。相对来说，我成为社会科学家尚在情理之中，但不太可能是理论物理学家或分子生物学家。我并不喜欢户外活动，很少采集野花、研究昆虫或解剖老鼠，除非完成这些任务可以获得童子军勋章。我从未组装过收音机，也没拆卸过汽车配件。我的数理成绩尚可，但并没有展现出独立研究的倾向。不过我确实对历史、文学等人文学科更感兴趣。那时，我对心理学还一无所知。但是我清楚地记得，读中学的时候，我浏览过一本心理学教科书，并对书中有关色盲的研究十分感兴趣。

1961 年的 9 月，我正式成为哈佛学院[①]的一名大一新生，这彻底地改变了我的人生。读本科之前，我在学校算是出类拔萃的人物，但是进了大学以后，周围的同学个个才华横溢，我顿感相形见绌。起初，我为此深感惶恐。但是，我迎难而上，取得了不俗的成绩。哈佛是我挚爱的学术殿堂。在学院里，我不仅修读了多门课程，还旁听了一些课程，从中国水墨画到经济思想史，等等，过得无比充实。据我所知，还没有谁像我那样旁听了那么多门课的。我对学术研究一直很感兴趣，起初我是历史专业的学生，但很快我就发现社会科学的实证话题比单纯的历史研究有趣得多，于是我转到了社会关系学系。这是一个新兴的跨领域学科，综合了心理学、社会学和人类学等学科。哈佛学院有大批优秀学者，他们对我影响颇深，其中包括著名精神分析学家埃里克·埃里克森（Erik Erikson），他在我大三、大四时成了我的导师，还有一批广义上的社会学学者，他们中的一些人有欧洲或犹太背景，是 20 世纪 30 年代移民潮中的代表。

我选修了许多法学或医学预科生的必修课程，并且取得了不错的成绩，但也不清楚究竟是否有意为之。我无意成为医生或律师，只是想向自己和父母证明我有这个能力。那时，我已经对社会科学心向往之。起初，在埃里克森的影响下，我想学临床心理学。但是后来我认识了哈佛大学的著名认知心理学家杰罗姆·布鲁纳（Jerome Bruner），并拜读了儿童心理学家让·皮亚杰（Jean Piaget）的大作，又对认知发展心理学心驰神往。因此，在伦敦政治经济学院的社会学与哲学专业进修了一年之后，我又回到哈佛大学攻读发展心理学博士学位。读博期间，我认识了著名哲学家纳尔逊·古德曼。1967 年，由他发起的“零点计划”（Project Zero）在哈佛教育研究院立项，该计划致力于培养艺术思维及创造力。作为该计划的创始成员之一，我担任联合主管 20 载，对此深感荣幸。

① 哈佛学院（Harvard College）：哈佛大学招收本科生的学院。——编者注

读者也许会问，你为什么不选择“更难的”自然科学呢？原因是我对数学、物理学、化学等硬科学丝毫提不起兴趣，倒是很喜欢生物学。这多亏了我在哈佛的生物学老师，也就是视网膜色素专家乔治·沃尔德（George Wald），他于1967年获得诺贝尔生理学或医学奖。在博士后阶段，我选择了神经心理学的研究领域，与神经科学家诺曼·格施温德（Norman Geschwind）共事，在康复诊所从事失语症研究工作20年。我的重要科学论文都是有关神经心理学的，我也是该领域首批研究右脑的语言认知能力的科研成员之一。如果我专门从事认知神经学甚至发育神经生物学研究，应该也能够事业有成，但我终究没有直接走上科学研究之路，而是转向了教育改革和社会政策问题研究。

那么我可以成为一名泰斗级的科学家吗？我想应该不能。我所擅长的领域是综合性研究，而非创新型实验。尽管我的研究工作意义重大，但谈不上出类拔萃。保罗·艾克曼（Paul Ekman）能数十年如一日地研究面部情绪表达，对此我深感佩服，但我绝对做不到。我了解自己的个性。有时回想往事，我会想假如我童年的经历与当初大不相同，没准我会对自然科学更感兴趣。在标准化测试中，我的数理成绩一直高于语言成绩。遗憾的是，我的家庭环境和学校教育没能起到引导作用，我本身亦缺乏强大的内在动力自学成才。假如我出身于乔治·沃尔德与露丝·哈伯德（Ruth Hubbard）的家庭，那我的人生轨迹可能截然不同。

至于我为何能够胜任社会科学研究，在我早期的人生经历中是否有迹可循，我认为以下4点值得关注。

第一，我自幼对天文地理、古今中外充满好奇。我的阅读范围极其广泛，从书本、报刊到百科全书，尤其喜欢个人传记，可谓博览群书。如今，我依然大量阅读各类报刊，甚至达到了有些痴狂的地步。我这种探照灯般的好奇心更适合社会科学，毕竟分子生物学、粒子物理学这样的领域需要注意力如激光般高度集中。这也是为什么即使我被告诫不要去调查新领域时，我还是会去。我渴望了解那些尚未被描述和分析的事物，并将我的综合性成果与他人分享。

第二，比起自然世界，我对人文社会更感兴趣。很难说为什么，这可能跟家庭影响有关。尽管我家的上一代人高度重视子女的教育，但他们本身所受的教育程度不高，掌握的自然科学知识有限，所以自然只能把孩子的兴趣引导至人文学科上了。

第三，我喜欢研究人类社会的种种现象，但并非像小说家那样去描述人类，像医者那样救死扶伤，或像老师那样传道授业解惑。也就是说，我的工作并不需要直接与人打交道。作为犹太移民，我属于斯克兰顿的边缘群体，比美国本地的白人群体更加了解民生百态。然而，因为父母对我保护过度，对犹太大屠杀和哥哥的死只字不提，我发现我无法直面人世疾苦。我更愿意一步一步调查事情。犹太大屠杀的影像资料、文字记载实在让我不忍直视。我之所以能把《辛德勒的名单》看完，完全是出于工作的需要。《钢琴家》我却没能坚持看完，因为主人公注定要从世外桃源走到现实社会，经历人生的痛苦折磨，这实在是生不如死。

第四，我理解事物的方式通常是从定义、分类和归档开始的。美国著名生物学家爱德华·威尔逊曾评价我是在用博物学家的方法研究人类社会。我早期的心理学及社会关系方面的论文都采用了这种研究方法。我的著作也遵循着这样一种研究套路：先描写一种有趣的现象，然后介绍研究方法，包括分类归档法，再列举一系列相关的例子，并提供解决问题的方法，讲认知科学的《思维的新科学》(*The Mind's New Science*)、讲创造力的《大师的创造力》(*Creating Minds*)、讲领导力的《领导智慧》(*Leading Minds*)、讲职业道德的《优善工作》(*Good Work*)及《改变思维》(*Changing Minds*)都是这样。我采用的研究方法通常是描述性而非解释性的。在描述研究对象时，我小心翼翼，尽量避开解释性研究法，尤其它那套华而不实的手段和方法。我还认为，这两种研究方法并非完全独立，因为如果描述足够精确，也能起到解释的作用。我更喜欢的表达方式是书，而不是论文或专著，这也是我和其他科学家不大一样的地方。我是按照写书的思路思考问题的，用书本的形式把我对某一现象的最新见解表达出来，带着读者一起沿着我的思路前进，并尽可能做到构思巧妙，以提高可读性。

我一直认为自己采用的研究方法主要是描述性、综合性的，而非开创性的，因此我百思不得其解，为何我会成为争议的焦点。我一直埋头苦干、低调研究，刻意避开热门话题和争议性话题。但是，我的多元智能理论①在民间和学术界引发如此强烈的反响，实在出乎我的意料。所谓的多元智能理论，指的是个体身上存在 8 种相对独立的智能。我并不喜欢与人争论，但我发现自己可以优雅又不失风度地捍卫自己的观点。通过长期的思考与阅读，我的研究结论是经得起质疑的。我时不时地与人展开辩论，或许这恰好挖掘出了我在表演和辩论方面被埋没已久的天赋。我性格独立，拒绝接受正统，敢于为自己发声。我素来不喜欢与人争执，但也绝不退缩。

① 加德纳认为，个体身上相对独立存在着与特定的认知领域和知识领域相联系的 8 种智能，即语言智能、音乐智能、逻辑－数学智能、空间智能、身体－动觉智能、自我认知智能、人际智能和博物学家智能。——译者注

读到这里，有些读者可能要问了，为什么我没有用多元智能理论对我的人生经历进行一番解释。事实上，我最终的职业选择恰恰反映出我的学术能力倾向。在一些领域我可谓才智过人，在另一些领域则才薄智浅。我擅长语言与音乐，一生都在与这两种符号体系打交道，希望可以永远这样下去。我写作时，需要有音乐的陪伴。我相信，音乐的情感可以渗透到我的文字中。我的逻辑－数学智能不错，但空间感弱，肢体极不协调。我对他人的世界深感好奇，想要一探究竟，但前提是我要与对方的喜怒哀乐保持距离。从这个层面看，我与布鲁纳、皮亚杰的研究领域更为接近，而不是我的导师埃里克森。而至于我的自我认知能力如何，那就要留给读者判断了。

如果人生能够重新来过，我可能不会选择心理学。如果能重新选择，我希望我的职业能让我发挥出最大潜能，让我随心所欲、兴致盎然地去探索人类的天性、认知系统和人际交流。这也正是我要给那些决心从事某一领域工作的年轻人的忠告：**“先想清楚自己想做什么，再选择职业。要选择一个有远大前景、有无限机遇、灵活性高的职业。”**

最后我再说一点。我在所有的教育学著作中都写过，我们需要具备两大能力，一是长期自我约束的能力，二是创造力。前者能让我们深得要领，汲取知识；后者能让我们打破常规的思维方式，发现一个截然不同的新世界。我有此感悟绝非偶然。一方面，我的父母在德国长大，他们让我明白了一个道理，不管是进行音乐表演、心理实验，还是著书立说，如果你能够深得方法要领，便可事半功倍。另一方面，我生逢其时，那时美国正处于科技创新日新月异的时期，而我又是一个性格独立、不拘泥于传统、不受制于权威的人，绝不满足仅为现有的知识体系添砖加瓦。我打算抓住机遇，以此突破新的领域。就这样，偶然的个性探索与历史时期交织在一起，成就了一位社会学家。

23 CURIOUS MINDS

戴维，买单的永远是男性

进化心理学家

戴维·巴斯（David Buss）

得克萨斯大学奥斯汀分校心理学教授，在人类择偶策略的研究领域享有很高的声望，是进化心理学领域的集大成者。

巴斯获得过众多奖项，包括美国心理学会颁发的心理学早期生涯杰出科学贡献奖和斯坦利·霍尔奖。他还在世界各地发表演讲，并多次作为人类择偶策略方面的专家出现在电视科学纪录片中。

代表作有《欲望的演化》(*The Evolution of Desire*)，《进化心理学》(*Evolutionary Psychology*)。

差异繁殖成功率是推动物种演化的引擎，对繁殖来说，没有什么比择偶更重要了。

——戴维·巴斯

CURIOUS MINDS

进化心理学家

戴维·巴斯 23

“择偶”是我成年后的主要研究课题。我为何选择了这么一个不同寻常的研究课题？若一定要探究这背后的原因，只能全凭猜测。人在讲述自己过去的经历时，会选择性地增删，也会对一些经历加以掩饰。这无疑会有所偏颇，难以做到真正的客观。我们讲述的故事也不太可能全然不受地位和声望的影响。尽管如此，无论我们如何渲染，这些故事还是有价值的。小说家纳博科夫在回首青春时写下的文字，可以精炼概括我的人生故事中的一个主题：

> 一个年轻作家对他日后会成为的老作家的狂热之爱，是一种值得称颂的勃勃雄心。这种爱没有得到著述颇丰的老人的回应，因为即使他确实不无遗憾地回想起那是年轻人单纯的爱好和天真的性情所致，他对于青春年少时的笨拙练习并不多加思考，而只是耸一耸肩而已。[①]

我的青葱岁月的确可谓是“天真”“单纯”“笨拙”的。

① 出自弗拉基米尔·纳博科夫所著《绝望》，朱世达译，上海译文出版社 2020 年出版。——编者注

我的家庭重视教育，可我的学业刚开始进展得并不顺利。我在印第安纳波利斯市长大。在人们眼中，我的哥哥才华横溢，命中注定要成为科学家。高中时，他各科的成绩都很优异，国际象棋棋艺精湛，辩论能力超群，数学也不在话下，大学入学考试成绩满分，成为科学家是顺理成章的事。我的妹妹颇有创造性，注定要成就一番事业，在哪一领域还尚未可知。而我的学业平平无奇，视力倒是不错，爸爸提议我可以去做飞行员。读初中时，我的成绩继续下滑。到了高中，勉勉强强维持在中等偏上。高中时，我还经常旷课。我铁了心地认为在学校里学不到什么。那时的我年少无知，正值叛逆期。关于那段岁月的具体细节，我总想忘得一干二净。一位学校辅导员在总结我的叛逆期时，失望地摇摇头，对我说道："巴斯，你需要引导。"

日后我确实得到了引导，但还没有那么快。因滥用药物，我两次被捕（指控随后被撤销）。之后，我决定辍学务工。我一申请便顺利通过，在新泽西州新不伦瑞克市（New Brunswick）邻近的一个卡车停靠站工作。面试官只问了我一个问题："你愿意上夜班吗？"我回答愿意，便获得了这份夜班工作，从晚上 7 点工作到早上 7 点，整整 12 个小时，做的是充气、轮胎动平衡、检查汽油等类似的工作。我的师父是一位 40 岁的男性黑人，可能是因为他服过兵役，我们都叫他"托尼军士"。在漫长的夜班时光中，托尼军士会和我探讨人生，有时会聊到女性。一次，我滔滔不绝地说着 20 世纪 70 年代初期普遍奉行的爱与和平的价值观时，托尼军士对我的天真无知表示了失望，他循循善诱地对我说："戴维，买单的永远是男性。"

"但是托尼军士，不是说恋爱自由吗？"

他摇了摇头，只说了一句："买单的是男性。"那时，我拒绝相信他的话。

我认为两性应该是平等的，恋爱与性爱应该是自由交换的，我肯定地对他说，世界是朝着自由开放的方向发展的。15 年后，我对 37 种不同文化人群的择偶情况进行调研，对象覆盖了六大洲、五大岛，研究结果表明托尼军士所言非虚。

我还记得在一次维修卡车的间隙，我煞有介事地说嫉妒是不成熟的表现，只有极度缺乏安全感、思想保守的人才会嫉妒。但当时我还没有女友。一年之后，当我有了女友时，我的态度已截然不同。我对妒忌心理的专业研究证实了男性对伴侣的忠诚度是多么执着。我还发现，有性经历的男性对伴侣的忠贞程度要求高于没有性经历的男性。这一结论与我们当时在卡车服务站的某次谈话内容不谋而合，但那次谈话之前被我忽略了。

我们的活动一般都在卡车服务站后面进行，一些工人就住在那里。站长们有时会“突然袭击”，以确保服务站的工作顺利进行，但那块区域不属于站长的监察范围。我们常在那里喝廉价的啤酒，一同打发这漫漫长夜，抓住服务站后面这一点一滴的快乐时光。他们虽然都拿着最低的工资，但是在我看来，他们依然十分快乐。在这里 3 个月，我觉得自己收获颇丰，感觉比在公立学校上学收获得还多。也许确实如此，但是同时我也付出了代价。有一天晚上，一个醉醺醺的司机威胁我说：“拿斧子给你理理发！”还有一晚，一名年轻男性就为了证明自己身强力壮，抡起棍棒袭击了我。我随后决定，我要寻求更好的谋生方式。

后来，两次重大契机扭转了我的命运。一次是在飞往阿姆斯特丹的航班上，我遇到一位女性。那时我还幻想可以彻底逃离美国呢。她比我稍大一些，已经拿到了生物化学的硕士学位，而我刚刚读完高中，还在上夜校。她在德国不来梅市长大，而我来自印第安纳波利斯市。但这些都不是问题，我们恋爱了。

另一次是在 1971 年。我通过当时试运行的“摇号系统”被得克萨斯大学奥斯汀分校录取了。所谓的“摇号系统”就是除了录取毕业成绩前 10% 的学生外，其他学生随机录取。而这个系统第二年就取消了。在奥斯汀的时光让我首次发现了上课的乐趣，我沉浸在知识的海洋中无法自拔。在地质学的生命演化与天文学的星系演化的课程中，我第一次接触了进化论。之前我全然不知世上竟有理论试图解释宇宙万物，包括地球上的所有生命形式是如何起源与演变的。“深时”[①]概念让我十分着迷。我想了解更多。

这两次重大契机恰巧吻合。那时，我的女友在遗传学实验室工作，而我在读大学。晚上，我们回到家中，她会让我把当天学到的知识一一说与她听。她热爱学习，羡慕我可以每天学习，而她每天只能“数果蝇”。自那以后，我变得和哥哥一样，也喜欢滔滔不绝地讲述知识。

上了大三，我发现，我的理想是成为一名科学家，探索人类的心智。我师从戴维·霍夫兰德（David Hovland），他是耶鲁大学著名的实验心理学家卡尔·霍夫兰德（Carl Hovland）之子。在戴维教授布置的学期论文中，我决定铤而走险，以“男性优势 / 征服女性”为题。我在论文中提出，在演化过程中，男性极度渴望不断提高地位，唯一的原因就是具有优势的男性可以征服女性。这是我第一次在摸索中建立进化论假说。我在草原狒狒身上找到了灵长类

① 深时（deep time）是个地质时间概念，是地下世界的计时单位。——译者注

动物的证据，并以实行一夫多妻制的澳大利亚提维氏族[①]民族志为数据来源。我在论文中写道："这种态势同样发生在美国的现代社会中。"戴维教授要我在班上展示我的论文，结果好评如潮，真是出乎我的意料。一年之后，在加州大学伯利克分校读研究生期间，我利用进化论对人类的择偶进行了第一次实证性实验。

那时还没有进化心理学研究领域，社会科学几乎不会涉及进化论。尽管大多数心理学教授对进化论毫无热情，同学们也对我的研究感到困惑，甚至嘲讽，但我始终坚持自己的研究方向。1981 年，当我拿到博士学位，成为哈佛大学的助理教授时，我知道自己已经没有退路了，必须坚持我的研究方向。心理学研究只是尚未意识到进化论大有可为而已。

我的过往经历中有没有蛛丝马迹可以充分解释我为何对人类择偶进化心理学情有独钟呢？也许还是有一些具体细节是能够解释的。童年时期的我就对女性无比着迷。七八岁时的我就不由自主地被邻家女孩吸引。当时我无法用语言描述这种感情，但后来我敢肯定，这就是爱。有一次，街坊邻居在玩"鬼抓人"游戏，被贴上标签的人只能保持静止不动，直到别人在你的脸颊上轻轻一吻才能让你获得自由。我心仪的女孩解救了我。我心潮澎湃，双颊滚烫，这种亢奋的喜悦感持续了几小时。

我的童年经历和我现在的研究领域有因果关系吗？也许吧。我总觉得我的

① 提维氏族是澳大利亚原住民，主要居住在澳大利亚北领地阿纳姆地附近海域的提维群岛。提维氏族的酋长有 29 位妻子。——译者注

经历是独一无二的。不过这一切只是猜测，目前尚没有充分的科学依据能解释儿童时期的吸引和好感。在成长过程中，我发现几乎每位同龄人对择偶一事都乐此不疲。同学们对这个话题津津乐道，从六七年级开始，甚至可能更早，我们的社交生活就离不开爱慕、憎恶、相互较量、横刀夺爱、性冲突，到了高中、大学、研究生甚至再往后都依然如此。很明显，并非只有我乐在其中。

在我对进化论兴趣盎然之时，我发现研究“择偶”再合适不过了。差异繁殖成功率是推动物种演化的引擎，对繁殖来说，没有什么比择偶更重要了。达尔文的“适者生存”是自然选择说的精华部分。若有某一领域可以证明自然选择说的“适者生存”还需要进行微调，那非择偶莫属了。适应真的是为了生存吗？事实上，有些适应行为会减小生存的概率，但可以促进演变，因为这类适应行为可以增大择偶的成功率。择偶本就是一件艰巨的任务，为俘获异性的芳心，男性在彼此竞争的过程中不断加快演化速度，协同演化，导致竞争无比激烈，人类在择偶过程中又面临着无数的复杂难题。鉴于以上因素，人类在择偶过程中所经历的心理适应变化错综复杂、高深莫测。

在查阅心理学文献、搜索与择偶相关的理论和研究时，我发现除了关于“吸引力”的零星研究，其他有关择偶的科学研究几乎为零。比如，人类如何展开竞争以俘获异性芳心？如何贬低自己的竞争对手？如何发出求爱信号？如何精挑细选配偶？如何保护配偶？以及是选择坚守爱情还是分道扬镳？有关这些择偶问题的研究还是空白。因此，我处于一个绝佳位置，我走上了一条研究的康庄大道。对择偶的研究具有无比重要的理论意义，我个人对此项研究也兴致勃勃，但当前相关的科学研究寥寥无几。在这些因素的共同作用下，我的选择是个必然。有时候，同事们说我很幸运，专业领域恰好是这么有趣的课题。确实如此啊！

24 CURIOUS MINDS

在科学世家成长意味着什么

理论心理学家

尼古拉斯·汉弗莱（Nicholas Humphrey）

伦敦政治经济学院教授，纽约新社会研究学院心理学教授，理论心理学家，是人类智力和意识进化方面的先驱，曾获马丁·路德·金纪念奖和英国心理学会图书奖。

汉弗莱是著名的“智力的社会功能”理论的提出者。此外，他是第一个在猴子脑损伤后证明存在“盲视”现象的人，以及唯一一位曾经参与编辑著名文学杂志 *Granta* 的科学家。

代表作有《灵魂之尘》(*Soul Dust*)，《一个心智的历史》(*A History of the Mind*)。

要成为一名出色的科学家必然需要大胆。若非如此，还有谁敢挑战科学家要做的事呢？

——尼古拉斯·汉弗莱

CURIOUS MINDS

1960年的节礼日[①]那天，伦敦市中心的高尔街空空荡荡。刚吃过早饭，我和外祖父希尔（A. V. Hill）从侧门进入了伦敦大学学院的解剖系，蹑手蹑脚地走上楼梯，来到他的实验室。这里阴森森的，就像停尸间一样，空气中散发着一股福尔马林的异味。天花板渗漏的水滴溅落在长凳上方撑起的伞面上，时钟嘀答嘀答地响，与水滴溅落的声音此起彼伏。除此之外，这里寂静无声，气氛诡异。外祖父将洗涤槽上的盖子取了下来，洗涤槽里挤满了活青蛙。祖父取出一只，仔细地端详它粗壮的大腿肌肉，又把它放在一个玻璃器皿中，让我好好观察。玻璃器皿旁的软木板上，解剖工具和解剖针已经准备就绪。

那年我17岁，当时的我一直在读黑塞[②]的小说《荒原狼》(*Der Steppenwolf*)。眼前的这一幕让我眼前浮现出魔剧院的场景，剧场的门上挂着一个奇怪的门牌："普通人不得入内。"我并非第一次觉得自己跨进了一个门槛，进入了一个

① 节礼日（Boxing Day），英国与大多数英联邦国家在12月26日庆祝的公众假期。——译者注

② 赫尔曼·黑塞（Hermann Hesse），德国诗人、小说家，后加入瑞士籍，诺贝尔文学奖得主。《荒原狼》是黑塞创作中期的代表作，亦是他创作生涯的里程碑。《荒原狼》通过对个人精神疾病的讲述，展示出现代社会中人性遭到分裂的恶果。——译者注

普通人被排斥在外的地方。但是在小说中，剧场的门牌下方还有另一行字："专为狂人而设。"我居然可以成为狂人中的一员！这让我既感到无比骄傲，同时也变得十分小心翼翼。

一般来说，大多数人在节礼日这天都会呼呼大睡，腹中的圣诞大餐还没消化完。外祖父却选择在这天工作，事实上这真的是再明智不过了。在他获得1922年诺贝尔生理学或医学奖之后，75岁高龄的他正在进行他后来称之为"肌肉力学的最后实验"的研究。那时，他刚刚改良了动圈式检流计，用于测量肌肉收缩时产生的热量。但是他的检流计灵敏度过高，哪怕屋外的街道上有一辆汽车驶过或脚步落地所引发的震动都会导致读数错误。所以，在这样只属于他和我的一天进行精准测量是最理想不过了。

这项实验其实并不需要我在场。但是对于外祖父来说，搞研究就是一件家事。长期以来，他都喜欢让他的孩子担任实验助理。现在轮到孙辈做他的助理了，所以他让我帮忙，这是例行传统之一。究竟是做实验助理还是魔法学徒？都有一点吧。

午饭时间，我们吃了芝士，喝了苹果酒，这是外祖父的标准餐。苹果酒是德文郡艾维布里奇村一个出版社送给外祖父的，色泽黯淡、寡淡无味。外祖父有一间老旧的度假屋，位于德文郡达特穆尔的郊区。德文郡引发了他的种种遐思，当时又只有我们两个人，于是他开始说起他是如何准确知晓初次踏足达特穆尔时的日期的。当时，外祖父和他的母亲在附近的农场度假。有一天，外祖父从农民那里借了一支枪，出门打兔子。正午时分，太阳逐渐被月球的阴影遮挡，眼前这一日食奇观让他惊叹不已。为了不被日食的阳光刺伤眼睛，他把怀表表面的玻璃拆下，取了兔子血抹在上面，安心地观察日食。多年后，他在一本天文年鉴中确定了当年日食的具体发生时间：1900年5月28日下午2时30分。

外祖父没有太多时间研究形而上学这门哲学，他曾经告诉我："形而上学不过是一套系统的骗人把戏。"但在那天早上，我们祖孙之间却建立起了不可思议的神秘纽带，他开始与我分享一些通常不会告知别人的秘密。兔子血和日食的故事告诉我们一个道理：日月星辰各行其道，众所周知的定律确定了它们的出现时间和运行轨迹。牛顿能够在几百年前准确预测彼时彼地可能出现的景象。但是兔子和男孩，对了，还有青蛙，他们则拥有另一种命运。究竟何时命运会出现重大转变？我们似乎无从得知。究竟有没有适用于人类行为的定律？如果有，又是什么定律呢？

外祖父一直把巴甫洛夫[①]视为好友，数次前往彼得格勒登门拜访。巴甫洛夫相信有朝一日心灵科学的严谨程度能够与物理学、化学相提并论。英雄所见略同，弗洛伊德也是这么认为的。1938年，弗洛伊德当选为英国皇家学会外籍会员[②]，是外祖父亲自接见的。出乎意料的是，他和外祖父虽然科学观念大相径庭，但却相处得很融洽。几年前，外祖父将一幅裱框的文字赠予我，那正是巴甫洛夫临终前写给苏联科学青年的"赠苏联科学青年"（Bequest to the Academic Youth of Russia），被后世称为巴甫洛夫的临终遗言。巴甫洛夫于1936年逝世，享年87岁。外祖父专门为我标出了下面这段：

① 巴甫洛夫，苏联生理学家、心理学家、医师、高级神经活动学说创始人，是条件反射理论的构建者，并在1904年因为在消化系统生理学方面取得开拓性成就获得诺贝尔生理学或医学奖。——译者注

② 英国皇家学会会员（Member of the Royal Society）是由英国皇家学会授予其认定的在物质学科领域和生物学科领域做出卓越贡献的个人的荣誉称号，一般分为皇家会员、英籍会员、外籍会员和荣誉会员。——译者注

> 永远不要试图用大胆的推测和假设掩盖知识的不足。不管眼前起舞的肥皂泡泡是多么梦幻，它们终会破裂。届时，你剩下的只有羞耻……即使鸟儿的翅膀再完美，若非凭借空气之力，也无法将鸟儿送入青云。“知识”就是科学人员凭借的“空气”，没有“知识”，你永远无法起飞，你所谓的“理论”也就是一纸空谈。

外祖父非常喜欢这一段关于肥皂泡意象的叙述。他认为，用这来描述弗洛伊德的理论再适合不过了。那天之后，我们回到了他的书房，他又抽出了一篇文章，这是我外祖母的哥哥梅纳德·凯恩斯（Maynard Keynes）于1925年写的：

> 我大胆说一句，如果我们承认弗洛伊德教授目前发表的所有案例都是自己编造的，目的是为了阐述观点、增加其观点的生动性和可读性，眼下拥护弗洛伊德理论的这股热情也不会有丝毫减弱。也就是说，他的理论赋予了人类直觉新的内容、新的魅力，这才是弗洛伊德理论值得认真思考的原因，而不是目前已发表的案例所采用的所谓归纳式求证……如果说弗洛伊德真的想把自己塑造成这个时代的天才人物，创新能力强，却不断颠覆人们的世界观、人生观，毫不在乎是否会得到我们的拥护，甚至说像魔鬼一样的人物，那我们确实应该郑重其事、不偏不倚地思考他的理论。

呵！写得太到位了！

我在外祖父身旁，一边仔细观察、聆听、理解，一边把林格液涂在青蛙的大腿肌肉上。那时我刚刚毕业，按原计划本将于10月前往剑桥深造，带奖学金攻读数学与物理专业。那时的我对生物学还一无所知。但是外祖父有不一样的想法，起初他可是一名数学家，后来才发现了生物物理学的世界。外祖父旁敲侧击地表示，真正亟待解决的难题在行为科学领域。几个星期以后，他安排我在普利茅斯海洋生物实验室（Marine Biology Laboratory at Plymouth）做他学生埃里克·丹顿（Eric Denton）的实验室助理。在那里，我可以，或者至少开始学习生命科学。

于是我就去了，开始研究起生物物理学。

诗人奥登曾写道："当我置身于一群科学家中间时，就会感到自己像是一个衣衫褴褛的助理牧师，走错门进入了一间聚集着公爵的客厅。"[①]从出生之时就命中注定是一位公爵，是什么样的感受？可能除了公爵本人之外，我们无从知晓。我想这种感觉应该非常独特吧。这是一种与生俱来的优越感，尽享各种特权，过得无拘无束，普通人难以企及。但是出生在一个科学世家是何种感受？我和许多人一样，都知道答案。我敢肯定，这也是一种特权，与公爵甚至有些相似。

我的外祖父是诺贝尔生理学或医学奖得主，卓荦为杰，堪称科学家的典范。丘吉尔在第二次世界大战时担任英国首相期间，外祖父是剑桥大学和牛津大学议会[②]成员。他在全球范围内倡导知识自由和学术责任。第二次世界大战开始的前几年，犹太科学家能陆续逃离希特勒的魔掌，外祖父可是起到了关键作用。在我的孩提时期，外祖父在海格特的家总有人登门拜访。那些人操着一

① 出自奥登所著《染匠之手》，胡桑译，上海译文出版社 2018 年版。——编者注

② 大学议会是大学政策制定和执行机构。——编者注

口浓重的中欧口音，笑容明朗，兴致勃勃地讨论着一些新发现。斗转星移，后来，这些来访的一部分人也成了诺贝尔奖获得者。

我外祖母的哥哥梅纳德·凯恩斯在我两岁那年就去世了，但是我们整个家族一直受到他的学术遗产的熏陶。他的妻子，苏联著名芭蕾舞者莉迪娅·洛普霍娃（Lydia Lopokova），一直保持着在布卢姆斯伯里学术圈的人脉关系，人到老年依然活力四射。叔祖父的弟弟杰弗里是一名外科医生和医学史家，他的妻子玛格丽特是达尔文的孙女。

我的母亲珍妮特是一名医生，后来成了一名精神分析学家，与弗洛伊德的女儿安娜·弗洛伊德（Anna Freud）共事。在母亲的兄弟姐妹中，莫里斯成了一名地球物理学家，他的研究工作对于证实板块漂移至关重要；戴维成了一名生物物理学家，子承父业，从事肌肉研究；波莉成了第一批经济人类学家，研究领域是西非可可豆贸易体制的运作方式。莫里斯和戴维都是英国皇家学会会员。这么一算，我的外祖母有 6 位直系亲属都是英国皇家学会会员，难怪她逐渐把皇家学会看成自己的私人会所。

我的父亲约翰·汉弗莱（John Humphrey）是一名免疫学家，英国国家医学研究所所长，从事抗体产生的前沿研究。但是和其他家庭成员一样，他也深度参与各种社会和政治议题。父亲发起的反核医学运动正是国际防止核战争医生组织[①]的前身，这个总部位于美国的国际组织后来还获得了诺贝尔和平奖。

① 国际防止核战争医生组织（International Physicians for the Prevention of Nuclear War，IPPNW），一个由 60 多个国家的全国性医疗团体组成的无党派联合会，致力于建立一个没有核毁灭和武装暴力威胁的更和平、更安全的世界。——译者注

我的祖父赫伯特·汉弗莱（Herbert Humphrey）是一位工程师和发明家，家中还有一幅祖父在《名利场》（*Vanity Fair*）上的经典肖像，这幅肖像以祖父的发明创造“汉弗莱泵”为标题。但是在童年时期，更让我引以为豪的是他在第一次世界大战时设计的“载人鱼雷”，这种鱼雷只能容纳一人操作，在第一次世界大战时被用来抵御德国战舰，他曾经提议由自己来做鱼雷的第一个操纵员，但遭到了当时在海军部任职的丘吉尔的拒绝。

祖父的弟弟威利是剑桥大学一名才华横溢的数学家。但是之后他信仰宗教，在西非当了一名传教士，因为与西非当地人发生了冲突而遭到斩首。我们一直觉得他甚至可能成了那些人的腹中餐。我并不认识他，但是我有一台他的望远镜，他当年曾用它眺望邮船驶入弗里敦港（Freetown harbor）。除了望远镜，我还留有一份令人扼腕断肠的电报，是他遇害之后，一位朋友发给他在英格兰的姐姐的。电报的内容很简短：“威利——哀恸的消息——详见后续。”他的这位姐姐就是我的姑奶伊迪丝。她本来也想成为一名科学家，但在19世纪90年代，英国学府尚无女性的一席之地，所以她去了苏黎世攻读博士学位。在那里，她听了化学元素周期表的发明人、俄国著名化学家门捷列夫的讲座。后来，她成了英国第一位女性工业化学家，一直活到了103岁，是我们餐桌上的常客。

我们家是一个大家庭，吃饭的时候餐桌旁很少有低于10人的情况。每逢学校假日，餐桌上就更热闹了。我们生活在一个气势恢宏的大房子里，那是一座苏格兰贵族式建筑，有26间屋子，花园面积超过6亩。这座城堡式建筑地处伦敦北部的磨坊山（Mill Hill），我父亲的研究院就在那一带。我和四个兄弟姐妹及两个失去双亲的表亲住在一起，还有15位表亲也都住在我们附近，见面十分方便。我们这一群小孩总是一窝蜂地跑来跑去。当我们聚在一起时，因为人数太多，大人简直管不过来。我们还会在外祖母的周日茶会上定期相聚。

1958年，年仅16岁的霍金因为父母远在印度，搬过来和我们一起住了一年。当时他还在上学，是一位拘谨甚至古怪的男孩。我比他小两岁。在我的记忆中，他有些盛气凌人。很多年后，我在他的50岁生日派对上再次见到了他，那是1992年。他在轮椅上带着大家跳舞，我问他是否还记得当年他教我们全家跳高地舞的事。其实，我还想告诉他，他当年在我们家的大厅里踱来踱去、挥舞手杖，假装大厅里坐了一群失意的学生，对着空气慷慨陈词，这个场景令人印象更为深刻。但是我忍住了。

童年时代，我们与科学同生活，共呼吸，只是当时我们还浑然不知。我家宽敞的地下室堆着满满当当的各种器材：祖父的引擎原型机、汉弗莱泵、鱼雷、车床锯片、麦卡诺装配玩具、摄影器材、威姆赫斯特静电发电机、显微镜、水族箱等。每逢周六，我们在父亲的研究院的走廊上跑来跑去；我们去坎布里奇市莫里斯舅舅所在的天文台参观游玩；我们跟着海洋研究船出海研究；我们陪伴霍金一家前往南米姆斯的树林寻找燧石箭头。

当然，去看望我的外祖父母希尔夫妇才是大事。每周日，外祖母都会举办一次正式茶会。茶会上热闹非凡，有时会出现三代甚至四代同堂的场面：外祖父的同事、学生与他的儿孙共聚一堂，一边坐的是儿童餐椅，另一边坐的是轮椅。享用完三明治和蛋糕，成年人表达谢意之后退席，到休息室去谈论科学和政治，孩子们则在花园里嬉戏。严格来说，我们家有好几个花园，因为外祖母什么东西都喜欢一式多份，因此渐渐买下了附近的好几处房产。

但外祖父也不会任由我们玩耍太久。几乎每周，他都会设计一些新游戏或新实验：青蛙比赛、射箭、放风筝。若天气不好，我们可能会来一个神奇的灯笼展。有一次，他从屠夫那里要了一个羊头，当着我们的面，在餐桌上就将它解剖了。我们的厨师因为这事可郁闷坏了。外祖父小心翼翼地拆开一只羊的眼睛，举着晶状体让我们透过它仔细观察。我透过这颗如宝石一般的眼球凝视着窗外的花园：绿草如茵，花园秋千，还有外祖母心爱的大丽菊。风光旖旎、画面清晰，只是一切景象都是颠倒过来的。

我仍然在想：在这样一个得天独厚的环境中长大，就这样被推进了科学世界，究竟会给人生带来什么样的影响？几十年的漫长岁月过去，我很容易将这种影响“小题大做”。但我们每个人都有独立的身份，每个人都有属于自己的童年。我们在自我叙述中总喜欢将如今的人归因于某个特定因素的影响，但谁又能真正肯定这一点呢？

“教养的迷思”这一概念近几年饱受诟病。然而，说到我的大家族，我却倾向于认为这种因果归因是真实存在、不容置疑的。童年的成长环境给予了我获取知识的便利，让我可以自由自在地提问、探查、质疑，去任何想去的地方求知。童年的我一直喜欢英国护照首页上的字：护照持有者可“自由通行，不受阻碍”。在我成长期间，我一直觉得自己有一本类似护照的许可令，可以让我随心所欲地探索世界，可以让我自由出入“普通人不得入内”的领域。

要成为一名出色的科学家必然需要大胆。若非如此，还有谁敢挑战科学家需要做的事呢？除了科学家，谁还敢揭开自然的神秘面纱呢？也许有人会出于不同的原因对自然的奥秘感到好奇，但我认为，最无与伦比的理由莫过于拥有类似中世纪封建地主拥有的某些特权。

出身于这样的家庭当然也有弊端。确实，我已经逐渐意识到，将这些特权视为理所当然并不全然是好事。就我个人而言，现在我意识到我的问题在于，在成为科学家的道路上，我从未付出过艰苦努力，也未曾感到过一丝惊喜或成就感。我不得不承认，正因为如此，作为一名科学家，我没有给予权利与责任应有的重视。如果我不是小心谨慎地一次仅研究一个项目，遵守学术规范，合理使用科研经费，也没有入错委员会，那么我的特权就可能会不复存在。类似这样的焦虑，我竟然从未有过。

巴甫洛夫临终遗言的结尾发人深省："君须谨记，科学家必然倾其一生奉献科学。若你除了科学之外还有其他生活，那是远远不够的，要热情洋溢地工作，孜孜不倦地探索。"同巴甫洛夫一样，祖父和外祖父都是兄弟姐妹中首位进军科学领域的。他们投入工作的热情丝毫不亚于那些全心全意献身科学以表感恩之心的人。尽管外祖父在工作之余也做了很多其他的事，但他一生中最初和最末的实验都在研究测量肌肉收缩时释放的热量。

我不经意间闯入了科学领域，研究领域涉及神经生理学、动物行为学、进化心理学和心灵哲学。作为孙辈，每当我回顾自己的研究生涯，精心挑选一路走来所遭遇的最有意思的难题时，我不由得心醉神迷，感慨自己三生有幸。但我也不禁在想：虽然从出生之日起就命中注定成为科学家，但是我是否真的有权利可以称自己为科学家？

25 CURIOUS MINDS

独处的时光成就现在的我

心理学家

朱迪丝·里奇·哈里斯（Judith Rich Harris）

美国知名心理学家、作家。1997 年获美国心理学会杰出心理学作家的乔治·米勒奖。

哈里斯是位独立的研究者，在演化、社会、发展心理学等领域深耕多年，见解独到。她撰写过多本关于“儿童发展”的大学教科书、畅销科普书籍。其中，《教养的迷思》（*The Nurture Assumption*）因挑战“家长是儿童人格发展最重要的关键因素”的传统观点，在学术界引起了巨大的震撼与反响，并入围了 1999 年的普利策奖决选名单。

人类在长期进化的过程中，形成了一种与生俱来的内在动力：与志同道合的群体为伍，并模仿其他群体成员的行为。

——朱迪丝·里奇·哈里斯

1957 年 2 月 12 日，美国弗吉尼亚州一名 9 岁女孩给时任美国总统艾森豪威尔写了一封信，表达她对废除学校种族隔离的支持。没想到，时隔 45 年后，已是著名历史学家的她再次看到了自己当年写的那封信。最近，她在接受校友杂志的采访时表示，再次看到这封信，她惊大于喜，甚至感到有些异样。她记得，幼时的自己并不是一个虔诚的宗教徒，长大之后也没有任何宗教信仰。但在写给总统的那封信中，她居然写道，“耶稣诞生”并不仅仅是为了拯救白人，还要拯救“黑人、黄种人、红种人和棕色人种”。她并不记得自己写过那番话，但她记得自己确实给总统写过信，信中的内容却大相径庭。她记得当时提出的理由与她现在的观点和主张应该非常接近。

别误会，这个 9 岁的小女孩并不是我。我的身份是科学家、作家，不是历史学家。再说，1957 年的时候我已经 19 岁了。即便我曾给总统写过信，这封信也不会时隔多年之后莫名其妙地重新出现在总统档案里，因为我的童年生活几乎没有任何记录。那时，我们经常搬家，无关紧要的纸质文件早已丢弃。因此，我的童年记忆不会有相互矛盾的情况，当然也无从考证。

记性具有可塑性，这一点史蒂芬·平克在他的文章里提到过，所以我们对个人自传的真实性应该持保留态度。历史学家德鲁·吉尔平·福斯特（Drew

Gilpin Faust）曾经说过：“我们在自述个人经历的过程中创造了自己。我们出于某种目的，强行给自己的个人经历赋予某种意义，反倒可能让它显得过于生硬、首尾不应。”心理学家伊丽莎白·洛夫特斯（Elizabeth Loftus）曾经说过：“记忆具有创造性，每天都要经历一次重生。每次你在脑海中重新构建事情的发生经过时，你就会添加一些情节。”你是基于当前的观点添枝加叶的。但事件发生时，你的观点可能与现在的截然不同。

我们不该把自传看得太过严肃的另一个原因在于，人们习惯从文化视角下看待过去和现在的事情。被强行赋予意义的个人经历会具有浓厚的时代特征和地域特征。发展心理学家杰罗姆·卡根（Jerome Kagan）提供了一个很好的例证，在《三个诱人的想法》（*Three Seductive Ideas*）一书中，他对爱丽丝·詹姆斯（Alice James）与约翰·契弗（John Cheever）这两位作家的个人自传进行了对比。两人都患有抑郁症，但詹姆斯是 19 世纪后半叶的作家，而契弗是 20 世纪后半叶的作家。詹姆斯认为，她之所以紧张不安、郁郁寡欢，是受了同时代绝大多数的人影响。而契弗则认为，他郁郁寡欢，是受童年经历的影响。在他的记忆中，小时候，家人经常吵得不可开交。

这个例证告诉我们，人们并不一定知道自己为何变成了现在的样子，大多数人会在文化视角下寻找解释。然而，提供这一例证的作者本人前后的言论却自相矛盾。我在《教养的迷思》一书中质疑了文化视角的解释，因为它缺乏相关证据的支持。结果，卡根在 1998 年《波士顿环球报》（*Boston Globe*）的一篇文章中驳斥了我的结论，因为那两本“自传回忆录”写的根本不是这么一回事。这是何其讽刺！

对传记要持怀疑态度的最后一个理由是，心智也影响着我们的记忆。史蒂芬·平克指出："人类的大脑可以细分为不同的模块，这些模块结构各异，在人类与世界的交互过程中各司其职。"虽然负责记忆人名、人脸和特征的模块处于大脑意识的范围内，但大多数模块并不在这个范围。因此，它们不会留下明显的记忆痕迹。以此类推，导致我们发生变化的模块不属于大脑意识的范围，我们无从得知它们在变化过程中到底起了什么作用，自然无法得知自己为何变成了现在的样子。换句话说，你当时都不知道发生了什么，事后又怎么可能想得起来呢？

同理，我的记忆也不一定可信。在读接下来的这篇文章，以及这本书的其他文章时，你要牢牢记住这一点。

自传作者笔下的亲子关系非好即坏，要么舐犊情深，要么养而不教。似乎没有多少父母是处于中间地带的，但我的父母就是。他俩都不是知识分子，从许多方面看，他们就是普通人。母亲高中时成绩优异，但家里供不起她读大学。父亲家境优越，但他可能有阅读阻碍，成绩一塌糊涂。祖父去世之后，父亲就从高中辍学了。

祖父死于恶性贫血，是一种自身免疫失调症。父亲患有强直性脊柱炎，是脊椎关节的关节病变，也是一种自身免疫失调病。因此，成年之后，他很少工作。由于饱受病痛的折磨，他暴躁易怒。我们家有 4 位成员，包括我弟弟在内，都要靠父亲的伤残保险（明智的投资）和遗产维持生活。因为父亲身体的原因，我们早年在亚利桑那州和东海岸之间来回奔波。到了我 13 岁时，我们已经搬了 6 次家，我换了 8 所学校。我的第一所学校是幼儿园。园方说我不守规矩，把我开除了。母亲得知我被开除以后，轻描淡写地说了一句："跟我说说怎么回事吧。"

那个年代的小女孩应该举止优雅、乖巧听话，笑起来有个酒窝。可惜，我不具备上述任何特质。我活泼好动、任性倔强，更糟糕的是，我还是班上年纪最小、最聪明的一个，也是为数不多戴着眼镜的学生。我很早就识字了，父母为我报名上幼儿园时，学校破格将我升入小学一年级。尽管我当时年龄太小，社交方面也不成熟，可我的学业进展顺利。但是父母搬家实在太过频繁了，四年级时，我来到位于纽约扬克斯（Yonkers）的小学。在班级里，我受到了排挤，没有人和我说话。在那里的整整 4 年，我一直被同班同学孤立。

我开始从阅读中寻求慰藉，但这遭到了父母的反对，他们认为阅读会影响我的视力。《小妇人》是我最爱的一部作品，我能够与书中的主人公乔感同身受。乔是一位崭露头角的作家，但那时我自己从未立志写作。我对野生动物兴趣浓厚，可能有志成为一名博物学家，但当时我并不知道还有与动物相关的职业。如果我能健康长大的话，我的志愿就是成为一名贤妻良母。除了阅读，我也喜欢玩布娃娃、养宠物。父母允许我喂养各种各样的动物，除了最常见的猫猫狗狗，我还养了蜥蜴、角蟾、乌龟、兔子、袋鼠、仓鼠、头巾大鼠和长尾鹦鹉。我们还成功地把一只知更鸟雏鸟抚养长大。在亚利桑那大学读本科时，我担任动物学实验室助理。有一天，我又把一条红尾蚺带回了家。

故事进展得太快了。现在让我们重新回到童年时期吧。在我四五年级时，有一件事情让我久久难以忘怀。有一天，几位老师扮成“流动记者”，走进教室，为学校新闻通讯收集资料。我们要回答的问题是：“你的志向有多大？”这个问题真够浮夸的。他们预料中的回答通常是“当一名电影明星”“加入洋基队”等。我故意耍小聪明，大声回答道：“1.6 米！”全班哄堂大笑。出乎意料的是，我的回答居然也出现在了通讯稿上，不过被改成了“身高长到 1.6 米”。我这才意识到，老师根本没听懂我的笑话，他们也没那么聪明嘛！。

顺便提一下，我终究还是未能达到我的“理想身高”。我的最终身高只有1.5米多一点儿。

12岁时，全家人搬回了亚利桑那州，我结束了遭人排挤的日子。从那时起，我的学习成绩也开始突飞猛进。来到新学校的第一天，老师在班上进行了一次生物测验。与往常一样，我们是在学期中途搬家的，所以我事先毫无准备，但老师要求我一同参加考试。成绩出来后，同学们纷纷过来问我考得如何。当他们看到我试卷上的成绩时，不禁对我佩服得五体投地：“哇！你一定很聪明。”就这样，我成了一名成绩优异的学生，和其他优秀的学生打成了一片。高中时，我与“文人雅士”为伍，校报、校刊的编辑都是我的朋友。我负责为校刊提供幽默段子，为校报撰写头条文章。

但这并不是我成为作家的原因。我的健康问题才是推动我走上写作道路的原因。我之前提过，我们家有家族遗传的自身免疫失调病。从我出生的那刻起，免疫系统的问题就如影随形，好在它每次出现的时间都很短。又得益于现代医学与手术干预，我已经成功地活到了65岁。早期的症状多种多样，令人费解。婴儿时期，我出现了皮疹的症状。儿童时期，我又出现不明原因的发烧、关节疼痛。当常见病毒来袭时，我总是病得比别人严重。到了青春期，我需要每天补充甲状腺激素。自身免疫性甲状腺炎在当时还是一种未知的疾病，但它引起的甲状腺功能减退症当时已经能够得到有效治疗了。

20岁前后是我身体健康状况最好的一段时期。我大学本科毕业后，进入哈佛大学攻读心理学硕士学位。之后，我却被退学，因为他们认为我不可能在心理学领域有所建树。退学后，我嫁给了我的研究生同学，婚后我们生了两个女儿。小女儿上学以后，我就在新泽西州默里山（Murray Hill）的贝尔实验室担任兼职研究助理。正当我打算重返校园时，我的免疫系统疾病发作了，给我的身体造成了严重的伤害。免疫系统先是攻击了我的背部关节，之后又攻击了不同的器官。背部疼痛令人苦不堪言。我生平第一次理解了父亲为何那么暴躁。我不能久坐或久站，大部分时间只能躺在床上看看电视、看看小说、玩玩文字游戏或者创建文字游戏。但没过多久，这一切就变得索然无味。

之后，一位朋友给我找了件可以用来打发时间的差事。这位朋友是新泽西州立罗格斯大学心理学助理教授，名叫玛丽莲·肖（Marilyn Shaw）。她有一篇论文惨遭期刊拒稿，她觉得如果我能帮她润色一下，或许能提高录用率。她认为我“深谙文字之道”。她这么说是因为之前有一次，她为一只狗寻找安身之所时，我帮她写过一则分类广告。那时起，她一直觉得我的文字功底扎实。偶然事情足以改变一个人的人生轨迹。我不过为一只狗写了寥寥数行的广告，人生却因此而发生改变。

玛丽莲给我寄来的不仅有她的论文手稿，还有相关数据。这些论文数据来自视觉搜索实验。这是一个以人类为实验对象、与某种信息处理能力相关的实验。我很快就发现，这篇论文需要的不仅仅是润色，还需要对论文数据进行解释。准确来说，它需要一个新的数学模型。现有的视觉搜索模型与她的实验数据契合度普遍较差，她之前展开实验的目的就是为了对这些模型进行测试。

但是好在玛丽莲提供了丰富的数据。之后的一年里，我化身科学家，在一台小型数算器上，把数据一个一个地输进去，构建出自己的数字模型，其中包括一个幂函数模型。幂函数是我在哈佛学到的为数不多后来证明有用的东西。在那一刻，我发现斯金纳的“行为法则”对儿童成长影响不大，但对宠物训练倒很有帮助。

随着模型的日臻完善，论文的质量也在不断提高。经过反复修改，我们的论文终于被一家期刊录用了。那时我已经是一名资深作家了。我还在床榻上为玛丽莲撰写了一份科研经费申请，并得到了拨款支持。利用这笔科研经费，她继续对模型预测进行测试。预测结果广受认可，好评如潮。但可惜的是，玛丽莲没能看到我们的第二篇论文发表。她于 1983 年死于宫颈癌。

那时，我已经成为一名作家。这件事也和玛丽莲有关。玛丽莲受邀为一本教科书编写其中一章。这是本入门级心理学教程，于是她把写作的任务委托于我。之后，该书的出版商找到了我，请我编写一章关于大脑与神经系统方面的文章。后来，他们又邀请我与他人合著一本发展心理学方面的教科书。发展心理学是我从未涉足的领域，但是我一口答应，勇往直前。我在病榻上，用膝盖撑着笔记本，以手写的方式，完成了第一版《儿童》（*The Child*）的编写工作。我的大女儿负责把文字输入打字机。《儿童》前前后后出了三版，在此期间，我只是一名作家，称不上科学家。对本科学历的人来说，编写教科书几乎没有发挥原创性的空间。我能做的也就是鹦鹉学舌，把权威人士的言论又说了一遍。那时，我对他们的观点深信不疑。

但是，1994 年 1 月 20 日那天，我突然不再相信权威，又变回了科学家。此前一年里，我在着手写一本生物学视角下人类进化发展的教科书。为此，我阅读了大量的心理学著作，广泛涉猎了心理学的各个领域，其中不乏在行为遗传学和进化心理学领域具有巨大影响力的文章。但是，当我读了一篇关于青少年犯罪的文章之后，我突然灵光一闪。那次顿悟（详见《教养的迷思》第 12 章）颠覆了我对童年的看法。自那时起，几乎每一篇我读过的发展心理学的文章都受到了我的质疑，同样还有我笔下的每一篇文章。我创造出一个全新的人格发展理论，并不再相信教科书。9 个月后，我向《心理学评论》（*Psychological*

Review）提交了一篇论文。在文章中，我有理有据地驳斥了人格发展的现有理论，并详细介绍了我的新理论。这篇文章于 1995 年发表，还获得了奖项。之后，我开始着手撰写《教养的迷思》。

目前，我正在撰写一本关于人格演化的书。尽管我健康状况并无改善，但是我已经可以连坐几个小时，不会有任何不适。螺旋笔记本也早已被电脑取代。我的症状被诊断为“系统性硬化症和系统性红斑狼疮重叠综合征”，这两种自身免疫性疾病会影响各类器官组织。多年来，我的关节、皮肤、血液、内分泌系统、消化系统和中枢神经系统都出现了问题。现在我的免疫系统已经“瞄准”了我的心脏和肺部。

那么我是如何成为一名科学家与作家的呢？毫无疑问，这里有遗传因素的作用。我对阅读的热爱、对权威的蔑视似乎是与生俱来的。但是，又有哪些环境因素会产生影响呢？

首先可以排除我的父母，他们可不是我的“榜样”。我也不是他们的理想女孩，他们希望我能像其他女孩一样。

其次，也可以排除我的老师。从幼儿园到研究生院的老师，我真说不出有哪位老师对我产生了重大的影响，包括那两个听不懂笑话的老师。

同龄人群是一个影响因素。人类在长期进化的过程中，形成了一种与生俱来的内在动力：与志同道合的群体为伍，并模仿其他群体成员的行为。对于孩子来说，这个群体就是他们的同龄人。这个过程就是所谓的社会化。在社会化的过程中，孩子的行为会与其他同龄人的行为日趋相似。但与此同时，还有另一个过程也在影响孩子的行为，即群体内的差异化。差异化会让孩子的行为与其他同龄人日趋迥异。群体成员身份不同，或者被其他成员划分为“不同类型”，这些情况都会扩大他们之间的性格差异。

令人费解的是，我似乎缺乏与人为伍的动力。这是因为我小时候有被人排挤 4 年的经历吗？还是说我天生如此？毕竟，先天动机的强弱程度因人而异，比如母性和性欲。可能，我当年遭到排斥的原因就是我没有足够的动力去迎合他们的标准。仔细想想，这可能也是我遭哈佛退学的原因。但是从长远来看，两次被拒之门外的经历都让我受益无穷。如果当初不是因为被人排斥了 4 年，我可能就不会变成一个性格内向的人。那样一来，我可能会如父母所愿，变得像其他女孩一样。而如果当初不是因为遭到哈佛退学，我也就不会变得特立独行，敢于向权威人士叫板。但我不明白的是为何花了这么长时间才产生叫板的力量。

我独自一人待在家中时，正是我最具有创造力的时刻，这也是我的故事的不同寻常之处。如今，科学研究通常依靠团队协作。思想碰撞、火花飞溅的地方通常能涌现出一批科学家与思想家，但我却是个特例。在我的论文被《心理学评论》录用以后，我才开始与相关领域的科学家和思想家互通电子邮件。在那之前，我都是“单打独斗”的。即使现在，我真正见过的同事也寥寥无几，我们主要依靠电子邮件交流。

大学与研究生的同学对我产生的主要是消极影响。时隔多年，我才开始质疑哈佛对我的评价。刚开始，甚至连我自己都在怀疑我能否在心理学领域有所建树。究其原因，很有可能是同学对我的影响。初中时，我被同学奉为“天才”，但是到了大学以后，比我聪明的人比比皆是，由此我失去了天才的光环。

我也确实不像是能成大事的人，我个头矮小，看上去就像个小孩。人们没事就喜欢拍拍我的头，没有人特别把我当一回事。

但是如果你能坚持孤军奋战，只通过文字与别人交流，那你的外表就无关紧要了。正是那些独处的时光成就了现在的我。

26 CURIOUS MINDS

不是童年经历造就了我们，而是我们影响着童年

实验心理学家
史蒂芬·平克（Steven Pinker）

当今西方世界最有影响力的思想家之一，《时代》杂志全球100位有影响力人物之一，《外交政策》杂志全球百名思想家之一，两次入围普利策奖。

世界著名实验心理学家、认知科学家和科普作家，主要研究视觉认知、心理语言学和社会关系学。哈佛大学心理学教授，麻省理工学院心理学教授，美国国家科学院院士，公认的“继乔姆斯基之后的语言天才”。

代表作有《语言本能》（*The Language Instinct*），《心智探奇》（*How the Mind Works*），《当下的启蒙》（*Enlightment Now*）。

在书写人生经历时，我们难免在真实经历的基础上言过其实，好让整个故事扣人心弦。因此，我们在为自己的人生构筑情节时，也倾向于为后来的人生际遇早早埋下伏笔。

——史蒂芬·平克

CURIOUS MINDS

如果我在这篇文章中写道：正是童年的经历为我日后成为一名科学家埋下了种子，那么这种言论纯属无稽之谈，请勿听之信之。如果你在其他文章中读到了类似的言论，那么我再次负责任地告诉你，这个观点同样也是耳食之言。作为一名实验心理学家，我的一个毛病是总会情不自禁地审视自己的心路历程。实际上，记忆中的童年经历虽然美好自在，但与实际情况必然有些出入。这就像商品包装图片，虽然看起来无比诱人，但事实却并非总是如此。我一直坚信，童年的回忆颇具欺骗性。因此，我是带着疑虑写下这篇文章的。

我的这种怀疑始于大约 10 年前。当时一个来访者问我："著名生物学家斯蒂芬·古尔德（Stephen Gould）在处女作的扉页献词中写道，'谨以此书献给我的父亲，感谢他在我 5 岁时带我去看霸王龙'。请问您在童年时有没有经历过这样的重要时刻，为您日后成为语言学家埋下了伏笔？"

我无言以对。当时我脑海中唯一的想法是：古尔德真是天才，竟然能写出这种骗人的鬼话！采访者看出了我的为难，于是她试图缓解这种尴尬的气氛："据我所知，您在魁北克长大，那里的语言环境一直备受瞩目。那么，得天独厚的成长环境是否对您日后成为语言学家产生了很大的影响？"我含含糊糊地回答："是的，正是如此。"当时，我内心里感激她帮我缓解了尴尬的气氛，但也觉得她的这番言论有些信口开河。事实上，直到读研究生，我才对语言学产生兴趣，而在成为终身教授以后，我才正式开始专注于语言学研究。在魁北克，语言确实是民族身份的象征，但我感兴趣的是遣词造句的规则，而这两者之间没有任何联系。但在那种场合，我一时半会儿想不出更好的答案，所以索性顺着采访者的意思蒙混过关。从那时起，我准备了一些俏皮话来应付这个问题，心情好时就说一些。这篇文章中也有这种鬼话，我自己是一个字也不信的。

人的记忆具有欺骗性。人们声称“记得”自己在电视直播上目睹肯尼迪被刺杀，“记得”自己曾经被外星人绑架……虽说记忆偏差已成为心理学课程的主要内容，但这并不是我对童年经历持怀疑态度的唯一原因。因为就算我们的记忆是准确的，我们也容易把它们的因果关系搞错。

1977 年，著名心理学家理查德·尼斯贝特（Richard Nisbett）与蒂莫西·威尔逊（Timothy Wilson）二人提出了一个经典观点：我们的选择偏好不受意识的影响。举个简单的例子，假如我们将一排华美的衣服陈列在别人眼前，然后让人们从中选取最爱的一件，那么他们可能会选择他们右手旁的衣服。如果你问他们做出这种选择的原因，绝对不会有人回答“因为它在右边”。你得到的答案将会是：他们喜欢所选衣服的材质或颜色。实际上，这只是一个心理实验，摆出来的这些衣服有些是一模一样的，只是摆在了不同的位置。实验对象可能万万不曾想到，从左到右的摆放顺序会影响他们的选择行为，因为他们从未参加过这样的心理实验。基于同样的原因，记忆也会受到某些因素的影响，导致我们无法分辨影响自己选择的因素。

基因是影响选择偏好的隐性因素之一。英国心理学家汉斯·艾森克（Hans

Eysenck）曾经说过，父母对孩子的影响最大的时刻就是怀孕那一刻。但是，人们又如何判断基因对选择偏好的影响呢？想要解决这一难题，我们只能把一对孪生婴儿从出生之日起就分开抚养，或把毫无血缘关系的两个婴儿放在一起抚养，除此之外别无他法。一些广为人知的例子或可表明职业选择会受到遗传基因的影响。例如，安·兰德斯（Ann Landers）和阿比盖尔·范·布伦（Abigail Van Buren）是一对孪生姐妹，她们的身份都是专栏作家；伯纳德·夏皮罗（Bernard Shapiro）和哈罗德·夏皮罗（Harold Shapiro）是一对孪生兄弟，他们都是大学校长。一项研究证实遗传基因的影响是真实存在的，尽管该项研究仅仅停留于统计层面。

很多人认为父母对他们的影响深远。一本自传、一次获奖感言，都是他们表达父母养育之恩的绝佳机会。在这功成名就的时刻，如果不对父母表示感谢，那简直是大逆不道。然而，行为遗传学的研究再次表明，家庭环境对子女的影响比人们想象的要小。现有的研究表明，倘若兄弟姐妹从出生起就在不同环境中成长，他们在禀赋和性情方面的差异，与一起长大的兄弟姐妹相差无几。另外，被收养的兄弟姐妹生活在一起，长大后他们的禀赋和性情也千差万别。这就意味着，不管他们的父母是无微不至、有条有理、温文尔雅的，还是不闻不问、杂乱无章、言谈粗俗的，对他们的后天成长都没有长远的影响。

行为遗传学还可以从一个方面证明童年经历同样对后天成长影响甚微。一起长大成人的同卵双胞胎不仅有着共同的遗传基因，还生活在同样的家庭、街区，连就读的学校、接触到的同龄人也大同小异。然而，他们性格特质的关联度不超过 50%。比起毫无血缘关系的人或普通的兄弟姐妹，同卵双胞胎的相似度要高出许多，但是还谈不上“别无二致”。虽然他们的遗传基因及生活环境如出一辙，人生结局却不尽相同。偶然性才是影响后天发展的重要因素。例如胎儿在子宫内大脑轴突的发育变化，睡上铺还是下铺，是否摔到脑袋，是否染上某种病毒，都会对后天发展产生重大影响。但很少有人会把偶然性与童年经历相提并论。

遗传基因与偶然性这两大先天因素虽然重要，但它们都是隐性因素，因此在回首童年往事、回味那些所谓的重要时刻时，人们通常会混淆因果关系。默里·盖尔曼在本书中他的章节里，用情真意切的笔触描绘了他儿童时期在布朗克斯的小树林里探索自然的经历。但如今，谁敢断言，在布朗克斯长大的孩子一定会热爱自然呢？更有可能的情况是爱好科学的孩子可以在任何地方探索自然的奥秘。因此，与其说童年经历影响着我们的后天发展，不如说先天因素影响了我们的童年经历。

我们总是无限放大童年经历的重要影响，不仅仅是因为我们总是忽略先天因素的影响，也是出于叙事手法的必要。高度还原生活的原貌未免索然无味，想想家庭电影、度假宣传片和电视真人秀就知道了。当然，也有例外。比如，《奥兹家庭秀》（*The Osbournes*）的价值所在是我们本以为一个玩世不恭的摇滚乐手会叛逆到随时咬下一只蝙蝠的脑袋，但实际上，他在郊区过着平淡无奇的生活。毕竟，艺术来源于生活，但又高于生活。因此，在书写人生经历时，我们难免在真实经历的基础上言过其实，好让整个故事扣人心弦。契诃夫曾经说过，如果剧本第一幕出现了一支枪，第三幕中就必须有开枪的场景，不然这把枪就没有存在的必要。因此，我们在为自己的人生构筑情节时，也倾向于为后来的人生际遇早早埋下伏笔。

自传往往都不怎么真实的一个原因是人们都希望自己光鲜亮丽。实证研究表明，人们在解释自己的行为选择时，倾向于自我粉饰。我们总是希望自己看起来德才兼备、言行一致，能够自我掌控，这样才能收获友谊、信任与权力。这就解释了为什么会存在降低认知失调的现象。所谓降低认知失调，是指一个人明明做着枯燥乏味、收入微薄的苦差事，却坚称他们热爱自己的工作。之所以如此，是因为他们的内心不想承认自己迫于社会压力而别无选择。同样，在著名的米尔格拉姆实验[①]中，许多参与者都说，受害者罪有应得，这也属于自我粉饰的范畴。他们这样做，是不希望自己看起来像虐待狂或马屁精。我曾读过一篇法学家苏珊·埃斯特里奇（Susan Estrich）的采访报道。在采访中，她解释了辩方律师坚持要求被告保持沉默的原因。辩方律师并非担心被告泄露犯罪事实，而是担心他言多必失。当遭遇子虚乌有的指控时，被告为了维护良好形象，会不断进行自我申辩，这样做容易产生自相矛盾的后果，最终会被控方抓住把柄。

我们只相信对我们有利的理论。社会心理学家迈克尔·罗斯（Michael Ross）表示，人们对这些理论耳濡目染，会导致记忆偏差。他的这番言论可谓有理有据、掷地有声。确实，人类记忆是奥威尔式的，它会不断改写，以适应当下的迫切需要。例如，如果你言之凿凿地宣布用力刷牙有损牙齿健康，绝大多数人不仅不会对你的说辞产生疑虑，而且还会坚称自己一直都和你持同样的观点，并会重新衡量自己过去刷牙时是否“用力”。再比如，假如有一个提升学习技巧的培训课程，哪怕它一无是处、毫无价值，参加培训的学员也丝毫不会质疑课程的有效性。他们只会质疑自己以往的学习技巧，因为他们内心渴望课程培训能使自己焕然一新。比起质疑过去的自己，质疑现在的自己则更为不

① 米尔格拉姆实验（Milgram Experiment）又称权力服从研究，是一个非常知名的针对社会心理学的科学实验。实验目的是测试在遭遇权威者下达违背良心的命令时，人性所能发挥的拒绝力量到底有多少。——译者注

易。很多人相信一个错误的理论，即随着年龄增长，他们的适应能力会变强，于是他们会错误地低估自己年轻时的适应能力。与此同时，大多数人也高估了记忆力衰退的速度。有人在 60 岁时觉得自己记忆力迅速衰退，但其实他们往往高估了自己 30 岁时的记忆力。

可是有人确实一步一步地走进了科学殿堂，这又是为何？我来大胆地推测一下真实的情况吧。由于基因与偶然性的影响，个别人确实天赋异禀。他们自小就对自然世界充满好奇，天生擅长机械工程，拥有与生俱来的数学天赋，勤学好问，不像其他孩子那样喜欢蹦蹦跳跳、打打闹闹。当今社会为儿童提供了大量开阔视野、培养兴趣的好机会。他们有老师的指点、朋友的交流、浩瀚的书籍，以及令人眼花缭乱的课程与活动。虽然存在一些情况特殊的例子，但总的来说，现代社会为每个人提供的环境条件是差不多的。我并不想完全否认环境的重要性，只是对于个人成长来说，大环境的作用并不大。

人们在少年时期通常对未来的职业规划毫无头绪，虽然他们或许会先考虑从事一些比较熟悉的职业。毕竟在童年时期，人们根本无从知晓自己未来会成为真菌学家、精算师、牙科医生、审计员还是抵押贷款专家。接着，在大学的某一阶段，一门课、一个朋友或一段勤工助学的经历会让他们找到适合自己的领域。他们能够找到志同道合的同龄人，甘愿付出时间和精力并收获回报。本科毕业之后，他们会继续探索，攻读研究生，直到最终到达他们应在的位置。虽然这是一个平淡如水的故事，但我猜这才是人生的真实面貌。

我也喜欢扣人心弦的故事，就比如下面要讲述的这段经历。我出生于蒙特利尔的一个犹太人社区。蒙特利尔只有一小部分人说英语，而犹太人又是这少部分人中的少数，这部分人口在巅峰时期也只有 10 万人。但是犹太人却人才辈出，如才华横溢的音乐家莱昂纳德·科恩（Leonard Cohen）、演员威廉·夏特纳（William Shatner）、建筑师摩西·萨夫迪（Moshe Safdie）、商业奇才艾德加·布朗夫曼（Edgar Bronfman）、亿万富翁莫蒂默·朱克曼（Mortimer Zuckerman）、专栏作家查尔斯·克劳萨默（Charles Krauthammer）、文学巨擘索尔·贝娄（Saul Bellow）和著名作家莫迪凯·里奇勒（Mordecai Richler）等。比起美国，这个社区更接近欧洲，因为自20世纪20年代至60年代，美国对大多数移民关闭了大门，加拿大成了犹太难民的第二选择。对于欧洲犹太人来说，那段岁月真的不堪回首。纳粹党对犹太人实施种族大屠杀，导致在欧洲居住的大批犹太人流离失所。20世纪20年代，我的祖父母、外祖父母成功地逃离波兰与比萨拉比亚（Bessarabia），最终定居加拿大。尽管祖父母那一辈人有机会念大学的人寥寥无几，但在我的印象中，那段时期的蒙特利尔就像20世纪30年代的纽约，文化事业繁荣发展，百花齐放、百家争鸣。如果你对心理学兴趣浓厚，那蒙特利尔就是你的理想之城。认知心理学的开山鼻祖唐纳德·赫布（Donald Hebb）在蒙利特尔的麦吉尔大学任心理学教授，神经外科的先驱人物怀尔德·彭菲尔德（Wilder Penfield）在蒙特利尔神经病学研究所担任所长，蒙特利尔后来还有一条以“彭菲尔德”命名的林荫大道。除此之外，蒙特利尔还涌现了大批认知心理学家和神经科学家。

我很感激父母赋予我的优良基因，他们二人都有语言和数学方面的天赋。母亲着迷于概念和想法，父亲则善于摆弄小器具。作为家中长子，我被寄予厚望。父母期望我成为一名科学工作者，不允许我从事其他行业。我们家中各类读物应有尽有，书、杂志，还有《世界百科全书》（*World Book Encyclopedia*）——这本书我是一字不落地读完的。我还读过诸多科学巨擘的人物传记，如微生物学之父巴斯德、现代外科学之父李斯特、胰岛素之父班廷、现代物理学之父爱因斯坦等。我家还有科普大师乔治·伽莫夫（George

Gamow）那本趣味横生的《从一到无穷大》（*One Two Three... Infinity*），时至今日，我依然时不时拿出来查阅一番。此外，我家当时还订购了《时代生活》的科学丛书。这套丛书书脊的颜色各不相同，上面印着标题，丛书中有《电磁现象》（*Electricity and Magnetism*）、《行星》（*The Planets*）、《进化》（*Evolution*）、《光与声》（*Light and Sound*）和《地球》（*The Earth*），还有一本《人类心智》（*The Mind*），十分有趣。现在，我依然能够回忆起许多书中的内容，如弗洛伊德的理论、视觉假象、智商、感觉剥夺、迷津学习、精神分裂等。我开始对人类心智感兴趣时，母亲建议我从事精神病学研究。她并没有建议我研究心理学，因为在她读书的20世纪50年代，心理学不过是“儿童游戏”，不足为道。

按照今天的标准，我接受的只是普通教育。魁北克根据学生说的语言和宗教信仰把他们划分到不同的学校，因此非天主教徒的学生被分到了“新教”学校。这些学校每天要浪费半个小时吟唱基督圣歌，讲述《圣经》故事。学校让我们读《迪克与简》（*Dick and Jane*）的初级读物，教我们使用如今备受质疑的“看说法”培养阅读能力。我还经历过20世纪60年代新数学改革运动，体验过斯金纳①的程序学习法。学校的科学教育是陈旧的，亟待改革。在苏联成功发射人造卫星“斯普特尼克1号”后，加拿大仍然无动于衷。那时，加拿大尚未兴起女权主义浪潮，任课教师大多是对科学漠不关心的年轻女性。在学校期间，我只知道海狸筑坝、钢铁生锈和热胀冷缩。我曾质疑老师的教学内容，于是告诉她某个冬天我家门廊上的牛奶瓶炸裂了，请她解释一下原因，但是她

① 斯金纳（Skinner）是美国心理学家、新行为主义学习理论的创始人，也是新行为主义的主要代表。斯金纳提出了程序学习的学习方法。他将学习的内容分为许多小块，学习的人在学会后获得可以学下一步的奖励，如此鼓励学习和控制学习的进展。——译者注

表示绝不可能，因为这违背了热胀冷缩的原理。

所幸，学校教育只是教育的一小部分，我还可以自学科学课程。毕竟家中有各类科普读物。新闻报道也是我获取科学知识的一个重要来源。那时，载人航天任务“水星”计划、“双子座”计划、“阿波罗”计划的报道最令我心驰神往。通过自己的摸索，我对列车的短路装置进行了模拟实验，于是我学到了电流方面的知识。我参照书上的建议开展了一项化学实验，给电池缠上一圈铁丝并将它置于电解质溶液中，虽然最终没有生成电磁铁，但是线圈顶端镀了一层厚厚的铜。尽管实验并未成功，但是我从中学到了化学知识。很快，我成功造出了镀铜硬币与镀镍硬币，朋友们对我十分佩服。

美国著名心理学家朱迪丝·里奇·哈里斯认为，儿童参与社交的最佳方式就是和年纪相仿的儿童结伴同行。我深以为然。对我来说，学校的最大作用就是让我结识了一群勤学好问、年龄相仿的朋友。那时，我所在的社区安排所有学生参加了一场智力测试，得分最高的学生会被分到中心区域学校的提高班，我也在其中。可是这个选拔制度只试行了短短一段时间，现在看来，用这种方式选拔学生简直不可思议。在提高班的两年时间里，我与两名出类拔萃、博闻强识的 12 岁少年成为朋友。他们兴趣广泛，尤其热爱科学。其中一位叫史蒂夫·西格勒（Steven Sigler），另一位叫布莱恩·莱伯（Brian Leber）。我们对马克思、巴枯宁和克鲁泡特金等津津乐道。受此影响，我还短暂拥护过无政府主义，并从此对政治学和人性研究情有独钟。但无政府主义只有在你相信人类生来就乐于合作、爱好和平时才站得住脚，所以后来我就不信了。莱伯少年早慧，对科学心理学情有独钟。在他的推荐下，我拜读了艾森克的《心理学中的事实与虚构》（*Fact and Fiction in Psychology*）。之后，他又拖着我去旁听赫布在麦吉尔大学的公开课，可我听到最后也不知所云。

我也去过希伯来语学校和主日学校[①]，参加过犹太青年团和夏令营。希伯来语的语法虽然纷繁复杂，但是在逻辑上妙不可言。例如“前面”（Lifnei）的字面意思是“在……面前”，同时还是“面”（Panim）的衍生词。语言界泰斗乔姆斯基的父亲致力于希伯来语研究，而乔姆斯基第一项语言学研究的对象就是希伯来语的语素音素，我想这应该不是巧合。希伯来语需要从深层结构和语言规则两个角度进行分析，这可能直接影响了我的研究风格，就像乔姆斯基做的那样。

幸运的是，我的主日学校并不主张照本宣科，而是提倡学术辩论。一位老师曾说，《妥拉》（*Torah*）地位尊贵，犹太人应该蘸着菜汁把《妥拉》誊写在羊皮纸上。我表示不服，反问老师：“既然《妥拉》无比重要，必须永传于世，储存在 IBM 的磁盘上岂不更安全？”我一直坚信，理解精神生活的关键因素在于信息，而非信息的载体。

以上就是我的一些童年趣事，或许可以解释为何成年以后我对语言学、认知心理学、实验心理学、人类天性和学术思辨如痴如醉。实话实说吧，我童年的重要经历并没有引领我走入科学殿堂，但既然要求我写童年的重要经历，那我姑且就这么写吧。

① 主日学校又名星期日学校，是英美诸国在星期日为在工厂做工的青少年进行宗教教育和识字教育的免费学校。——译者注

致 谢

2003年圣诞节那天，我在圣塔菲与默里·盖尔曼聊起了他的童年。我们俩促膝长谈了一下午。那时，我第一次产生了编纂此书的想法。

几个月后，在马萨诸塞州坎布里奇市的一个晚宴上，我遇到了丹尼尔·丹尼特等人。与他们的一番谈话让我深受启发，我决定以“我们的童年时代”作为本书的主题。

在此，我要向两大出版商表示诚挚的感谢。感谢美国年代图书出版公司（Vintage Books）的马蒂·阿舍（Marty Asher）和英国乔纳森·凯普出版公司（Jonathan Cape）的威尔·苏尔金（Will Sulkin），感谢你们的大力支持。

此外，我要感谢我的经纪人马克斯·布罗克曼（Max Brockman），是他认识到了这本书的潜力。我还要感谢萨拉·利平科特（Sara Lippincott）细致入微、一丝不苟的编辑校对。

译者后记

少年强则国强。青少年求知欲旺、接受能力强，激发青少年的科学兴趣，提升青少年的科学素养，培养青少年的科学精神，为我国科技创新提供更多后备人才，是关乎未来的重大问题。

好奇心的培养和科学精神的养成不是一蹴而就的。青少年好奇心强，思维活跃，对于神奇的自然现象、科学奥秘有着强烈的探索兴趣，如果引导得法，教育得当，不少人可能就会走向相关领域的研究道路。我们在加强人文素养教育的同时，要维护青少年的好奇心，着力培养青少年的科学精神，引导青少年养成批判性、创新性的科学思维。为此，我们翻译了《在我成为改变世界的科学家之前》这本书，希望能够帮助青少年培养对科学研究的好奇心，养成科学兴趣，树立科研自信，推动青少年形成坚持不懈追求真理、研学实践和探索创新的科学精神。

本书由 26 篇文章组成，为青少年读者们呈现了尼古拉斯·汉弗莱、史蒂芬·平克、霍华德·加德纳、默里·盖尔曼等 26 位国际著名科学家的成长经历，他们来自心理学、语言学、生物学、物理学、计算机科学、哲学等多个领域。这些大师们回忆了自己的成长历程，讲述了父母、同龄人、老师、教育和环境等对自己潜移默化的影响。从他们的成长经历中，我们能够认识到，科学家并不是天生就是科学家。但是，科学家们大多都从孩提时代就保持自己对事物的好奇心，在日常生活和学习中便培养了科学精神，对自己热爱的领域执着地探索和研究。科研道路上既有坎坷和挫折，也有成功和乐趣。一分耕耘才能有一分收获，只有保持追求真理的好奇心，拥有战胜困难的勇气，投入坚持不懈的努力，才能取得科学研究上的突破和成功。这些科学家们的故事犹如点点星光，展现了一幅幅真实生动的成长群像，带我们领略了科学探索的魅力，为青少年朋友照亮了科研之路。

此外，我们认为，青少年科学精神的培养要注重两个方面。一方面，要将理论与实践相结合，帮助青少年学习科学知识、技术和方法，引导青少年参与实践活动，将理论阐释融入解决青少年的实际问题中，让青少年在探索和实践中获得真理。另一方面，要培养青少年的家国情怀，引导青少年牢固树立远大的抱负和坚定的信念，自觉践行科学精神，运用科学的思辨方法，形成科学的价值追求。

在本书翻译和审校的过程中，首先要感谢的是安徽科技学院科研处和外国语学院的相关领导，他们对本书的翻译多次给予了关心，提供了许多便利的工作条件。本书的翻译也得到了外国语学院翻译与语言服务研究所和农林英语翻译研究中心的支持，在此一并感谢。同时，还要感谢赵芳贤、张瑞娥、黄金金、吴媚、汤明洁等老师，没有他们的无私帮助，本书的翻译工作很难完成。最后，非常感谢本书编辑们的辛勤工作，你们的专业态度和敬业精神是我们学习的楷模。

未来，属于终身学习者

我这辈子遇到的聪明人（来自各行各业的聪明人）没有不每天阅读的——没有，一个都没有。巴菲特读书之多，我读书之多，可能会让你感到吃惊。孩子们都笑话我。他们觉得我是一本长了两条腿的书。

——查理·芒格

互联网改变了信息连接的方式；指数型技术在迅速颠覆着现有的商业世界；人工智能已经开始抢占人类的工作岗位……

未来，到底需要什么样的人才？

改变命运唯一的策略是你要变成终身学习者。未来世界将不再需要单一的技能型人才，而是需要具备完善的知识结构、极强逻辑思考力和高感知力的复合型人才。优秀的人往往通过阅读建立足够强大的抽象思维能力，获得异于众人的思考和整合能力。未来，将属于终身学习者！而阅读必定和终身学习形影不离。

很多人读书，追求的是干货，寻求的是立刻行之有效的解决方案。其实这是一种留在舒适区的阅读方法。在这个充满不确定性的年代，答案不会简单地出现在书里，因为生活根本就没有标准确切的答案，你也不能期望过去的经验能解决未来的问题。

而真正的阅读，应该在书中与智者同行思考，借他们的视角看到世界的多元性，提出比答案更重要的好问题，在不确定的时代中领先起跑。

湛庐阅读 App：与最聪明的人共同进化

有人常常把成本支出的焦点放在书价上，把读完一本书当作阅读的终结。其实不然。

时间是读者付出的最大阅读成木

怎么读是读者面临的最大阅读障碍

“读书破万卷”不仅仅在“万”，更重要的是在“破”！

现在，我们构建了全新的“湛庐阅读”App。它将成为你“破万卷”的新居所。在这里：

- 不用考虑读什么，你可以便捷找到纸书、电子书、有声书和各种声音产品；
- 你可以学会怎么读，你将发现集泛读、通读、精读于一体的阅读解决方案；
- 你会与作者、译者、专家、推荐人和阅读教练相遇，他们是优质思想的发源地；
- 你会与优秀的读者和终身学习者为伍，他们对阅读和学习有着持久的热情和源源不绝的内驱力。

下载湛庐阅读 App，
坚持亲自阅读，
有声书、电子书、阅读服务，
一站获得。

CHEERS

本书阅读资料包

给你便捷、高效、全面的阅读体验

本书参考资料

湛庐独家策划

- ✔ 参考文献

  为了环保、节约纸张，部分图书的参考文献以电子版方式提供

- ✔ 主题书单

  编辑精心推荐的延伸阅读书单，助你开启主题式阅读

- ✔ 图片资料

  提供部分图片的高清彩色原版大图，方便保存和分享

相关阅读服务

终身学习者必备

- ✔ 电子书

  便捷、高效，方便检索，易于携带，随时更新

- ✔ 有声书

  保护视力，随时随地，有温度、有情感地听本书

- ✔ 精读班

  2~4周，最懂这本书的人带你读完、读懂、读透这本好书

- ✔ 课　程

  课程权威专家给你开书单，带你快速浏览一个领域的知识概貌

- ✔ 讲　书

  30分钟，大咖给你讲本书，让你挑书不费劲

湛庐编辑为你独家呈现

助你更好获得书里和书外的思想和智慧，请扫码查收！

（阅读资料包的内容因书而异，最终以湛庐阅读App页面为准）

图书在版编目（CIP）数据

在我成为改变世界的科学家之前 / （美）约翰·布罗克曼（John Brockman）编 ; 宫静萍，陈德用，余涛译. -- 杭州 : 浙江教育出版社，2023.1
ISBN 978-7-5722-5225-9

Ⅰ. ①在… Ⅱ. ①约… ②宫… ③陈… ④余… Ⅲ. ①科学家—生平事迹—世界—通俗读物 Ⅳ. ①K816.1-49

中国国家版本馆CIP数据核字(2023)第005269号

浙江省版权局
著作权合同登记号
图字:11-2022-368号

上架指导：家庭教育 / 名人传记

在我成为改变世界的科学家之前
ZAI WO CHENGWEI GAIBIAN SHIJIE DE KEXUEJIA ZHIQIAN
[美] 约翰·布罗克曼（John Brockman） 编
宫静萍　陈德用　余　涛　译

责任编辑：高露露
美术编辑：韩　波
责任校对：王晨儿
责任印务：曹雨辰
封面设计：ablackcover.com
出版发行：浙江教育出版社（杭州市天目山路 40 号　电话：0571-85170300-80928）
印　　刷：天津中印联印务有限公司
开　　本：710mm ×965mm　1/16
印　　张：19.75　　字　　数：269 千字
版　　次：2023 年 1 月第 1 版　　印　　次：2023 年 1 月第 1 次印刷
书　　号：ISBN 978-7-5722-5225-9　　定　　价：89.90 元

如发现印装质量问题，影响阅读，请致电 010-56676359 联系调换。